中国語会話フレーズブック

すぐに使える日常表現 2900

Phrase book

中国語

趙 怡華

※本書のCD 2枚目は、1枚目と同じ袋の中の
 裏側に入っています。

はじめに

　ニハウ。まず数多くの中国語テキストの中から本書を手にとっていただいて謝謝です。これから中国に出張で行かれる人や、留学に行かれる人、はたまた観光で行かれる人など本書を手に取られた目的はそれぞれ違うと思われますが、少しでも中国語で中国人とコミュニケーションが取れればと願う気持ちに変わりはないでしょう。

　本書は、中国語圏に旅行や出張などで短期的に滞在する方や、留学や仕事などで現地生活を送る方のために、知っておくととても役に立つ実用中国語フレーズを場面別、トピック別にまとめたものです。

　直訳ではなく、より中国語らしいフレーズ表現3000個弱を選り抜いて収録しました。

　広い中国では「南腔北調」という表現があるように、同じ北京語でも北と南ではそれぞれ地方の方言の影響によって若干発音に違いがあります。概して北の人は巻き舌音が強く、対して南の人はあまり舌を巻いて話さない傾向があります。そういう微妙な違いをみなさんにも体験していただくため、本書の付属CDのナレーターの方も1人は北、もう1人は南の出身の方にお願いしました。ナレーターさんの発音を聞きながら、なるほど、これは北の発音で、これが南の発音だとわかる日が来れば、もうネイティブの中国人も顔負けですよ。さて、どっちが北なのか、どっちが南なのかはCDを聞いてからのお楽しみです♪

　本書を片手に広い中国の街角を闊歩しながら、日常生活の中で人々との会話やコミュニケーションをみなさんが楽しむ一助になれれば著者として幸いです。

最後になりましたが、録音を担当してくださった拓殖大学留学別科のお２人、校正作業を手伝ってくださった郭穎秋様、編集担当の小野田様に心より感謝を申し上げます。谢谢大家，感激不尽！！
　ご意見やご感想のお便りを待っています。
　加油！！（頑張ってください）
2005年6月吉日

趙　怡華　敬上
y2327886@hotmail.com

本書の使い方

　本書では、ただフレーズを羅列するのではなく、さらに使いこなしていただくために「差し替え単語」も添えています。
　フレーズの網掛け部分（ここでは「明日」）は、右の単語（「来週・後で・そのうち」）でも置き換えが可能だということを表しています。

また **明日**（会いましょう）。	来週・後で・そのうち
míng tiān jiàn 明 天 见。 ミン ティエン ジエン	xià zhōu　dāi huǐ er　gǎi tiān 下 周、待 会 儿、改 天 シア ジョウ　ダイ ホイ アル　ガイ ティエン

目次

① あいさつ　　14

1. 初対面の挨拶……………………………………14
   出会い/ 別れ
2. 友人・知人への挨拶とやりとり……………17
   普段会った時/ 久しぶりに会った時/ 安否を尋ねる/ 近況を尋ねる/
3. 家での挨拶……………………………………23
4. 特別な日の挨拶………………………………25
5. 体調を尋ねる（気遣いの言葉）……………26
6. 別れの挨拶……………………………………28
7. お礼・ねぎらい………………………………29
   感謝・ねぎらい/ 感謝の言葉に対して
8. お祝い…………………………………………32
   お祝い/ 縁起のいい贈り言葉
9. お詫び…………………………………………34
10. お悔やみ………………………………………36

② 社交　　38

1. 身の上を尋ねる………………………………38
2. 自分や家族について話す……………………40
   自分について/ 家族について/ 兄弟関係
3. 家族や友人・知人を紹介する………………45
4. 誘う……………………………………………47
   食事（飲み）に誘う/ デートに誘う
5. 時間と場所の約束をする……………………49
   日にちを決める/ 時間を決める/ 場所を決める
6. 訪問ともてなし………………………………53
   訪問/ もてなし/ おいとま
7. プレゼント・贈り物…………………………57

プレゼントを贈る/ 受け取る
8 人付き合いのトラブル··59
　誤解/ 言い争い/ 歩み寄り

③ 感情を表す表現　　　　　　　　　　　　　　　　　64

1 プラスの感情···64
　嬉しい・幸せ/ 楽しい・面白い/ 感動・感激/ やすらぎ/ 充実感
2 マイナスの感情··68
　悲しい/ 苦しい・つらい/ 寂しい・わびしい/ 腹が立つ/不満・イライラ/
　不安・自信喪失/ 落胆/ うんざり/つまらない・退屈/ 後悔する
3 驚き··76
4 相づち···78
5 褒める···79
6 けなす···80
7 叱る・たしなめる··81
8 非難する··81
9 同情する··83
10 アドバイスする···83
11 励ます···84
12 慰める···86

④ 人についての話題　　　　　　　　　　　　　　　　88

1 外見―顔の特徴··88
2 外見―スタイル···93
3 外見―服装・いでたち・全体的な感じ································97
　服装・いでたち/ 全体的な感じ
4 体質···101
5 性格···102

どんな人？/ どんな性格？
6 印象···111
7 好き嫌い・得意・苦手・特技··113
好き嫌い/ 得意・苦手/ 特技

⑤ 色々な話題　　　　　　　　　　　　　　　　　　　　　118

1 天気と季節···118
天気予報/ 天候の話題/ 明日の天気について/ 天気がいい/ 天気が悪い/ 曇り・雨/ 霜・霧・雷・地震
2 四季と気温···129
春/ 夏/ 秋/ 冬
3 趣味について··133
ご趣味は？/ 読書・映画鑑賞/ 料理/ ムービーカメラ/ 釣り/ ガーデニング/ 楽器/ 物を作る/ 運動/ 写真/ 機械いじり/ 絵を描く・骨董品蒐集
4 休日・余暇の過ごし方··144
5 宗教・信仰について··147
信仰/ キリスト教/ 仏教

⑥ 観光と娯楽　　　　　　　　　　　　　　　　　　　　　150

1 ホテル···150
ホテルの相談/ 予約の前に確認する/ 予約する/ 予約を受ける/ 予約の変更・取り消し/ チェックイン/ ルームサービス/ サービス施設の利用/ フロントにて/ 苦情/ チェックアウト
2 観光··163
行きたいところは？/ 景勝地/ 旧跡/ お寺と廟
3 文化施設··168
美術館・画廊/ 感想を述べる/ 博物館
4 映画··173

映画に行こう/ 映画を決める/ 映画の感想/ 俳優についての感想
5 芝居・京劇など……………………………………………………**179**
　芝居（演劇）/ 京劇/ ミュージカル/ コンサート
6 リゾート地・ロケ地………………………………………………**183**
　スキー場/ 温泉/ ロケ地
7 テーマパーク・遊園地……………………………………………**188**

⑦ どこかへ行く　　　　　　　　　　　　　　　　　　　190

1 待ち合わせをする…………………………………………………**190**
　位置の説明/ 待ち合わせの約束/ 行き方を聞く
2 道を聞く……………………………………………………………**192**
3 道を教える…………………………………………………………**195**
4 タクシー……………………………………………………………**199**
5 バス・高速バス……………………………………………………**202**
　市内バス/ 高速バス
6 地下鉄・列車………………………………………………………**204**
　地下鉄/ 列車
7 飛行機・船…………………………………………………………**206**
　飛行機/ 空港/ 船、フェリー
8 遅れる・キャンセルする…………………………………………**212**

⑧ 食べる・飲む　　　　　　　　　　　　　　　　　　　214

1 食べに行く…………………………………………………………**214**
2 飲食店で……………………………………………………………**217**
　注文する/ 料理が来てから/ 苦情/ 食後
3 ファーストフード・喫茶店………………………………………**226**
4 味を評価する………………………………………………………**228**
5 飲みに行く…………………………………………………………**232**

飲みに誘う/ お酒の量/ 飲み屋で
6 お勘定······238

⑨ ショッピング　240

1 品物を買う······240
　店に入る/ 品物を選ぶ/ 買う/ 返品・交換/ 返品交換の理由
2 洋服を買う······248
3 プレゼントを買う······251
4 化粧品······253
5 靴······255
6 鞄······259
7 家具······261
8 寝具······263
9 家電······265
10 食料品······267
　肉・魚/ 果物/ その他
11 生活雑貨・台所用品······272
12 書籍・CD・DVD······274
13 文具······275
14 手芸······277
15 大工用具······278
16 花屋······279
17 ペットショップ······280
18 乳幼児用品······282

⑩ 緊急事態　284

1 助けを求める······284
2 紛失······286

3 盗難··291
4 交通事故··292
5 交通違反··294
6 状況の説明··296
7 保険会社に連絡する··298
8 誤認逮捕··300

⑪ 学校　　　　　　　　　　　　　　　　　　　　　　　　302

1 保育園・幼稚園···302
　保育園/ 幼稚園
2 小学校・中学校・高校···304
　学校について/ 連絡/ 学校からの連絡/小学生の保護者たちの話題/ 中・高生の保護者たちの話題
3 大学··309
　新入生/ キャンパスライフ/ 就職活動
4 中国への留学··312
　情報を集める・問い合わせ/ 留学生活—授業/ 留学生活—学校の外で

⑫ 会社　　　　　　　　　　　　　　　　　　　　　　　　316

1 出社・退社··316
2 会議··317
3 商談··319
4 作業の依頼··320
5 電話··321
　電話を取り次ぐ/ 伝言/ 不在/ 伝言を伝える
6 パソコン··326
　操作/ トラブル/ 周辺機器
7 メール関連··328

8	インターネット	329
9	約束に遅れる	330
10	休みを取る	331
11	いろんな手配	332

車の手配/ 接待の手配

12	現地のスタッフに聞く	334
13	コネ、根回し	335
14	人事異動など	336

⑬ 住まい　　338

1 部屋探し ･･････････････････････････････338

不動産屋で/ 広さ/ 金額/ 周辺環境を聞く/ 家（部屋）の状況を聞く/ 家の見学/ 部屋を契約する

2 引っ越し ･･････････････････････････････347

引っ越しセンター/ 引っ越しの手続き/ 引っ越し/引っ越し業者に対するクレーム/ リフォーム/ 引っ越しの挨拶

⑭ 家の中で　　354

1 朝起きて出かけるまで ･･････････････････354

目覚め/ 朝の準備/ 出かける

2 帰って寝るまで ････････････････････････358

帰宅/ 寝るまで

3 家事 ･･････････････････････････････････361

後かたづけ・掃除/ 裁縫/ 洗濯/ アイロンがけ/ 食事/
その他の雑事

4 電話 ･･････････････････････････････････366

電話をかける/ 不在を伝える/ 不在の場合/ 電話を切る/ 間違い電話

5 育児 ･･････････････････････････････････370

赤ちゃん/ 幼児/ 幼稚園児
6 家の中でのトラブル……………………………………………………375
　　探し物/ トラブル/ 対策
7 泥棒………………………………………………………………………381

⑮ 街で　384

1 郵便局……………………………………………………………………384
　　国内郵便/ 国際郵便/ 様々なサービス/ 郵便物の再配達に関する電話での
　　やりとり
2 銀行………………………………………………………………………391
　　新規開設/ その他のサービス
3 図書館……………………………………………………………………394
　　図書館について/ 本を借りる
4 レンタルビデオショップ………………………………………………399
5 カラオケ…………………………………………………………………401
6 レンタカー………………………………………………………………404
7 車の修理…………………………………………………………………406
8 ガソリンスタンド・洗車場……………………………………………408
9 眼鏡屋……………………………………………………………………410
　　眼鏡/ コンタクトレンズ
10 美容院・床屋……………………………………………………………412
　　予約/ カット/ パーマ/ 髪を染める/ 理髪店
11 写真店……………………………………………………………………417
　　現像をお願いする/ その他
12 クリーニング店…………………………………………………………420
　　クリーニング/ 修繕/ クレーム

カバーデザイン・本文デザイン／OAK　小野光一

⑯ 美容と健康　　424

1. 健康管理································424
   健康と運動/ 食生活・嗜好品など
2. 漢方··································426
3. 温泉・風呂・サウナ····················428
   温泉/ 風呂・銭湯/ サウナ
4. 美容··································431
   エステティックサロン/ 具体的な相談/ 痩身
5. 美容整形······························436
   顔/ その他の箇所/ 具体的な質問
6. フィットネスクラブ・スポーツクラブ····440

⑰ 病気になったら　　442

1. 病院の受付で··························442
2. 内科・小児科··························444
   医者/ 患者
3. 外科・整形外科························447
   症状と原因/ 診断
4. 産婦人科······························450
5. 検査··································451
6. 皮膚科································453
7. 眼科··································453
8. 歯科··································455
9. 耳鼻咽喉科····························457
10. 泌尿器科・性病科······················458
11. 神経科・精神科························459
12. 急患··································460
13. 薬局··································463

初対面の挨拶 1

出会い

1 こんにちは。
*1や4は、「你好」「久仰」を2回繰り返して使うのが普通です。

nǐ hǎo　nǐ hǎo
你好，你好。
ニー ハオ　ニー ハオ

2 はじめまして、よろしくお願いします。

chū cì jiàn miàn qǐng duō duō zhǐ jiào
初次见面请多多指教。
チュー ツー ジエン ミエン チン ドゥオ ドゥオ ジー ジァオ

3 お会いできて嬉しいです。

xìng huì　xìng huì
幸会，幸会。
シン ホイ　シン ホイ

4 お話はかねがね伺っております。

jiǔ yǎng　jiǔ yǎng
久仰，久仰。
ジゥ ヤン　ジゥ ヤン

5 一度お会いしたいと思っていました。

wǒ zǎo jiù xiǎng rèn shì nǐ le
我早就想认识你了。
ウオ ザァオ ジゥ シアン ルェン シー ニー レェ

6 ようこそいらっしゃいました。

zhēn gāo xìng nǐ néng lái
真高兴你能来。
ジェン ガオ シン ニー ノン ライ

7 遠いところを訪ねてくださってありがとうございます。

xiè xie nǐ dǎ dà lǎo yuǎn de lái
谢谢你打大老远地来。
シェ シェ ニー ダー ダー ラオ ユアン デェ ライ

---

① あいさつ

中国人は、日常生活の中では「你好」(こんにちは)よりも「吃饱了没?」(ご飯食べましたか?)、「上哪儿去?」(どこにお出かけですか?)などの表現をよく用います。あなたは?「你呢?」「ありがとう」ございました。「出去(下)」(ちょっとそこまで)とさらっと返すのが中国流です。また、親しい間柄であればあるほど、挨拶言葉が省略される傾向があります。本章のフレーズは主にかしこまった場面で使われます。

8 お目にかかれて光栄です。

真高兴能见到您。
zhēn gāo xìng néng jiàn dào nín
ジェン ガオ シン ノン ジエン ダオ ニン

9 お名前は(何とおっしゃいますか)?

请问您贵姓?
qǐng wèn nín guì xìng
チン ウェン ニン グォイ シン

10 (私は)林と申します。

敝姓林。
bì xìng lín
ビー シン リン

11 名刺です。

这是我的名片。
zhè shì wǒ de míng piàn
ジョー シー ウオ デェ ミン ピエン

12 こちらは四菱商事の三井さん(男性)です。

这位是四菱银行的三井先生。
zhè wèi shì Sì líng yín háng de Sān jǐng xiān sheng
ジョー ウエイ シー スー リン イン ハン デェ サン ジン シエン ション

13 こんにちは。張さん(男性)ですね?

你好。您就是张先生吧?
nǐ hǎo nín jiù shì Zhāng xiān sheng ba
ニー ハオ ニン ジィウ シー ジャン シエン ション バー

14 これからもよろしくお願いします。

今后也请您多多关照。
jīn hòu yě qǐng nín duō duō guān zhào
ジン ホウ イエ チン ニン ドゥオ ドゥオ グアン ゾォ

＊ここで挙げた挨拶は、正式な場合で使われることが多いです。
例文2は日本的な挨拶で、中国ではこのような表現はあまり使いません。
中国人の場合は会った時から友達という感覚を持つ人が多いので、友人に対して丁寧な挨拶
言葉を使うとかえって水くさく感じさせてしまうこともあります。

別れ

1 さようなら。

zài jiàn
再 见。
ザイ ジエン

2 今日はお会いできて嬉しかったです。

jīn tiān zhēn de hěn gāo xìng rèn shi nǐ
今 天 真 的 很 高 兴 认 识 你。
ジン ティエン ジェン デェ ヘン ガオ シン ルェン シー ニー

3 楽しい1日でした。

jīn tiān guò de hěn kuài lè
今 天 过 得 很 快 乐。
ジン ティエン グオ デェ ヘン クアイ レェ

4 また会いましょう。

gǎi tiān jiàn
改 天 见。
ガイ ティエン ジエン

5 また遊びに来てください。

yǒu kòng zài lái wán
有 空 再 来 玩。
イオウ コン ザイ ライ ワン

6 気をつけてお帰りください。

xiǎo xīn màn zǒu a
小 心 慢 走 啊。
シアオ シン マン ズォウ アー

7 それではまたお目にかかりましょう。

nà me gǎi tiān jiàn ba
那 么 改 天 见 吧。
ナー モー ガイ ティエン ジエン バー

8 楽しい旅行になりますように。

yí　lù　shùn fēng
一 路 顺 风。
イー　ルー　シュン　フォン

9 これからも連絡を取り合いましょう。

yào bǎo chí lián luò o
要 保 持 联 络 哦。
ヤオ　バオ　チー　リエン　ルオ　オー

10 日本にいらしたらご連絡ください。

dào Rì běn shí bié wàng le tōng zhī wǒ a
到 日 本 时 别 忘 了 通 知 我 啊。
ダオ　ルィ　ベン　シー　ビエ　ワン　レ　トン　ジー　ウオ　アー

友人・知人への挨拶とやりとり 2

CD-1 [track2]

普段会った時

1 おはようございます。

zǎo shàng hǎo
早 上 好。
ザァオ　シャン　ハオ

2 おはよう。

zǎo
早。
ザァオ

3 よく眠れましたか？

zuó wǎn shuì de hǎo mā
昨 晚 睡 得 好 吗?
ズオ　ワン　ショイ　デェ　ハオ　マー

4 こんにちは。(どんな時でも使える)

nǐ hǎo
你 好。
ニー　ハオ

5 こんにちは。(午後の挨拶)

wǔ ān
午 安。
ウー アン

6 こんばんは。

wǎn shang hǎo
晚 上 好。
ワン シャン ハオ

7 今日は早いですね。

yí nǐ jīn tiān zhēn zǎo
咦、你 今 天 真 早！
イー ニー ジン ティエン ジェン ザァオ

久しぶりに会った時

1 お久しぶりです。

hǎo jiǔ bú jiàn
好 久 不 见。
ハオ ジィウ ブー ジエン

2 ご無沙汰しております。

jiǔ wéi le
久 违 了。
ジィウ ウエイ レェ

3 やあ、久しぶり。

zěn me zhè me jiǔ bú jiàn nǐ la
怎 么 这 么 久 不 见 你 啦。
ゼン モー ジョー マー ジィウ ブー ジエン ニー ラー

4 どこに行ってたの？

nǐ pǎo nǎ er qù la
你 跑 哪 儿 去 啦?
ニー パオ ナー アル チュイ ラー

5 (ご無沙汰して)ご連絡もできず、すみませんでした。

zhè me jiǔ méi lián xì nǐ zhēn bù hǎo yì si a
这么久没联系你真不好意思啊。
ジョー モー ジィウ メイ リェン ジー ニー ジェン ブー ハオ イー スー アー

6 お元気でしたか？

zěn me yàng zuì jìn guò de hǎo mā
怎么样? 最近过得好吗?
ゼン モー ヤン ズォイ ジン グオ デェ ハオ マー

7 また会えて嬉しいです。

yòu jiàn dào nǐ zhēn gāo xìng
又见到你真高兴。
イオウ ジエン ダオ ニー ジェン ガオ シン

あいさつ

安否を尋ねる

1 ご家族の皆さんもお元気ですか？

nǐ de jiā rén dōu hái hǎo mā
你的家人都还好吗?
ニー デェ ジア ルェン ドウ ハイ ハオ マー

2 みなさんお変わりありませんか？

dà jiā dōu méi shén me biàn huà ba
大家都没什么变化吧?
ダー ジア ドウ メイ シェン モー ビエン ホア バー

3 ─ はい、お陰様でみんな元気です。

tuō nǐ de fú tā men dōu hěn hǎo
托你的福, 他们都很好。
トゥオ ニー デェ フー ター メン ドウ ヘン ハオ

4 ─ ええ、何とか。

hái kě yǐ
还可以。
ハイ コー イー

19

5 ― この春、弟が結婚しました。

wǒ dì di jīn nián chūn tiān jié hūn le
我弟弟今年春天结婚了。
ウオ ディー ディー ジン ニエン チュン ティエン ジエ フン レェ

6 ― 去年の暮れに祖父が亡くなりました。

wǒ zǔ fù qù nián nián dǐ qù shì le
我祖父去年年底去世了。
ウオ ズー フー チュイ ニエン ニエン デェ チュイ シー レェ

7 元気だった？

nǐ hái hǎo mā
你还好吗?
ニー ハイ ハオ マー

8 ― うん、君も元気だった？

hái kě yǐ nǐ ne
还可以，你呢?
ハイ コー イー ニー ノー

9 ― いや、あまり元気じゃなかったよ。

wu bú tài hǎo
唔，不太好。
ウー ブー タイ ハオ

10 ― 何とか生きてたって感じ。

còu he huó zhe ba
凑合活着吧。
ツォウ ゴー フオ ジャオ バ

近況を尋ねる

1 最近どう過ごされましたか？

zuì jìn dōu zuò le xiē shén me
最近都做了些什么?
ズォイ ジン ドウ ズオ レェ シエ シェン マー

正月は・夏休みは・連休は

guò nián　shǔ jiǎ　lián xiū
过年、暑假、连休
グオ ニエン　シュー ジア　リエン シウ

2 何してたの？

dōu zuò le xiē shén me qù le
都做了些什么去了?
ドウ ズオ レェ シエ シェン マー チュイ レェ

3 ― いつも通りですよ。

gēn píng cháng yí yàng
跟平常一样。
ゲン ピン チャン イー ヤン

4 ― とても忙しかったです。

máng sǐ wǒ le
忙死我了。
マン スー ウオ レェ

5 ― やることがなくてゴロゴロしてました。

shén me dōu méi zuò jiù zài jiā xián huàng
什么都没做就在家闲晃。
シェン モー ドウ メイ ズオ ジィウ ザァイ ジア シエン ホアン

6 最近忙しいですか？

zuì jìn máng mā
最近忙吗?
ズォイ ジン マン マー

あいさつ

21

7 ― ちょっと忙しいです。

有点忙。
yǒu diǎn máng
イオウ ティエン マン

8 ― 忙しすぎて休む間もないくらいですよ。

忙得没休息时间。
máng de méi xiū xi shí jiān
マン デェ メイ シウ シー シー ジエン

9 仕事はどうですか？

工作呢？怎么样？
gōng zuò ne zěn me yàng
ゴン ズオ ノー ゼン マー ヤン

この頃・学校・事業

最近、学校、生意
zuì jìn xué jiào shēng yi
ズォイ ジン シュエ ジアオ ション イー

10 ― いつもと同じですよ。

跟平常一样。
gēn píng cháng yí yàng
ゲン ピン チャン イー ヤン

11 ― まあまあです。

还好。
hái hǎo
ハイ ハオ

12 ― あまり良くないです。

不太好。
bú tài hǎo
ブー タイ ハオ

13 ― 結構厳しいです。

有点糟糕。
yǒu diǎn zāo gāo
イオウ ティエン ザァオ ガオ

14 — 何とかやってます。

勉勉强强吧。
miǎn miǎn qiáng qiang ba
ミエン ミエン ジァン ジァン バー

15 — やっと軌道に乗りました。

好不容易上了轨道。
hǎo bù róng yì shàng le guǐ dào
ハオ ブー ルゥオン イー シャン レェ グゥイ ダオ

16 — お陰様で順調です。

托你的福，还挺顺利的。
tuō nǐ de fú hái tǐng shùn lì de
トゥオ ニー デェ フー ハイ ティン シュン リー デェ

家での挨拶 3

CD-1 [track3]

1 おはよう。

早。
zǎo
ザァオ

2 よく眠れた？

睡得好不好?
shuì de hǎo bu hǎo
ショイ デェ ハオ ブー ハオ

3 いただきます。(食事に限る)

吃饭了。
chī fàn le
チー ファン レェ

4 ごちそうさまでした。

我吃饱了。
wǒ chī bǎo le
ウォ チー バオ レェ

5 行ってきます。

wǒ zǒu le
我 走 了。
ウオ ズォウ レェ

6 会社に行ってくるよ。

wǒ qù shàng bān le
我 去 上 班 了。
ウオ チュイ シャン バン レェ

学校

xué xiào
学 校
シュエ シアオ

7 ― 行ってらっしゃい。(目上に対して)

qǐng màn zǒu
请 慢 走。
チン マン ズォウ

8 ― 行ってらっしゃい。(目下に対して)

xiǎo xīn diǎn a
小 心 点 啊。
シアオ シン ティエン アー

9 ただいま。

wǒ huí lái le
我 回 来 了。
ウオ ホイ ライ レェ

10 ― お帰りなさい。

nǐ huí lái la
你 回 来 啦。
ニー ホイ ライ ラー

11 お休みなさい。

wǎn ān
晚 安。
ワン アン

特別な日の挨拶 4

1 新年明けましておめでとうございます。
*元旦に使うことが多い。

新年好。
xīn nián hǎo
シン ニエン ハオ

2 明けましておめでとう。
*旧暦の春節に使うことが多い。
直訳すると「おめでとうございます。財をたくさん成すように」。

恭喜发财。
gōng xǐ fā cái
ゴン シー ファー ツァイ

3 明けましておめでとう。
*2回重ねて言うのが普通。

恭喜,恭喜。
gōng xǐ gōng xǐ
ゴン シー ゴン シー

4 明けましておめでとう。
*目下が目上の人にふざけて言うときによく使われる表現。

恭喜发财,红包拿来。
gōng xǐ fā cái hóng bāo ná lái
ゴン シー ファー ツァイ ホン バオ ナー ライ

5 明けましておめでとう。

新年快乐。
xīn nián kuài lè
シン ニエン クアイ レェ

6 メリークリスマス。

圣旦快乐。
Shèng dàn kuài lè
ション ダン クアイ レェ

7 お誕生日おめでとうございます。

shēng ri kuài lè
生日快乐。
ション ルィ クアイ レェ

体調を尋ねる（気遣いの言葉）
5

CD-**1**
[track5]

1 お加減はいかがですか？

nǐ jué de hái hǎo mā
你觉得还好吗?
ニー ジュエ デェ ハイ ハオ マー

2 お体の具合はいかがですか？

nǐ jué de shēn tǐ zěn me yàng
你觉得身体怎么样?
ニー ジュエ デェ シェン ティー ゼン マー ヤン

3 怪我はもう大丈夫ですか？

nǐ de shāng shì rú hé
你的伤势如何?
ニー デェ シャン シー ルー ホー

4 ご病気はもう大丈夫ですか？

nǐ de bìng zěn me yàng
你的病怎么样?
ニー デェ ビン ゼン マー ヤン

5 ─ だいぶ良くなりました。

hǎo hěn duō le
好很多了。
ハオ ヘン ドゥオ レェ

6 ─ もうすっかり治りました。

wán quán hǎo le
完全好了。
ワン チュアン ハオ レェ

7 風邪は治りましたか？

nǐ gǎn mào hǎo le mā
你感冒好了吗?
ニー ガン マオ ハオ レェ マー

8 ― 鼻水がまだ少し出ます。

hái yǒu diǎn liú bí tì
还有点流鼻涕。
ハイ イオウ ティエン リウ ビー ティー

9 ― 咳がまだ少し出ます。

hái yǒu diǎn ké sòu
还有点咳嗽。
ハイ イオウ ティエン コー ソウ

10 顔色がずいぶん良くなりましたね。

wǒ jué de nǐ de qì sè hǎo duō le
我觉得你的气色好多了。
ウオ ジアオ デェ ニー デェ チー ソー ハオ ドゥオ レェ

11 とてもお元気そうですね。

wǒ gǎn jué nǐ jīng shén hěn hǎo
我感觉你精神很好。
ウオ ガン ジアオ ニー ジンシェン ヘン ハオ

12 顔色がすぐれないようですが…。

nǐ liǎn sè hǎo xiàng yǒu diǎn chà ye
你脸色好像有点差耶...
ニー リエン ソー ハオ シアン イオウ ティエン チャー イエ

13 元気がないようですが…。

nǐ zěn me wú jīng dǎ cǎi de
你怎么无精打彩的?
ニー ゼン マー ウー ジン ダー ツァイ デェ

14 どこか具合でも悪いんですか？

nǐ nǎ li bù shū fu
你哪里不舒服?
ニー ナー リー ブー シュー フー

15 身体を大事になさってください。

你 可 要 多 多 保 重 呀。
nǐ kě yào duō duō bǎo zhòng ya
ニー コー ヤオ ドゥオ ドゥオ バオ チョン ヤー

16 気持ちを楽に持ってくださいね。

放 轻 松 点。
fàng qīng sōng diǎn
ファン チン ソン ティエン

17 あまり心配しないでくださいね。

不 要 太 担 心 了。
bú yào tài dān xīn le
ブー ヤオ タイ ダン シン レェ

18 あまり無理しないでくださいね。

不 要 太 过 操 劳 了。
bú yào tài guò cāo láo le
ブー ヤオ タイ グオ ツァオ ラオ レェ

別れの挨拶 6

1 さようなら。

再 见。
zài jiàn
ザァイ ジエン

2 バイバイ。(くだけた表現)

拜 拜。
bāi bai
バイ バイ

3 またお伺いいたします。

我 会 再 来 的。
wǒ huì zài lái de
ウオ ホイ ザァイ ライ デェ

4 お気をつけてお帰りください。

路上小心啊。
lù shang xiǎo xīn a
ルー シャン シアオ シン アー

5 それでは失礼します。

那我告辞了。
nà wǒ gào cí le
ナー ウオ ガオ ツー レェ

6 じゃあ行くね。

那我走啦。
nà wǒ zǒu la
ナー ウオ ズォウ ラー

7 また**明日**（会いましょう）。

来週・後で・そのうち

明天见。
míng tiān jiàn
ミン ティエン ジエン

下周、待会儿、改天
xià zhōu dāi huǐ er gǎi tiān
シア ジョウ ダイ ホイ アル ガイ ティエン

お礼・ねぎらい
7

CD-1
[track7]

感謝・ねぎらい

1 ありがとうございます。

谢谢。
xiè xie
シエ シエ

2 親切にしていただいてありがとうございます。

谢谢你对我这么好。
xiè xie nǐ duì wǒ zhè me hǎo
シエ シエ ニー ドォイ ウオ ジョー マー ハオ

3 歓待してくださってありがとうございます。

谢谢你热情的款待。
xiè xie nǐ rè qíng de kuǎn dài
シエ シエ ニー ルォ チン デェ クアン ダイ

4 ご招待いただきありがとうございます。

谢谢你的招待。
xiè xie nǐ de zhāo dài
シエ シエ ニー デェ ジャオ ダイ

5 助けていただいてありがとうございます。

谢谢你的帮忙。
xiè xie nǐ de bāng máng
シエ シエ ニー デェ バン マン

6 お電話いただきありがとうございます。

谢谢你的电话。
xiè xie nǐ de diàn huà
シエ シエ ニー デェ ディエン ホア

7 お手紙ありがとうございます。

谢谢你的信。
xiè xie nǐ de xìn
シエ シエ ニー デェ シン

8 お心遣い（気配り）ありがとうございます。

谢谢你的关心。
xiè xie nǐ de guān xīn
シエ シエ ニー デェ グアン シン

9 本当にありがとうございます。

感激不尽。
gǎn jī bú jìn
ガン ジー ブー ジン

10 感謝いたします。

万分感激。
wàn fēn gǎn jī
ワン フェン ガン ジー

11 お疲れ様です。
＊本当に体力的にきつかった時に使う。

你受累了。
nǐ shòu lèi le
ニー ショウ レイ レェ

12 ご苦労様です。
＊一般的に使う表現。

辛苦了。
xīn kǔ le
シン クー レェ

感謝の言葉に対して

1 いやー、とんでもないです。

快不要说谢了。
kuài bú yào shuō xiè le
クアイ ブー ヤオ ショイ シエ レェ

2 何をおっしゃるんですか。

哎呀，快别跟我客气了。
ai ya kuài bié gēn wǒ kè qì le
アイ ヤー クアイ ビエ ゲン ウオ コー チー レェ

3 何もしてませんよ。

我不过是举手之劳而已。
wǒ bú guò shì jǔ shǒu zhī láo ér yǐ
ウオ ブー グオ シー ジュ ショウ ジー ラオ アル イー

4 あまり役に立ちませんでした。

我没帮上什么忙。
wǒ méi bāng shàng shén me máng
ウオ メイ バン シャン シェン マー マン

5 些細なことだから、気にしないで。

这点小事别挂在心上。
zhè diǎn xiǎo shì bié guà zài xīn shàng
ジョー ディエン シアオ シー ビエ グア ザイ シン シャン

6 友達じゃないか、ありがとうなんて。

我们都是朋友，谢什么谢呀。
wǒ men dōu shì péng you xiè shén me xiè ya
ウオ メン ドウ シー ポン イオウ シエ シェン マー シエ ヤー

7 たいしたことじゃありません。

xiǎo shì bà le
小 事 罢 了。
シアオ シー バー レェ

お祝い

[track8]

お祝い

1 おめでとうございます。

gōng xǐ　gōng xǐ
恭 喜, 恭 喜。
ゴン シー ゴン シー

2 おめでとう。

gōng xǐ la
恭 喜 啦。
ゴン シー ラー

3 お誕生日おめでとうございます。

shēng ri kuài lè
生 日 快 乐。
ション ルィ クアイ レェ

4 お幸せをお祈りいたします。

zhù nǐ xìng fú
祝 你 幸 福。
ジュー ニー シン フー

5 末永くお幸せにね。

zhù nǐ yǒng yuǎn xìng fú
祝 你 永 远 幸 福。
ジュー ニー ヨン ユアン シン フー

縁起のいい贈り言葉

1 幾久しくご長寿が保たれますよう。
＊ある程度のお年寄りに対して使う表現。

zhù nín wàn shòu wú jiāng
祝 您 万 寿 无 疆。
ジュー ニン ワン ショウ ウー ジァン

2 試験に合格しますように。
＊受験生に対してよく使う励ましの表現。

zhù nǐ jīn bǎng tí míng
祝 你 金 榜 题 名。
ジュー ニー ジン バン ティー ミン

3 白髪になるまで仲良くありますように。
＊新婚のカップルに対して使うお決まり祝言。

zhù nǐ men bái tóu xié lǎo
祝 你 们 白 头 偕 老。
ジュー ニー メン バイ トウ シエ ラオ

4 早くお子さんが生まれますように。
＊新婚のカップルに対して使うお決まり祝言。

zhù nǐ men zǎo shēng guì zǐ
祝 你 们 早 生 贵 子。
ジュー ニー メン ザァオ ション グォイ ズー

5 商売繁盛でありますように。
＊開店する人に対して贈る言葉。

zhù nǐ shēng yi xīng lóng
祝 你 生 意 兴 隆。
ジュー ニー ション イー シン ロン

6 財がどんどん水のごとく湧き出てきますように。
＊商売を始める人に対して贈る言葉。

zhù nǐ cái yuán gǔn gǔn ér lái
祝 你 财 源 滚 滚 而 来。
ジュー ニー ツァイ ユアン グン グン アル ライ

あいさつ

7 道中ご無事でありますように。

＊これから遠出する人に対して贈る言葉。

zhù nǐ yí lù shùn fēng
祝 你 一 路 顺 风。
ジュー ニー イー ルー シュン フォン

＊日常生活では日本ほど挨拶言葉を使いませんが、中国人は縁起のいい言葉が大好きですので、TPOによってお決まりの縁起言葉を使う習慣があります。
これらの中国らしい表現を使ってみてはいかがでしょうか。

お詫び
9

CD-1
[track9]

1 申し訳ありません。

shí fēn bào qiàn
十 分 抱 歉。
シー フェン バオ チエン

2 すみません。

duì bu qǐ
对 不 起。
ドォイ ブー チー

3 ごめんなさい。

bào qiàn
抱 歉。
バオ チエン

4 ごめんね。

bù hǎo yì si
不 好 意 思。
ブー ハオ イー スー

5 遅れてすみません。

duì bu qǐ, wǒ chí dào le
对不起，我迟到了。

6 心を傷つけてごめんなさい。

duì bu qǐ, wǒ ràng nǐ shāng xīn le
对不起，我让你伤心了。

7 約束をすっぽかしてごめんなさい。

duì bu qǐ, wǒ shī yuē le
对不起，我失约了。

8 連絡しなくてごめんね。

duì bu qǐ méi hé nǐ lián xi
对不起没和你联系。

9 私の不手際でした。

shì wǒ de cuò
是我的错。

10 私が悪かったんです。

dōu shì wǒ bù hǎo
都是我不好。

11 大変ご迷惑をおかけして申し訳ありません。

duì bu qǐ, gěi nǐ tiān le zhè me duō má fan
对不起，给你添了这么多麻烦。

12 お手数おかけしました。

yǒu láo nǐ le
有劳你了。

13 深く反省しています。

wǒ zhī dào cuò le
我 知 道 错 了。
ウオ ジー ダオ ツオ レェ

14 許してください。

qǐng yuán liàng wǒ
请 原 谅 我。
チン ユアン リアン ウオ

15 もう二度としませんから。

xià cì bù gǎn le
下 次 不 敢 了。
シア ツー ブー ガン レェ

16 そんなつもりはありませんでした。

wǒ méi yǒu xiǎng dào huì zhè yàng
我 没 有 想 到 会 这 样。
ウオ メイ イオウ シアン ダオ ホイ ジョー ヤン

17 恐れ入りますが。
*人に頼み事をする時や、道をあけてもらう時に使う決まり文句。

láo jià láo jià
劳 驾, 劳 驾。
ラオ ジア ラオ ジア

お悔やみ

1 気苦労なさったでしょう。

nǐ yě shòu kǔ le
你 也 受 苦 了。
ニー イエ ショウ クー レェ

2️⃣ 大変だったでしょう。

nǐ yí dìng hěn nán guò ba
你 一 定 很 难 过 吧。
ニー イー ディン ヘン ナン グオ バー

3️⃣ 何と申し上げていいやらわかりません。

zhēn bù zhī dào gāi rú hé ān wèi nǐ cái hǎo
真 不 知 道 该 如 何 安 慰 你 才 好。
ジェン ブー ジー ダオ ガイ ルー ホー アン ウエイ ニー ツァイ ハオ

4️⃣ お忙しい中駆けつけてくださってありがとうございます。

xiè xie nǐ bǎi máng zhī zhōng hái tè dì gǎn lái
谢 谢 你 百 忙 之 中 还 特 地 赶 来。
シエ シエ ニー バイ マン ジー ジョォン ハイ トー デェ ガン ライ

5️⃣ お気の毒に。
＊遺族に対して使う言葉。
　直訳：「私も一緒に悲しんでいます」

wǒ yě wèi nǐ nán guò
我 也 为 你 难 过。
ウオ イエ ウエイ ニー ナン グオ

6️⃣ (謹んで) 故人のご冥福をお祈り申し上げます。
＊「故人」が知り合いや友人の場合、「死者」(sǐzhě) と訳すのは適切ではない。

ràng wǒ men wèi tā qí fú
让 我 们 为 他 祈 福。
ルァン ウオ メン ウエイ ター チー フー

7️⃣ 天国でも幸せでありますように。

ràng wǒ men zhù tā zài tiān guó xìng fú
让 我 们 祝 他 在 天 国 幸 福。
ルァン ウオ メン ジュー ター ザァイ ティエン グオ シン フー

あいさつ

身の上を尋ねる 1

1 お名前は何とおっしゃいますか？
＊正式な場所で、目上の人に対して使う言葉。

qǐng wèn nín zūn xìng dà míng
请问您尊姓大名?
チン ウエン ニン ズゥン シン ダー ミン

2 お名前は何ですか？
＊同じ世代や目下の人に使う表現。

nǐ jiào shén me míng zi
你叫什么名字?
ニー ジアオ シェン モー ミン ズー

3 おいくつでいらっしゃいますか？
＊目上の人に対して使う表現ですが、目上の人に年齢を聞くことはあまりありません。

nín jīn nián duō dà suì shu
您今年多大岁数?
ニン ジン ニエン ドゥオ ダー スォイ シュー

4 今、何歳ですか？
＊同じくらいの年齢の人に対して使う表現。

nǐ jīn nián jǐ suì
你今年几岁?
ニン ジン ニエン ジー スォイ

5 おいくつですか？
＊目下の人に対して使う表現。

nǐ jīn nián duō dà le
你今年多大了?
ニー ジン ニエン ドゥオ ダー レェ

家族の絆を大事にする中国人は、相手だけではなく、相手の家族にまで気をかけることが多いです。日本と比べて個人的な質問もよくされます。慣れないうちは、「なんでこんなに根ほり葉ほり聞かれなきゃいけないの？」と考えることもあるかもしれませんが、相手の好み、趣味、仕事、家族構成など全部知った上でお付き合いしましょ、というのが中国人流なのです。また、友達を自宅に招いて食事のもてなしをするなど家族ぐるみの付き合い方をすることが多いです。

6 何年ですか？（干支）
＊中国人は、ストレートに年齢を聞くよりも、「干支」を尋ねる傾向があります。

nǐ shǔ shén me de
你属什么的?
ニー シュー シェン モー デェ

7 ご出身はどちらですか？

nǐ shì nǎ er rén
你是哪儿人?
ニー シー ナー アル ルェン

8 何を専攻されたんですか？

nǐ de zhuān yè shì shén me
你的专业是什么?
ニー デェ ジョアン イエ シー シェン モー

9 お国（故郷）はどちらですか？
＊初対面のとき必ず聞くフレーズ。

nǐ shì nǎ li rén
你是哪里人?
ニー シー ナー リー ルェン

10 ご結婚されてますか？

nǐ jié hūn le mā
你结婚了吗?
ニー ジエ フン レェ マー

11 どんな仕事をしていらっしゃいますか？

nǐ shì zuò shén me de
你是做什么的?
ニー シー ズオ シェン モー デェ

12 ご家族は？

nǐ jiā yǒu shuí
你家有谁?
ニー ジア イオウ シェイ

社交

13 ご兄弟は何人いらっしゃいますか？

nǐ yǒu jǐ ge xiōng dì jiě mèi
你 有 几 个 兄 弟 姐 妹?
ニー イオウ ジー ゴー ション ディー ジエ メイ

自分や家族について話す 2

CD-**1**
[track12]

自分について

1 (私は)鈴木と申します

bì xìng líng mù
敝 姓 铃 木。
ビー シン リン ムー

2 鈴木です。

wǒ de míng zi jiào líng mù
我 的 名 字 叫 铃 木。
ウオ デェ ミン ズー ジアオ リン ムー

3 24歳です。

jīn nián èr shí sì suì
今 年 二 十 四 岁。
ジン ニエン アル シー スー スォイ

4 辰年です。

wǒ shǔ lóng
我 属 龙。
ウオ シュー ロン

shēng xiāo   shǔ   niú   hǔ   tù   lóng   shé   mǎ
*干支（生 肖）…鼠、牛、虎、兔、龙、蛇、马、
　　　ション シアオ　　シュー ニウ フー トゥー ロン ショー マー

yáng hóu jī gǒu zhū
羊、猴、鸡、狗、猪
ヤン ホウ ジー ゴウ ジュー

[5] **秋田**出身です。

wǒ shì qiū tián xiàn de rén
我 是 秋 田 县 的 人。
ウオ シー チウ ティエン シエン デェ ルエン

北海道・東京・大阪

běi hǎi dào dōng jīng dà bǎn
北 海 道、东 京、大 阪
ベイ ハイ ダオ ドン ジン ダー バン

[6] 日本から来ました。

wǒ shì cóng Rì běn lái de
我 是 从 日 本 来 的。
ウオ シー ツォン ルィ ベン ライ デェ

[7] 明治大学を卒業しました。

wǒ shì Míng zhì dà xué bì yè de
我 是 明 治 大 学 毕 业 的。
ウオ シー ミン ジー ダー シュエ ビー イエ デェ

[8] 大学では心理学を専攻しました。

dà xué shì zhuān gōng xīn lǐ xué de
大 学 是 专 攻 心 理 学 的。
ダー シュエ シー ジョアン ゴン シン リー シュエ デェ

[9] まだ結婚していません。

hái méi jié hūn
还 没 结 婚。
ハイ メイ ジエ フン

[10] 独身（男性）です。

dān shēn hàn yí ge
单 身 汉 一 个。
ダン シェン ハン イー ゴー

[11] 独り者です。（男女共用）

wǒ shì dān shēn
我 是 单 身。
ウオ シー ダン シェン

家族について

1 家族構成は父母姉私の4人家族です。

我 家 里 有 爸 爸, 妈 妈, 姐 姐 和 我, 一 共
wǒ jiā li yǒu bà ba mā ma jiě jie hé wǒ yí gòng
ウオ ジャ リー イオウ バー バー マー マー ジエ ジエ ホー ウオ イー ゴン

四 口 人。
sì kǒu rén
スー コウ ルェン

2 家族は妻と2人暮らしです。

我 家 只 有 我 和 我 老 婆。
wǒ jiā zhǐ yǒu wǒ hé wǒ lǎo pó
ウオ ジア ジー イオウ ウオ ホー ウオ ラオ ポー

3 子供が2人おります。

我 有 两 个 小 孩。
wǒ yǒu liǎng ge xiǎo hái
ウオ イオウ リアン ゴー シアオ ハイ

4 両親と一緒に住んでいます。

我 和 父 母 亲 住 在 一 起。
wǒ hé fù mǔ qīn zhù zài yì qǐ
ウオ ホー フー ムー チン ジュー ザイ イー チー

5 三世代が同居しています。

我 们 家 三 代 同 堂。
wǒ men jiā sān dài tóng táng
ウオ メン ジャ サン ダイ トン タン

6 父は公務員です。

我 父 亲 是 公 务 员。
wǒ fù qīn shì gōng wù yuán
ウオ フー チン シー ゴン ウー ユアン

7 母は教師をしています。

我 母 亲 是 老 师。
wǒ mǔ qīn shì lǎo shī
ウオ ムー チン シー ラオ シー

8 大学で教鞭をとっています。

我 在 大 学 教 书。
wǒ zài dà xué jiāo shū
ウオ ザイ ダー シュエ ジアオ シュー

9 小さな会社を経営しています。

我 自 己 开 了 间 小 公 司。
wǒ zi jǐ kāi le jiān xiǎo gōng sī
ウオ ズージー ジー カイ レェ ジエン シアオ ゴン スー

10 お店をやっています。

我 自 己 开 了 间 店。
wǒ zì jǐ kāi le jiān diàn
ウオ ズージー ジー カイ レェ ジエン ディエン

兄弟関係

1 兄弟が3人います。

我 有 三 个 兄 弟 姐 妹。
wǒ yǒu sān ge xiōng dì jiě mèi
ウオ イオウ サン ゴー ション ディー ジエ メイ

2 兄弟はいません。

我 没 有 兄 弟 姐 妹。
wǒ méi yǒu xiōng dì jiě mèi
ウオ メイ イオウ ション ディー ジエ メイ

3 一人っ子です。(男の場合)

我 是 独 生 子。
wǒ shì dú shēng zǐ
ウオ シー ドゥー ション ズー

4 一人っ子です。(女の場合)

wǒ shì dú shēng nǚ
我 是 独 生 女。
ウオ シー ドゥー ション ニュイ

5 1男2女の**長女**です。

wǒ men jiā yí ge nán de liǎng ge nǚ de wǒ shì zhǎng nǚ
我 们 家 一 个 男 的 两 个 女 的,我 是 长 女。
ウオ メン ジャ イー ゴー ナン デェ リアン ゴー ニュイ デェ ウオ シー ジャン ニュイ

長男・次男・次女

zhǎng zǐ cì zǐ cì nǚ
长 子、次 子、次 女
ジャン ズー ツー ズー ツー ニュイ

6 (兄弟で)一番上です。

wǒ pái háng lǎo dà
我 排 行 老 大。
ウオ パイ ハン ラオ ダー

7 末っ子です。

wǒ shì lǎo xiǎo
我 是 老 小。
ウオ シー ラオ シアオ

8 私の上に兄が1人おります。

wǒ shàng mian yǒu yí ge gē ge
我 上 面 有 一 个 哥 哥。
ウオ シャン ミエン イオウ イー ゴー ゴー ゴー

9 **妹**が2人おります。　　　　　　　　　　　**弟**

wǒ xià mian yǒu liǎng ge mèi mei　　　dì di
我 下 面 有 两 个 妹 妹。　　　弟 弟
ウオ シア ミエン イオウ リアン ゴー メイ メイ　　　ディー ディー

＊中国では一人っ子政策がなされているため、「兄弟」という概念を持っていない子供がたくさん出てきました。そのため、「長男」や「末っ子」のような表現も段々すたれてきています。

家族や友人・知人を紹介する 3

1 ご紹介します。

ràng wǒ lái jiè shào yí xià
让我来介绍一下。
ルァン ウオ ライ ジエ シャオ イー シア

2 私の両親です。

zhè shì wǒ de fù mǔ qīn
这是我的父母亲。
ジョー シー ウオ デ フー ムー チン

家族・父・母・夫・妻・兄・姉・弟・妹・息子・娘・孫(男)、孫(女)

jiā rén	fù qīn	mǔ qīn	zhàng fū	qī zi	gē ge	jiě
家人、	父亲、	母亲、	丈夫、	妻子、	哥哥、	姐
ジャ ルェン	フー チン	ムー チン	ジャン フー	チー ズー	ゴー ゴー	ジエ

jie	dì di	mèi mei	ér zi	nǚ ér	sūn zi	sūn nǚ
姐、	弟弟、	妹妹、	儿子、	女儿、	孙子、	孙女
ジエ	ディー ディー	メイ メイ	アル ズー	ニュイ アル	スン ズー	スン ニュイ

3 うちの末っ子です。

zhè shì wǒ men jiā de lǎo yāo
这是我们家的老幺。
ジョー シー ウオ メン ジャ デ ラオ ヤオ

4 私の2番目の弟、信吾といいます。

zhè shì wǒ dì èr ge dì di míng zi jiào xìn wǔ
这是我第二个弟弟，名字叫信吾。
ジョー シー ウオ ディー アル ゴー ディー ディー ミン ズー ジアオ シン ウー

5 僕の恋人です。

zhè shì wǒ nǚ péng you
这是我女朋友。
ジョー シー ウオ ニュイ ポン イオウ

6 ボーイフレンドです。

zhè shì wǒ nán péng yǒu
这是我男朋友。

7 私の無二の親友です。

wǒ zuì zuì yào hǎo de péng you
我最最要好的朋友。

8 こちらは**クラスメート**の高橋です。

zhè shì wǒ tóng bān tóng xué jiào gāo qiáo
这是我同班同学，叫高桥。

同僚

tóng shì
同事

9 とても**いい人**です。

tā shì ge hěn hǎo de rén
他是个很好的人。

優秀な・きさくな・温かい・義理堅い

yōu xiù shuǎng lǎng rè qíng jiǎng yì qì
优秀、爽朗、热情、讲义气

10 きっと気に入ると思いますよ。

wǒ jué de nǐ yí dìng huì xǐ huan tā
我觉得你一定会喜欢他。

11 上司の金田部長です。

*中国では自分の上司を他人に紹介する時に呼び捨てにする習慣がなく、名前の後ろに肩書きをつけて紹介するのが普通です。

wǒ de shàng si, jīn tián bù zhǎng
我的上司，金田部长。
ウオ デェ シャン スー ジン ティエン ブー ジャン

12 私がいつもお世話になっている上野さん（男）です。

zhè wèi shì píng cháng hěn zhào gu wǒ de Shàng yě xiān sheng
这位是平常很照顾我的上野先生。
ジョー ウエイ シー ピン チャン ヘン ジャオ グー ウオ デェ シャン イエ シエン ション

13 大学の時にお世話になった藤井さん（女）です。

wǒ dà xué de shí hou duì wǒ hěn hǎo de Téng jǐng xiǎo jiě
我大学的时候对我很好的藤井小姐。
ウオ ダー シュエ デェ シー ホウ ドォイ ウオ ヘン ハオ デェ トン ジン シアオ ジエ

誘う 4

CD-1
[track14]

食事（飲み）に誘う

1 いつか一緒に食事でもしましょう。

zhǎo ge shí jiān yì qǐ qù chī fàn ba
找个时间一起去吃饭吧。
ジャオ ゴー シー ジエン イー チー チュイ チー ファン バー

2 お昼を食べに行きましょう。

yì qǐ qù chī wǔ fàn ba
一起去吃午饭吧。
イー チー チュイ チー ウー ファン バー

3 バーベキューパーティーがありますが、いらっしゃいませんか？

wǒ men yào kāi kǎo ròu dà huì, nǐ lái bu lái
我们要开烤肉大会，你来不来?
ウオ メン ヤオ カイ カオ ルウォ ダー ホイ ニー ライ ブー ライ

4 一杯おごるよ。

zǒu　wǒ　qǐng　nǐ　qù　hē　bēi　jiǔ
走，我 请 你 去 喝 杯 酒。
ズォウ　ウオ　チン　ニー　チュイ　ホー　ベイ　ジゥ

5 みんなで食事するけど来ない？

wǒ　men　zhèng　hǎo　yào　qù　chī　fàn　nǐ　yě　lái　ba
我 们 正 好 要 去 吃 饭，你 也 来 吧?
ウオ　メン　ジョン　ハオ　ヤオ　チュイ　チー　ファン　ニー　イエ　ライ　バー

＊本当は「飲む」ことを中心とした食事でも、中国では「今友達と飲んでる」とは言わないで「友達と食事している」という表現をよく使います。
本当は飲みたい時も、「飲みに行こう」と誘わないで「食事に行こう」という方が普通です。
また日本のように女性2人で飲みに行ったりすることもあまりありません。

デートに誘う

1 今週末に時間ありますか？

nǐ　zhè　zhōu　mè　yǒu　kòng　mā
你 这 周 末 有 空 吗?
ニー　ジョー　ジョウ　モー　イオウ　コン　マー

2 映画を観に行きませんか？

qù　bú　qù　kàn　diàn　yǐng
去 不 去 看 电 影?
チュイ　ブー　チュイ　カン　ディエン　イン

3 遊びにおいでよ。

lái　wǒ　jiā　wán　ba
来 我 家 玩 吧。
ライ　ウオ　ジャ　ワン　バー

4 テニスでもどうですか？

qù　dǎ　wǎng　qiú　zěn　me　yàng
去 打 网 球 怎 么 样?
チュイ　ダー　ワン　チウ　ゼン　モー　ヤン

バドミントン・卓球

yǔ máo qiú　pīng pāng qiú
羽毛球、乒乓球
ユィ マオ チウ　ピン パン チウ

社交

5　一度うちにご招待したいんですが。

wǒ xiǎng qǐng nǐ shàng wǒ jiā wán
我想请你上我家玩。
ウオ シアン チン ニー シャン ウオ ジャ ワン

6　ご家族でいらしてください。

bǎ nǐ men quán jiā dōu dài lái ba
把你们全家都带来吧。
バー ニー メン チュアン ジャ ドウ ダイ ライ バー

7　絶対来てくださいね。

nǐ kě yí dìng yào lái a
你可一定要来啊。
ニー コー イー ディン ヤオ ライ アー

8　絶対来てね。

nǐ kě yào lái o
你可要来哦。
ニー コー ヤオ ライ オー

時間と場所の約束をする

5

CD-1
[track15]

日にちを決める

1　**いつ頃**がいいですか？

nǐ shén me shí hou fāng biàn
你什么时候方便?
ニー シェン モー シー ホウ ファン ビエン

何日・何時・何曜日

jǐ háo　jǐ diǎn　xīng qī jǐ
几号、几点、星期几
ジー ハオ　ジー ディエン　シン チー ジー

2 明日は大丈夫ですか？

nǐ míng tiān fāng biàn mā
你 明 天 方 便 吗?
ニー ミン ティエン ファン ビエン マー

午前中・午後・今週末

shàng wǔ　xià wǔ　zhè zhōu mò
上 午、下 午、这 周 末
シャン ウー　シア ウー　ジョー ジョウ モー

3 明日はちょっと用事があります。

wǒ míng tiān zhèng hǎo yǒu bié de shì
我 明 天 正 好 有 别 的 事。
ウオ ミン ティエン ジォン ハオ イオウ ビエ デェ シー

4 明日は暇です。

wǒ míng tiān yǒu kòng
我 明 天 有 空。
ウオ ミン ティエン イオウ コン

5 日曜ならいつでも大丈夫です。

xīng qī tiān de huà suí shí dōu kě yǐ
星 期 天 的 话 随 时 都 可 以。
シン チー ティエン デェ ホア スオイ シー ドウ コー イー

時間を決める

1 何時に会いましょうか？

wǒ men jǐ diǎn jiàn
我 们 几 点 见?
ウオ メン ジー ティエン ジエン

2 7時ごろはいかがですか？

qī diǎn zuǒ yòu zěn me yàng
七 点 左 右 怎 么 样?
チー ティエン ズオ イオウ ゼン モー ヤン

3 6時はどう？

liù diǎn ne
六 点 呢？
リウ ディエン ノー

4 私は何時でもいいです。

wǒ jǐ diǎn dōu kě yǐ
我 几 点 都 可 以。
ウオ ジー ディエン ドウ コー イー

5 何時でも大丈夫だよ。

jǐ diǎn dōu méi wèn tí
几 点 都 没 问 题。
ジー ディエン ドウ メイ ウエン ティー

6 できれば遅い時間がいいんですが。

wǒ wǎn diǎn huì bǐ jiào fāng biàn
我 晚 点 会 比 较 方 便。
ウオ ワン ディエン ホイ ビー ジアオ ファン ビエン

7 そちらの（時間の）都合に合わせます。

wǒ pèi hé nǐ de shí jiān
我 配 合 你 的 时 间。
ウオ ペイ ゴー ニー デェ シー ジエン

8 君の都合のつく時間でいいよ。

nǐ kàn nǐ jǐ shí fāng biàn
你 看 你 几 时 方 便。
ニー カン ニー ジー シー ファン ビエン

9 8時にしていただけますか？

néng gǎi bā diǎn mā
能 改 八 点 吗？
ノン ガイ バー ディエン マー

10 迎えに来ていただけますか？

nǐ fāng biàn lái jiē wǒ mā
你 方 便 来 接 我 吗？
ニー ファン ビエン ライ ジエ ウオ マー

社交

11 迎えに行きます。

我去接你。
wǒ qù jiē nǐ
ウオ チュイ ジエ ニー

場所を決める

1 どこで会いましょうか？

我们在哪里见面？
wǒ men zài nǎ li jiàn miàn
ウオ メン ザイ ナー リー ジエン ミエン

2 どこで会う？

在哪儿见好？
zài nǎ er jiàn hǎo
ザイ ナー アル ジエン ハオ

3 新宿はどうですか？

新宿呢，怎么样？
Xīn sù ne zěn me yàng
シン スー ノー ゼン モー ヤン

4 どこかいい店を知っていますか？

你知道有什么好店吗？
nǐ zhī dào yǒu shén me hǎo diàn mā
ニー ジー ダオ イオウ シェン モー ハオ ティエン マー

5 そこなら知っています。

啊，那儿我也知道。
a nà er wǒ yě zhī dào
アー ナー アル ウオ イエ ジー ダオ

6 じゃ、明日5時に紀伊国屋の前ですね。

那，我们就明天五点在纪伊国屋前见。
nà wǒ men jiù míng tiān wǔ diǎn zài Jì yī guó wū qián jiàn
ナー ウオ メン ジィウ ミン ティエン ウー ティエン ザイ ジー イー グオ ウー チエン ジエン

訪問ともてなし 6

訪問

1 お招きいただきありがとうございます。

谢谢你招待我来。
xiè xie nǐ zhāo dài wǒ lái

2 — ようこそ。

欢迎、欢迎。
huān yíng huān yíng

3 — ようこそ。（くだけた表現）

你来啦。
nǐ lái la

4 — （遠いところを）お越しいただきありがとうございます。

哎呀，还让你这么大老远地来，真不好意思。
ai ya hái ràng nǐ zhè me dà lǎo yuǎn de lái zhēn bù hǎo yì si

5 — 道はすぐわかりましたか？

没迷路吧？
méi mí lù ba

6 — むさくるしい所ですが、気にしないでください。

我们家又脏又乱，你别介意。
wǒ men jiā yòu zāng yòu luàn nǐ bié jiè yì

7 — どうぞお入りください。

请进、请进。
qǐng jìn　qǐng jìn

8 いいお住まいですね。

你们家真漂亮。
nǐ men jiā zhēn piào liang

9 — どうぞおくつろぎください。

就当做是在自己家一样别拘束啊。
jiù dāng zuò shì zài zì jǐ jiā yí yàng bié jū shù a

もてなし

1 タバコを吸っても構いませんか？

我可以抽烟吗?
wǒ kě yǐ chōu yān mā

2 — ええ、大丈夫ですよ。

可以,可以。
kě yǐ kě yǐ

3 お手洗いはどちらですか？

请问洗手间在哪儿?
qǐng wèn xǐ shǒu jiān zài nǎ er

4 — 何もありませんがどうぞ（たくさん）召し上がってください。

没什么好东西,你将就着吃吧。
méi shén me hǎo dōng xi nǐ jiāng jiù zhe chī ba

5 ― お口に合うかしら。

还合你的口味吗?
hái hé nǐ de kǒu wèi mā

6 ― おかわりはいかがですか？

再来一碗吧?
zài lái yì wǎn ba

7 もういっぱい食べました。

我饱了。
wǒ bǎo le

8 とてもおいしかったです。

真好吃。
zhēn hǎo chī

9 料理が上手ですね。

你的手艺真好。
nǐ de shǒu yì zhēn hǎo

10 ― ビールはいかがですか？

要不要来点啤酒?
yào bú yào lái diǎn pí jiǔ

11 少しだけいただきます。

一点就好了。
yì diǎn jiù hǎo le

12 今日は車で来たので…。

我今天开车子...
wǒ jīn tiān kāi chē zi

おいとま

1 もうそろそろお暇します。

我 该 告 辞 了。
wǒ gāi gào cí le
ウオ ガイ ガオ ツー レェ

2 今夜はとても楽しかったです。

我 今 晚 玩 得 非 常 愉 快。
wǒ jīn wǎn wán dé fēi cháng yú kuài
ウオ ジン ワン ワン デェ フェイ チャン ユィ クアイ

3 何ももてなしできませんで…。

没 什 么 好 东 西 招 待 你。
méi shén me hǎo dōng xi zhāo dài nǐ
メイ シェン モー ハオ ドン シー ジャオ ダイ ニー

4 今度はぜひ我が家へいらしてください。

下 回 一 定 到 我 家 玩。
xià huí yí dìng dào wǒ jiā wán
シア ホイ イー ディン ダオ ウオ ジャ ワン

5 また、来てください。

再 来 玩 啊。
zài lái wán a
ザイ ライ ワン アー

6 ご家族によろしくお伝えください。

代 我 向 你 家 人 问 好。
dài wǒ xiàng nǐ jiā rén wèn hǎo
ダイ ウオ シアン ニー ジャ ルェン ウエン ハオ

7 そこまで送ります。

我 送 你 出 去。
wǒ sòng nǐ chū qù
ウオ ソン ニー チュー チュイ

プレゼント・贈り物

プレゼントを贈る

1 つまらないものですが…どうぞ。

一点小东西...请收下。
yì diǎn xiǎo dōng xi qǐng shōu xià

2 気に入っていただけると嬉しいです。

希望你喜欢。
xī wàng nǐ xǐ huan

3 花がお好きだと聞いたので。

我听说你特别爱花。
wǒ tīng shuō nǐ tè bié ài huā

4 ワインにはうるさいと聞いていたので選ぶのに苦労しましたよ。

我听说你对葡萄酒特别有研究,所以我花了点心思选。
wǒ tīng shuō nǐ duì pú tao jiǔ tè bié yǒu yán jiū suǒ yǐ wǒ huā le diǎn xīn si xuǎn

5 みなさんで召し上がってください。

大家一起用吧。
dà jiā yì qǐ yòng ba

6 気に入っていただけて嬉しいです。

我很高兴你喜欢它。
wǒ hěn gāo xìng nǐ xǐ huan tā

受け取る

1 こんな結構なものを!?

<ruby>哎<rt>ai アイ</rt></ruby> <ruby>呀<rt>yā ヤー</rt></ruby>, <ruby>怎<rt>zěn ゼン</rt></ruby> <ruby>么<rt>me モー</rt></ruby> <ruby>送<rt>sòng ソン</rt></ruby> <ruby>这<rt>zhè ジョー</rt></ruby> <ruby>么<rt>me モー</rt></ruby> <ruby>贵<rt>guì グォイ</rt></ruby> <ruby>的<rt>de デ</rt></ruby> <ruby>东<rt>dōng ドン</rt></ruby> <ruby>西<rt>xī シー</rt></ruby>!?

哎呀,怎么送这么贵的东西!?

2 子供たちが喜びます。

孩子们一定很高兴。
hái zi men yí dìng hěn gāo xìng
ハイ ズー メン イー ディン ヘン ガオ シン

3 うちのインテリアにピッタリです。

这个东西放在我家刚刚好。
zhè ge dōng xi fàng zài wǒ jiā gāng gāng hǎo
ジョー ゴー ドン シー ファン ザイ ウオ ジャ ガン ガン ハオ

4 大事にします。

我会好好珍惜的。
wǒ huì hǎo hāo zhēn xī de
ウオ ホイ ハオ ハオ ジェン シー デ

5 では、ありがたくいただきます。

那我就不客气地收下了。
nà wǒ jiù bú kè qì de shōu xià le
ナー ウオ ジゥ ブー コー チー デ ショウ シア レェ

人付き合いのトラブル

8

誤解

1 もう少し話し合う必要があると思います。

我觉得我们需要好好地谈谈。
wǒ jué de wǒ men xū yào hǎo hāo de tán tan

2 ちょっと話し合いましょう。

我们谈谈吧。
wǒ men tán tan ba

3 話し合いで解決できるはずです。

商量一下应该可以解决的。
shāng liang yí xià yīng gāi kě yǐ jiě jué de

4 どこかで行き違いがあったようです。

可能我们有点意见上的分歧。
kě néng wǒ men yǒu diǎn yì jiàn shang de fēn qí

5 誤解があったようです。

可能我们间有点误会。
kě néng wǒ men jiān yǒu diǎn wù huì

6 誤解があったのなら謝ります。

如果造成你的误会，我愿意道歉。
rú guǒ zào chéng nǐ de wù huì wǒ yuàn yi dào qiàn

7 そんなことを言った覚えはありません。

我不记得我曾经说过那样的话。
wǒ bú jì de wǒ céng jīng shuō guo nà yàng de huà

8 そういうつもりで申し上げたのではありません。

wǒ bú shì nà ge yì si
我不是那个意思。
ウオ ブー シー ナー ゴー イー スー

9 もうこれ以上あなたと話したくありません。

wǒ jué de méi yǒu bì yào zài hé nǐ jiǎng xià qù
我觉得没有必要再和你讲下去。
ウオ ジュエ デェ メイ イオウ ビー ヤオ ザイ ホー ニー ジァン シア チュイ

10 話し合いをしても無駄でしょう。

zài shuō shén me dōu méi yòng le
再说什么都没用了。
ザイ シュオ シェン モー ドウ メイ ヨン レェ

11 私の話を聞いてるんですか!?

nǐ yǒu mei yǒu zài tīng wǒ shuō huà
你有没有在听我说话!?
ニー イオウ メイ イオウ ザイ ティン ウオ ショオ ホア

言い争い

1 あなたと争いたくありません。

wǒ bù xiǎng hé nǐ zhēng
我不想和你争。
ウオ ブー シアン ホー ニー ジォン

2 言いがかりはやめてください。

nǐ zhè shì jī dàn li tiāo gǔ tou
你这是鸡蛋里挑骨头。
ニー ジョー シー ジー ダン リー ティアオ グー トウ

3 言葉じりをとらえないでください。

nǐ zhè shì zhuā wǒ de yǔ bìng
你这是抓我的语病。
ニー ジョー シー ジョア ウオ デェ ユィ ビン

4 心にもないこと言わないで。

nǐ bú yào yán bù yóu zhōng le
你不要言不由衷了。

5 あなたには関係のないことです。

zhè jiàn shì gēn nǐ wú guān
这件事跟你无关。

6 よくそんなことが言えますね。

zhè zhǒng huà nǐ jìng shuō de chū kǒu
这种话你竟说得出口!?

7 あなたが何を考えているのかわかりません。

wǒ zhēn bù zhī dào nǐ zài xiǎng shén me
我真不知道你在想什么。

8 売り言葉に買い言葉ですよ。

zhè jiào yǐ yá huán yá yǐ yǎn huán yǎn
这叫以牙还牙，以眼还眼。

9 いい人だと思っていたのに。

wǒ hái yǐ wéi nǐ shì hǎo rén
我还以为你是好人。

10 信じられない。

wǒ zhēn bù gǎn xiāng xìn
我真不敢相信。

11 無理だ。

zhè shì bù kě néng de
这是不可能的。

12 君とは絶交だよ。

wǒ yào hé nǐ jué jiāo
我要和你绝交。
ウオ ヤオ ホー ニー ジュエ ジアオ

13 もう連絡もしないで。

nǐ bú yào zài lái sāo rǎo wǒ le
你不要再来搔扰我了。
ニー ブー ヤオ ザイ ライ サオ ルァオ ウオ レェ

14 弁護士を通してください。

nǐ tōng guò lǜ shī lái gēn wǒ shuō ba
你通过律师来跟我说吧。
ニー トン グオ リュイ シー ライ ゲン ウオ ショ バー

15 お願いだからやめて。

qiú qiu nǐ bú yào zhè yàng
求求你不要这样。
チウ チウ ニー ブー ヤオ ジョー ヤン

歩み寄り

1 感情的にならないで。

nǐ bú yào tài chōng dòng le
你不要太冲动了。
ニー ブー ヤオ タイ チョン ドン レェ

2 私を信じてください。

nǐ yào xiāng xìn wǒ ya
你要相信我呀。
ニー ヤオ シアン シン ウオ ヤー

3 もう一度チャンスをください。

zài gěi wǒ yí cì jī huì ba
再给我一次机会吧。
ザイ ゲイ ウオ イー ツー ジー ホイ バー

4 もう一度やり直そう。

wǒ men chóng xīn lái
我们重新来。
ウオ メン チョン シン ライ

5 お互い意地を張ってもしょうがない。

wǒ men zài yì qì yòng shì yě bù néng jiě jué wèn tí
我们再意气用事也不能解决问题。
ウオ メン ザイ イー チー ヨン シー イエ ブー ノン ジエ ジュエ ウエン ティー

6 もっと素直になって話そうよ。

ràng wǒ men píng xīn jìng qì de zuò xià lái hǎo hāo tán tan
让我们平心静气地坐下来好好谈谈。
ルァン ウオ メン ピン シン ジン チー デェ ズオ シア ライ ハオ ハオ タン タン

プラスの感情 1

嬉しい・幸せ

1 本当に嬉しいです。

wǒ zhēn de hěn gāo xìng
我 真 的 很 高 兴。
ウオ ジェン デェ ヘン ガオ シン

2 すっごく嬉しい！

wǒ hǎo gāo xìng
我 好 高 兴。
ウオ ハオ ガオ シン

3 やった！

hǎo bàng
好 棒！
ハオ バン

4 嬉しくって嬉しくって。

wǒ zhēn de hǎo gāo xìng hǎo gāo xìng
我 真 的 好 高 兴 好 高 兴。
ウオ ジェン デェ ハオ ガオ シン ハオ ガオ シン

5 今日は人生最高の日です。

jīn tiān shì wǒ rén shēng zuì kuài lè de yì tiān
今 天 是 我 人 生 最 快 乐 的 一 天。
ジン ティエン シー ウオ ルェン ション ズォイ クアイ レェ デェ イー ティエン

6 本当によかった。

zhēn de tài hǎo le
真 的 太 好 了。
ジェン デェ タイ ハオ レェ

7 気分は最高ですよ。

wǒ gǎn jué fēi cháng bàng
我 感 觉 非 常 棒。
ウオ ガン ジュエ フェイ チャン バン

---

③ 感情を表す表現

中国人は日本人と比べて感情の起伏が激しいと言われています。確かに中国語には、嬉しいときの「手舞足蹈」（躍り上がって有頂天の有様）という表現や、悲しいときの「痛不欲生」（悲しすぎて死にたい思い）という表現があったりして、とにかく言葉やジェスチャーによる感情表現が豊富なのです。また中国人は、自分の気持ちに正直で、好きな物は好き、嫌いなものは嫌いだとはっきり物事を言う人が多いように思われます。

8 幸せです。

wǒ hěn xìng fú
我 很 幸 福。
ウオ ヘン シン フー

楽しい・面白い

1 楽しい1日をお過ごしください。

xī wàng nǐ dù guò yí ge yú kuài de rì zi
希 望 你 度 过 一 个 愉 快 的 日 子。
シー ワン ニー ドゥ グオ イー ゴー ユィ クアイ デ ルィ ズー

2 面白い！

zhēn yǒu yì si
真 有 意 思。
ジェン イオウ イー スー

3 吉田さん面白すぎですよ！
＊吉田さんに向かって言う場合。

Jí tián xiān shēng nǐ zhēn yǒu qù
吉 田 先 生, 你 真 有 趣。
ジー ティエン シエン ション ニー ジェン イオウ チュイ

4 あなたといると何をしても楽しいです。

hé nǐ zài yì qǐ zuò shén me dōu kuài lè
和 你 在 一 起 做 什 么 都 快 乐。
ホー ニー ザイ イー チー ズオ シェン モー ドウ クアイ レェ

5 いやー楽しかった！

zhēn yú kuài ya
真 愉 快 呀。
ジェン ユィ クアイ ヤー

感情を表す表現

感動・感激

1 感動しました。

wǒ hěn gǎn dòng
我 很 感 动。
ウオ ヘン ガン ドン

2 感激で胸がいっぱいです。

wǒ gǎn dòng de shuō bù chū huà lái
我 感 动 地 说 不 出 话 来。
ウオ ガン ドン デェ ショオ ブー チュー ホア ライ

3 鳥肌が立つほど感動しました。

wǒ gǎn dòng de qǐ jī pí gē da
我 感 动 地 起 鸡 皮 疙 瘩。
ウオ ガン ドン デェ チー ジー ピー ゴー ダー

4 ジーンと、きました。

zhēn shi gǎn rén fèi fǔ
真 是 感 人 肺 腑。
ジェン シー ガン ルェン フェイ フー

やすらぎ

1 気持ちが安らいでいます。

wǒ xīn qíng hěn píng jìng
我 心 情 很 平 静。
ウオ シン チン ヘン ピン ジン

2 気持ちが落ち着きます。

wǒ xīn qíng hěn píng wěn
我 心 情 很 平 稳。
ウオ シン チン ヘン ピン ウエン

3 ここは居心地がいいですね。

这 里 很 舒 服。
zhè li hěn shū fu

4 試験が終わってホッとしています。

考 完 试 了, 终 于 可 以 松 口 气 了。
kǎo wán shì le zhōng yú kě yǐ sōng kǒu qì le

5 好きな音楽を聴くと気が休まります。

听 喜 欢 的 音 乐 能 使 心 情 放 松。
tīng xǐ huān de yīn yuè néng shǐ xīn qíng fàng sōng

充実感

1 この結果に満足しています。

我 对 这 个 结 果 很 满 意。
wǒ duì zhè ge jié guǒ hěn mǎn yì

2 みんながよく食べてくれるので、作り甲斐があります。

大 家 都 吃 得 很 高 兴,我 做 得 也 很 带 劲。
dà jiā dōu chī de hěn gāo xìng wǒ zuò de yě hěn dài jìn

3 やり遂げた、という充実感があります。

达 到 目 的 感 觉 很 充 实。
dá dào mù dì gǎn jué hěn chōng shí

4 やるだけやったんだから、思い残すことはありません。

gāi zuò de dōu zuò le, wǒ méi yǒu rén hé yí hàn
该做的都做了，我没有任何遗憾。

マイナスの感情 2

CD-1 [track20]

悲しい

1 悲しいです。

wǒ hěn nán guò
我很难过。

2 胸が痛いです。

xiōng kǒu nán shòu
胸口难受。

3 悲しすぎて涙がひとりでにこぼれます。

wǒ hěn nán guò, yǎn lèi bù zhī bù jué de diào le xià lái
我很难过，眼泪不知不觉地掉了下来。

4 悲しすぎて死にたいくらいです。

tòng bú yù shēng
痛不欲生。

苦しい・つらい

1 苦しいです。

wǒ hěn tòng kǔ
我很痛苦。

2 私も心苦しいです。

我 心 里 非 常 难 受。
wǒ xīn lǐ fēi cháng nán shòu
ウオ シン リー フェイ チャン ナン ショウ

3 遠距離恋愛は辛いです。

长 距 离 恋 爱 很 辛 苦。
cháng jù lí liàn ài hěn xīn kǔ
チャン ジュ リー リエン アイ ヘン シン クー

4 毎日残業は辛いですよ。

每 天 都 要 加 班 很 辛 苦。
měi tiān dōu yào jiā bān hěn xīn kǔ
メイ ティエン ドウ ヤオ ジャ バン ヘン シン クー

寂しい・わびしい

1 独りぼっちになったようで寂しいです。

我 感 觉 好 像 只 剩 下 我 一 个 人 似 的 很 孤 单。
wǒ gǎn jué hǎo xiàng zhǐ shèng xià wǒ yí ge rén shì de hěn gū dān
ウオ ガン ジュエ ハオ シアン ジー ション シア ウオ イー ゴー ルェン シー デェ ヘン グー ダン

2 あなたがいないと寂しいです。

你 不 在 我 好 寂 寞。
nǐ bú zài wǒ hǎo jí mò
ニー ブー ザァイ ウオ ハオ ジー モー

3 独り身のクリスマスはわびしいですよ。

一 个 人 过 圣 诞 节 感 觉 更 寂 寞。
yí ge rén guò Shèng dàn jié gǎn jué gèng jí mò
イー ゴー ルェン グオ ション ダン ジエ ガン ジュエ ゴン ジー モー

腹が立つ

1 ひどいです！

tài guò fèn le
太 过 份 了！
タイ グオ フェン レェ

2 私、怒ってますよ！

wǒ hěn shēng qì
我 很 生 气。
ウオ ヘン ション チー

3 もうたくさん！

gòu le
够 了！
ゴウ レェ

4 いい加減にして。

nǐ shì kě ér zhǐ ba
你 适 可 而 止 吧。
ニー シー コー アル ジー バー

5 もう我慢できない。

wǒ shòu bù liǎo le
我 受 不 了 了。
ウオ ショウ ブー リアオ レェ

6 みんな自分勝手で頭に来ます。

dà jiā shí zài shì tài zì sī le wǒ shòu bù liǎo le
大 家 实 在 是 太 自 私 了，我 受 不 了 了。
ダー ジャ シー ザイ シー タイ ズー スー レェ ウオ ショウ ブー リアオ レェ

7 あー腹立つ！

zhēn shì qì sǐ rén le
真 是 气 死 人 了！
ジェン シー チー スー ルェン レェ

8 言語道断だわ！

简直是岂有此理！
jiǎn zhí shì qǐ yǒu cǐ lǐ
ジェン ジー シー チー イオウ ツー リー

9 ふざけるんじゃないわよ！

简直是胡闹！
jiǎn zhí shì hú nào
ジェン ジー シー フー ナオ

10 私を何だと思っているんだ！

把我当成是什么了！
bǎ wǒ dāng chéng shì shén me le
バー ウオ ダン チョン シー シェン モー レェ

11 もう(あなたの)顔も見たくない！

我不想再见到你。
wǒ bù xiǎng zài jiàn dào nǐ
ウオ ブー シアン ザイ ジェン ダオ ニー

12 考えれば考えるほど腹が立つんです。

实在是越想越气。
shí zài shì yuè xiǎng yuè qì
シー ザイ シー ユエ シアン ユエ チー

13 この怒りをどこにぶつけていいのかわかりません。

心里那股怨气不知该怎么发泄。
xīn li nà gǔ yuàn qì bù zhī gāi zěn me fā xiè
シン リー ナー グー ユアン チー ブー ジー ガイ ゼン モー ファー シエ

不満・イライラ

1 何よ、これ!?

你这是干什么!?
nǐ zhè shì gàn shén me
ニー ジョー シー ガン シェン モー

2 もう少しまともにできませんか？

nǐ néng bù néng zài zuò hǎo yì diǎn a
你能不能再做好一点啊?
ニー ノン ブー ノン ザイ ズオ ハオ イー ディエン アー

3 何がそんなに不満なわけ？

nǐ dào dǐ yǒu shén me bù mǎn
你到底有什么不满?
ニー ダオ デイ イオウ シェン モー ブー マン

4 はっきり言って不満です。

wǒ zhí huà zhí shuō hǎo le wǒ fēi cháng bù mǎn
我直话直说好了，我非常不满。
ウオ ジー ホア ジー ショオ ハオ レェ ウオ フェイ チャン ブー マン

5 どうしていつもそう不満げな顔をするの？

nǐ wèi shén me lǎo shì bǎi yì zhāng chòu liǎn
你为什么老是摆一张臭脸?
ニー ウエイ シェン モー ラオ シー バイ イー ジャン チョウ リエン

6 渋滞はイライラする。

sāi chē hǎo xīn fán
塞车好心烦。
サイ チョー ハオ シン ファン

7 苛立ってるからって、当たり散らさないでね。

nǐ zì jǐ xīn fán bié duì bié rén luàn fā pí qi
你自己心烦别对别人乱发脾气。
ニー ズージー シン ファン ビエ ドォイ ビエ ルェン ルワン ファー ピー チ

8 最近はイライラすることが多いですね。

wǒ zuì jìn jué de hěn fán zào
我最近觉得很烦躁。
ウオ ズォイ ジン ジュエ デェ ヘン ファン ザオ

不安・自信喪失

1 とても不安です。

我 很 不 安。
wǒ hěn bù ān

2 自信喪失です。

我 丧 失 自 信 了。
wǒ sàng shī zì xìn le

3 あー私ってこんなにバカだったっけ。

我 怎 么 这 么 笨 啊。
wǒ zěn me zhè me bèn a

4 これからどうやって生きていくんだ？

你 今 后 有 什 么 打 算?
nǐ jīn hòu yǒu shén me dǎ suàn

5 どうしていいか自分でもわかりません。

我 自 己 也 不 知 道 怎 么 办。
wǒ zì jǐ yě bù zhī dào zěn me bàn

6 最近ちょっと落ち込んでいます。

我 最 近 心 情 很 低 落。
wǒ zuì jìn xīn qíng hěn dī luò

落胆

1 あなたがそんな人だとは今の今まで知らなかった。

wǒ bù zhī dào yuán lái nǐ shì zhè yàng de rén
我不知道原来你是这样的人。

2 がっかりしました。

wǒ jué de fēi cháng shī wàng
我觉得非常失望。

3 あの人には失望しました。

wǒ duì tā hěn shī wàng
我对他很失望。

4 もう生きる望みはない。

wǒ bù xiǎng huó le
我不想活了。

うんざり

1 その言い訳はもう聞き飽きました。

wǒ yǐ jīng tīng yàn le nǐ de jiè kǒu le
我已经听厌了你的借口了。

2 あの人の自慢話はうんざりするほど聞かされました。

tā zǒng shì zì chuī zì léi de zǎo jiù tīng fán le
他总是自吹自擂的,早就听烦了。

3 あなたにはもううんざりよ！

你让我烦透了。
nǐ ràng wǒ fán tòu le
ニー ルァン ウオ ファン トウ レェ

つまらない・退屈

1 あ〜つまんない、何か楽しいことない？

啊〜，真无聊，有没有什么好玩的事啊？
a zhēn wú liáo yǒu mei yǒu shén me hǎo wán de shì a
アー ジェン ウー リアオ イオウ メイ イオウ シェン モー ハオ ワン デェ シー アー

2 つまらない男にひっかかった。

碰到一个无聊男人。
pèng dào yī ge wú liáo nán rén
ポン ダオ イー ゴー ウー リアオ ナン ルェン

3 こんなの見てもつまらないですよね。

这个看起来很无聊。
zhè ge kàn qǐ lái hěn wú liáo
ジョー ゴー カン チー ライ ヘン ウー リアオ

4 歴史の授業は退屈です。

历史课好无聊。
lì shǐ kè hǎo wú liáo
リー シー コー ハオ ウー リアオ

5 あんなおばあちゃんの話は退屈ですよ。

听那老太婆说话多没劲啊。
tīng nà lǎo tài pó shuō huà duō méi jìn a
ティン ナー ラオ タイ ポー シュオ ホァ ドゥオ メイ ジン アー

後悔する

1 あんなこと言わなきゃよかった。

我 真 后 悔 说 了 那 样 的 话。
wǒ zhēn hòu huǐ shuō le nà yàng de huà
ウオ ジェン ホウ ホイ ショオ レェ ナー ヤン デェ ホア

2 後悔しています。

我 好 后 悔。
wǒ hǎo hòu huǐ
ウオ ハオ ホウ ホイ

3 もう二度とあんなことはしない。

我 下 次 绝 对 不 敢 了。
wǒ xià cì jué duì bù gǎn le
ウオ シア ツー ジュエ ドォイ ブー ガン レェ

4 こんなことになるなんて夢にも思いませんでした。

我 做 梦 也 没 想 到 事 情 会 变 成 这 样。
wǒ zuò mèng yě méi xiǎng dào shì qíng huì biàn chéng zhè yàng
ウオ ズオ モン イエ メイ シアン ダオ シー チン ホイ ビエン チョン ジョー ヤン

驚き

1 きゃーびっくりした！

哇, 吓 我 一 跳！
wa xià wǒ yí tiào
ワ シア ウオ イ ティアオ

2 本当に驚きました。

真 的 吓 我 一 大 跳。
zhēn de xià wǒ yí dà tiào
ジェン デェ シア ウオ イー ダー ティアオ

3 びっくりさせないでください。

bú yào xià wǒ la
不要吓我啦。
ブー ヤオ シア ウオ ラー

4 何これ？

zhè shì shén me
这是什么?
ジョー シー シェン モー

5 まさか！

bú huì ba
不会吧!?
ブー ホイ バー

6 信じられない！

zhēn bù gǎn xiāng xìn
真不敢相信。
ジェン ブー ガン シアン シン

7 それ本当ですか？

shì zhēn de mā
是真的吗?
シー ジェン デェ マー

8 寝耳に水です。

zhēn shì qīng tiān pī lì
真是青天霹雳。
ジェン シー チン ティエン ピー リー

9 ショックです。

zhēn lìng rén chī jīng
真令人吃惊。
ジェン リン ルェン チー ジン

10 そんなはずが…。

zěn me huì zhè yàng
怎么会这样。
ゼン モー ホイ ジョー ヤン

感情を表す表現

相づち 4

1 そう！
duì
对。
ドォイ

2 そうそう！
duì　duì　duì
对 对 对。
ドォイ　ドォイ　ドォイ

3 そうなんですよ。
méi　cuò
没 错。
メイ　ツオ

4 まさにそれですよ。
jiù　shì　zhè　yàng
就 是 这 样。
ジィウ　シー　ジョー　ヤン

5 なるほどね。
yuán　lái　rú　cǐ
原 来 如 此。
ユアン　ライ　ルー　ツー

6 それはそうですね。
duì　ya
对 呀。
ドォイ　ヤー

7 そうだってば！
gēn　nǐ　shuō　zhè　yàng　jiù　shi　zhè　yàng
跟 你 说 这 样 就 是 这 样。
ゲン　ニー　ショオ　ジョー　ヤン　ジィウ　シー　ジョー　ヤン

褒める

1 ステキですね。

zhēn hǎo kàn
真 好 看。
ジェン ハオ カン

2 おきれいですね。

zhēn piào liàng
真 漂 亮。
ジェン ピアオ リアン

3 あの人はすごい人です。

tā shì yí ge hěn néng gàn de rén
他 是 一 个 很 能 干 的 人。
ター シー イー ゴー ヘン ノン ガン デェ ルェン

4 さすがですね。

zhēn shì míng bù xū chuán
真 是 名 不 虚 传。
ジェン シー ミン ブー シュイ チョアン

5 あの人は物知り(博識)ですよ。

tā bó xué duō cái
他 博 学 多 才。
ター ボー シュエ ドゥオ ツァイ

6 本当に料理がお上手ですね。

nǐ zuò cài zhēn hǎo chī
你 做 菜 真 好 吃。
ニー ズオ ツァイ ジェン ハオ チー

7 お目が高いですね。

nǐ zhēn yǒu yǎn guāng
你 真 有 眼 光。
ニー ジェン イオウ イェン グアン

けなす
6

1 バカじゃないの！

你 真 笨!
nǐ zhēn bèn
ニー ジェン ベン

2 頭おかしいよ。

你 脑 袋 有 病 啊。
nǐ nǎo dài yǒu bìng a
ニー ナオ ダイ イオウ ビン アー

3 バカなの？

你 白 痴 啊。
nǐ bái chī a
ニー バイ チー アー

4 病気。

神 经 病。
shén jīng bìng
シェン ジン ビン

5 ケチね。

真 小 器。
zhēn xiǎo qì
ジェン シアオ チー

6 どこに目つけてるの？

你 眼 睛 在 看 哪 儿?
nǐ yǎn jīng zài kàn nǎ er
ニー イェン ジン ザイ カン ナー アル

7 どうしてそんなに後先考えないの？

你 做 事 怎 么 只 管 前 不 顾 后 呢?
nǐ zuò shì zěn me zhī guǎn qián bú gù hòu ne
ニー ズオ シー ゼン モー ジー グアン チエン ブー グー ホウ ナー

7 叱る・たしなめる

1 何回言ったらわかるの？

要我说几次你才明白?
yào wǒ shuō jǐ cì nǐ cái míng bai
ヤオ ウオ ショオ ジー ツー ニー ツァイ ミン バイ

2 話聞いてる？

你有没有在听呀?
nǐ yǒu mei yǒu zài tīng ya
ニー イオウ メイ イオウ ザイ ティン ヤー

3 もう子供じゃないんだから。

你又不是小孩子。
nǐ yòu bú shì xiǎo hái zi
ニー イオウ ブー シー シアオ ハイ ズー

4 そんなことしちゃダメでしょう。

你怎么可以做那种事呢!
nǐ zěn me kě yǐ zuò nà zhǒng shì ne
ニー ゼン モー コー イー ズオ ナー ジョォン シー ノー

5 落ち着いてよく考えてみて。

你冷静下来仔细想想。
nǐ lěng jìng xià lái zǐ xì xiǎng xiǎng
ニー ロン ジン シア ライ ズー シー シアン シアン

8 非難する

1 君の責任だよ。

你要负责任。
nǐ yào fù zé rén
ニー ヤオ フー ゼォー ルェン

2 全部お前のせいだよ。

都是你一个人的责任。
dōu shì nǐ yí ge rén de zé rén

3 人のせいにしないで。

不要推卸责任。
bú yào tuī xiè zé rén

4 嘘言わないで。

你别撒谎了。
nǐ bié sā huǎng le

5 卑怯です。

你这个胆小鬼。
nǐ zhè ge dǎn xiǎo guǐ

6 男らしくないです。

你还像个男人吗。
nǐ hái xiàng ge nán rén mā

7 逃げることばかり考えないで。

你能不能不逃避责任啊?
nǐ néng bù néng bù táo bì zé rén a

8 言いたいことがあればはっきり言いなさい。

你想说什么就痛痛快快地说出来吧。
nǐ xiǎng shuō shén me jiù tòng tong kuài kuai de shuō chū lái ba

同情する 9

1 かわいそうに。

好 可 怜。
hǎo kě lián
ハオ コー リエン

2 運が悪かったね。

运 气 真 不 好。
yùn qì zhēn bù hǎo
ユン チー ジェン ブー ハオ

3 気を落とさないで。

不 要 泄 气。
bú yào xiè qì
ブー ヤオ シエ チー

4 それはひどいよ。

太 过 份 了。
tài guò fèn le
タイ グオ フェン レェ

5 君の気持ち、よくわかるよ。

我 能 理 解 你 的 心 情。
wǒ néng lǐ jiě nǐ de xīn qíng
ウオ ノン リー ジエ ニー デェ シン チン

アドバイスする 10

1 今は時期じゃないんだよ。

我 觉 得 现 在 不 是 时 候。
wǒ jué de xiàn zài bú shì shí hou
ウオ ジュエ デェ シエン ザイ ブー シー シー ホウ

2 あまり思い詰めないで。

你 不 要 想 太 多。
nǐ bú yào xiǎng tài duō
ニー ブー ヤオ シアン タイ ドゥオ

3 結論を焦らないで。

不 要 太 早 下 结 论。
bú yào tài zǎo xià jié lún
ブー ヤオ タイ ザオ シア ジエ ルン

4 あまり悪い方にばかり考えないで。

你 不 要 老 是 往 坏 的 地 方 想。
nǐ bú yào lǎo shi wǎng huài de dì fāng xiǎng
ニー ブー ヤオ ラオ シー ワン ホアイ デェ デイ ファン シアン

5 弁護士に相談した方がいいと思いますよ。

我 觉 得 你 找 律 师 商 量 一 下 比 较 好。
wǒ jué de nǐ zhǎo lǜ shī shāng liang yí xià bǐ jiào hǎo
ウオ ジュエ デェ ニー ジャオ リュイ シー シャン リアン イー シア ビー ジアオ ハオ

6 気分転換に旅行でもしたらどうですか？

去 旅 行 换 个 心 情 怎 么 样?
qù lǚ xíng huàn ge xīn qíng zěn me yàng
チュイ リュイ シン ホアン ゴー シン チン ゼン モー ヤン

7 過ぎたことは忘れて、これからのことを考えなくちゃ。

过 去 的 事 就 算 了, 你 要 想 想 将 来 的 事。
guò qù de shì jiù suàn le nǐ yào xiǎng xiǎng jiāng lái de shì
グオ チュイ デェ シー ジィウ スワン レェ ニー ヤオ シアン シアン ジャン ライ デェ シー

励ます
11

CD-1
[track29]

1 大丈夫だよ。

没 事 的。
méi shì de
メイ シー デェ

2 心配しないで。

bú yào dān xīn
不要担心。
ブー ヤオ ダン シン

3 諦めないで。

bú yào qīng yì fàng qì
不要轻易放弃。
ブー ヤオ チン イー ファン チー

4 きっと道が開けるよ。

yí dìng huì yǒu bàn fǎ de
一定会有办法的。
イー ディン ホイ イオウ バン ファ デェ

5 あなたならきっとできますよ。

nǐ yí dìng kě yǐ zuò dào de
你一定可以做到的。
ニー イー ディン コー イー ズオ ダオ デェ

6 もう少しの辛抱ですよ。

zài duō rěn nài yí xià
再多忍耐一下。
ザイ ドゥオ ルェン ナイ イー シア

7 自信を持って！

nǐ yào yǒu zì xìn
你要有自信。
ニー ヤオ イオウ ズー シン

8 「災い転じて福となす」っていうじゃない。

yí qiè huì zhuǎn huò wéi fú de
一切会「转祸为福」的。
イー チエ ホイ ジョアン フオ ウエイ フー デェ

慰める
12

1 元気出してください。
bú yào nán guò le
不要难过了。
ブー ヤオ ナン グオ レェ

2 不幸中の幸いです。
zhè suàn shì bú xìng zhōng de dà xìng le
这算是不幸中的大幸了。
ジョー スワン シー ブー シン ジョォン デェ ダー シン レェ

3 厄払いしたと思いましょう。
＊お金など金銭的な損失を被った相手に使う表現。

nǐ jiù dāng shì pò cái xiāo zāi ba
你就当是破财消灾吧。
ニー ジィウ ダン シー ポー ツァイ シアオ ザァイ バー

4 また頑張ればいいじゃない。
＊お金など金銭的な損失を被った相手に使う表現。

qián zài zhuàn jiù shì le
钱再赚就是了。
チエン ザァイ ジョアン ジィウ シー レェ

5 まだ若いんだから。
nǐ hái nián qīng
你还年轻。
ニー ハイ ニエン チン

6 くよくよしないで。
xiǎng kāi diǎn
想开点。
シアン カイ ディエン

7 くよくよしてもしょうがない。

nǐ　zài　shāng　xīn　nán　guò　yě　méi　yòng
你 再 伤 心 难 过 也 没 用。
ニー　ザァイ　シャン　シン　ナン　グオ　イエ　メイ　ヨン

8 過ぎたことはもう忘れましょう。

shì　qing　guò　qù　jiù　suàn　le
事 情 过 去 就 算 了。
シー　チン　グオ　チュイ　ジゥ　スワン　レェ

外見 ― 顔の特徴

1 どんな顔をしていますか？

他 的 脸 长 什 么 样?
tā de liǎn zhǎng shén me yàng
ター デェ リエン ジャン シェン マー ヤン

2 顔の特徴は？

他 的 脸 有 什 么 特 征?
tā de liǎn yǒu shén me tè zhēng
ター デェ リエン イオウ シェン マー トー ジォン

3 芸能人では誰に似ていますか？

他 长 得 像 哪 个 艺 人?
tā zhǎng de xiàng nǎ ge yì rén
ター ジャン デェ シアン ナー ゴー イー ルェン

4 (彼は) F4のジェリー・イェンに似ていると言われます。

听 说 他 长 得 像 F4 的 言 承 旭。
tīng shuō tā zhǎng de xiàng F sì de yán chéng xù
ティン シュオ ター ジャン デェ シアン F スー デェ イェン チョン シュイ

5 **丸顔**です。　　　　　　　　　　　　面長

脸 圆 圆 的。　　　　　　　　　　长 长
liǎn yuán yuán de　　　　　　　　cháng cháng
リエン ユアン ユアン デェ　　　　　チャン チャン

6 瓜実顔です。

瓜 子 脸。
guā zǐ liǎn
グア ズー リエン

7 顔が**小さい**です。　　　　　　　　大きい

脸 很 小。　　　　　　　　　　　　大
liǎn hěn xiǎo　　　　　　　　　　dà
リエン ヘン シアオ　　　　　　　　ダー

---

④ 人についての話題

人と人とのふれあいが大好きな中国人ですから、会話の際の話題も「人」にまつわるものが多いです。本章では「人についての描写」に重点をおき、よく使われるフレーズをピックアップして紹介しました。今度自己紹介をする時にこの中から自分に合った表現を駆使し、使ってみてはいかがでしょうか。

8 目鼻立ちがはっきりしています。

眉清目秀。
méi qīng mù xiù
メイ チン ムー シウ

9 全体的にのっぺらとしています。

整体而言感觉有点扁平。
zhěng tǐ ér yán gǎn jué yǒu diǎn biǎn píng
ジォン ティー アル イェン ガン ジュエ イオウ ディエン ビエン ピン

10 眉が**濃い**です。　　　　　　　　　薄い・きれい

眉毛很浓。　　　　　　　　　**稀疏、漂亮**
méi mao hěn nóng　　　　　　　xī shū piào liang
メイ マオ ヘン ノン　　　　　　シー シュー ピアオ リアン

11 まつげが**長い**です。　　　　　　短い

睫毛很长。　　　　　　　　　**短**
jié máo hěn cháng　　　　　　　duǎn
ジエ マオ ヘン チャン　　　　　ドアン

12 **目**が**大きい**です。　　　　鼻・口・耳　　　　小さい

眼睛很大。　　　　**鼻子、嘴巴、耳朵　小**
yǎn jing hěn dà　　　bí zi zuǐ bā ěr duǒ xiǎo
イェン ジン ヘン ダー　ビー ズー ズォイ バー アル ドゥオ シアオ

13 目は二重まぶたで、パッチリしています。

眼睛是双眼皮，明亮有神。
yǎn jing shì shuāng yǎn pí míng liàng yǒu shén
イェン ジン シー ショアン イェン ピー ミン リアン イオウ シェン

14 奥二重でミステリアスな感じがします。

内双，有点深邃的感觉。
nèi shuāng yǒu diǎn shēn suì de gǎn jué
ネイ ショアン イオウ ディエン シェン スォイ デェ ガン ジュエ

15 一重まぶたで厚ぼったいです。

单眼皮，感觉有点厚重。
dān yǎn pí gǎn jué yǒu diǎn hòu zhòng
ダン イェン ピー ガン ジュエ イオウ ディエン ホウ チョン

人についての話題

16 目が細いです。

眼睛很细小。
tǎn jing hěn xì xiǎo
イェン ジン ヘン シー シアオ

17 目がつり上がっています。

眼尾往上吊。
yǎn wěi wǎng shàng diào
イェン ウエイ ワン シャン ディアオ

18 ぱっちりした大きな目をしています。

有一双水汪汪的大眼睛。
yǒu yì shuāng shuǐ wāng wāng de dà yǎn jīng
イオウ イー ショアン ショイ ワン ワン デェ ダー イェン ジン

19 ちょっとたれ目で優しそうです。

＊「たれ目」は南の方では「眼角下垂」という表現を使うことが多い。

耷拉眼，看起来很和善。
dā la yǎn kàn qǐ lái hěn hé shàn
ダー ラー イェン カン チー ライ ヘン ホー シャン

20 瞳の色が薄いです。

眼珠的颜色有点淡。
yǎn zhū de yán sè yǒu diǎn dàn
イェン ジュー デェ イェン ソー イオウ ディエン ダン

21 目が小さくて三白眼です。

眼睛很小而且眼珠往上吊。
yǎn jing hěn xiǎo ér qiě yǎn zhū wǎng shàng diào
イェン ジン ヘン シアオ アル ジュ イェン ジュー ワン シャン ディアオ

22 斜視気味です。

眼睛有点斜视。
yǎn jing yǒu diǎn xié shì
イェン ジン イオウ ディエン シエ シー

23 目がくぼんでいます。

眼睛陷了下去。
yǎn jing xiàn le xià qù
イェン ジン シエン レェ シア チュイ

24 鼻が高いです。

bí zi hěn tǐng
鼻 子 很 挺。
ビー ズー ヘン ティン

25 鼻筋が通っています。

bí liáng hěn gāo
鼻 梁 很 高。
ビー リアン ヘン ガオ

26 鷲鼻です。

yīng gōu bí
鹰 钩 鼻。
イン ゴウ ビー

27 団子鼻です。

suàn tóu bí
蒜 头 鼻。
スワン トウ ビー

28 鼻がちょっと上向きで小生意気そうです。

bí tóu yǒu diǎn wǎng shàng qiào   kàn shàng qù yǒu diǎn kuáng wàng
鼻 头 有 点 往 上 翘, 看 上 去 有 点 狂 妄。
ビー トウ イオウ ティエン ワン シャン チアオ カン シャン チュイ イオウ ティエン クアン ワン

29 唇が厚いです。　　　　　　薄い

zuǐ chún hěn hòu　　　　báo
嘴 唇 很 厚。　　　　薄
ズイ チュン ヘン ホウ　　　　バオ

30 歯並びがとてもきれいです。

yá chǐ hěn zhěng qí
牙 齿 很 整 齐。
ヤー チー ヘン ジョン チー

31 出っ歯気味です。

yǒu diǎn bào yá
有 点 龅 牙。
イオウ ティエン バオ ヤー

人についての話題

32 八重歯がとてもかわいらしいです。

小虎牙很可爱。
xiǎo hǔ yá hěn kě ài
シァオ フー ヤー ヘン コー アイ

33 あごがとがっています。

下巴很尖。
xià ba hěn jiān
シア バー ヘン ジエン

34 二重あごです。

双重下巴。
shuāng chóng xià ba
ショアン チョン シア バー

35 あごがしゃくれています。

下巴长。（口語） / 下兜齿。（文語）
xià ba cháng　　　　　　xià dōu chǐ
シア バー チャン　　　　シア ドウ チー

36 えらが張っています。

腮帮子很大。
sāi bāng zi hěn dà
サイ バン ズー ヘン ダー

37 ほお骨が出ています。

颧骨很高。
quán gǔ hěn gāo
チュアン グー ヘン ガオ

38 髭を生やしています。

留着胡子。
liú zhe hú zi
リウ ジュオ フー ズー

39 色白できれいな肌です。

皮肤很白很漂亮。
pí fū hěn bái hěn piào liang
ピー フー ヘン バイ ヘン ピアオ リアン

40 肌が浅黒い方です。

浅黑色的皮肤。
qiǎn hēi sè de pí fū
チエン ヘイ ソー デェ ピー フー

41 大人っぽい顔立ちです。

看起来有点老成。
kàn qǐ lái yǒu diǎn lǎo chéng
カン チー ライ イオウ ディエン ラオ チョン

42 童顔です。

娃娃脸。
wá wa liǎn
ワー ワー リエン

43 耳たぶが大きいです。

耳垂很大。
ěr chuí hěn dà
アル チョイ ヘン ダー

44 父は髪が薄いです。

我父亲头发有点稀疏。
wǒ fù qīn tóu fà yǒu diǎn xī shū
ウオ フー チン トウ ファー イオウ ディエン シー シュー

45 ごま塩頭です。

黑发中夹杂着白发。
hēi fà zhōng jiā zá zhe bái fà
ヘイ ファー ジョン ジア ザァー ジュオ バイ ファー

外見 ― スタイル 2

CD-1 [track32]

1 スラリとしています。

身材苗条。
shēn cái miáo tiáo
シェン ツァイ ミアオ ティアオ

2 スタイルがいいです。

shēn cái hěn hǎo
身 材 很 好。
シェン ツァイ ヘン ハオ

3 背が<mark>高い</mark>です。　　　　<mark>低い</mark>

zhǎng de hěn gāo　　　　ǎi
长 得 很 高。　　　　矮
ジャン デェ ヘン ガオ　　　　アイ

4 普通くらいの背です。

zhōng děng shēn cái
中 等 身 材。
ジョォン ドン シェン ツァイ

5 痩せ型（スリム）です。

hěn shòu
很 瘦。
ヘン ショウ

6 線が細いです。

gǔ jià zi hěn xiǎo
骨 架 子 很 小。
グー ジア ズー ヘン シアオ

7 ガリガリです。

shòu bā bā de
瘦 巴 巴 的。
ショウ バー バー デェ

8 ちょっと太めです。

yǒu diǎn pàng
有 点 胖。
イオウ ディエン パン

9 ぽっちゃりしています。

bǐ jiào fēng mǎn
比 较 丰 满。
ビー ジアオ フォン マン

10 かなりデブって鈍い感じがします。

感觉又肥又胖又迟钝。

11 筋肉質の体です。

浑身都是肌肉。

12 体格がいいです。

体格很好。

13 スタイル抜群です。

身材很棒。

14 手脚が**長い**です。　　**短い**

手脚都很长。　　短

15 お腹が出て貫禄があるように見えます。

挺着肚子，看起来很有威严。

16 肩幅が広くがっしりしています。

肩膀很宽看起来很结实。

17 やせっぽちで貧相な感じがします。

瘦瘦小小的看起来很穷酸。

18 胸板が厚くて逞しそうです。

xiōng táng hěn kuān dà kàn qǐ lái hěn kě kào
胸 膛 很 宽 大 看 起 来 很 可 靠。
ション タン ヘン クアン ダー カン チー ライ ヘン コー カオ

19 なで肩です。

liū jiān　　　　jiān bǎng wǎng xià chuí
溜 肩。／ 肩 膀 往 下 垂。（くだけた言い方）
リウ ジエン　　　ジエン バン ワン シア チョイ

20 怒り肩です。

qiào jiān　　　　jiān bǎng xiàng shàng qiào
翘 肩。／ 肩 膀 向 上 翘。（くだけた言い方）
チアオ ジエン　　　ジエン バン シアン シャン チアオ

21 肩が**狭い**です。　　　　　　**広い**

jiān bǎng hěn zhǎi　　　　kuān
肩 膀 很 窄。　　　　宽
ジエン バン ヘン ジャイ　　　クアン

22 胸が**大きい**です。　　　　**小さい**

xiōng hěn dà　　　　xiǎo
胸 很 大。　　　　小
ション ヘン ダー　　　シアオ

23 ペチャパイです。

fēi jī chǎng
飞 机 场。
フェイ ジー チャン

24 脚がまっすぐ伸びてきれいです。

bǐ zhí de tuǐ hěn hǎo kàn
笔 直 的 腿 很 好 看。
ビー ジー デェ トォイ ヘン ハオ カン

25 内股です。

nèi shuāng
内 双。
ネイ ショアン

26 がに股です。

wài shuāng
外 双。
ワイ　ショアン

27 脚が長くてきれいです。

tuǐ　hěn　cháng　hěn　piào　liàng
腿 很 长 很 漂 亮。
トォイ　ヘン　チャン　ヘン　ピアオ　リアン

28 脚が毛深いです。

tuǐ　máo　hěn　nóng
腿 毛 很 浓。
トォイ　マオ　ヘン　ノン

外見 ― 服装・いでたち・全体的な感じ ③

服装・いでたち

1 眼鏡をかけています。　　　　　　**サングラス・老眼鏡**

dài　yǎn　jìng　　　　　　　　　　tài　yáng　jìng　　lǎo　huā　jìng
戴 眼 镜。　　　　　　　　　　　太 阳 镜、老 花 镜
ダイ　イェン　ジン　　　　　　　タイ　ヤン　ジン　　ラオ　ホア　ジン

2 いつも帽子をかぶっています。

cháng cháng dài　zhe　mào　zi
常 常 戴 着 帽 子。
チャン　チャン　ダイ　ジュオ　マオ　ズー

3 汚い格好をしています。

chuān zhuó āng zāng
穿 着 肮 脏。
チョアン　ジュオ　アン　ザン

4 いつ見ても小ぎれいにしています。

zǒng shì　dǎ　bàn　de　gān　gān　jìng　jìng
总 是 打 扮 得 干 干 净 净。
ズォン　シー　ダー　バン　デェ　ガン　ガン　ジン　ジン

5 ―（あなたは）普段どんな服装が多いですか？

你平常大多做什么样的打扮?
nǐ píng cháng dà duō zuò shén me yàng de dǎ bàn
ニー ピン チャン ダー ドゥオ ズオ シェン モー ヤン デァ ダー バン

6 主にTシャツにジーンズです。

我大多是穿T恤和牛仔裤。
wǒ dà duō shì chuān tī xù hé niú zǎi kù
ウオ ダー ドゥオ シー チョアン T シュイ ホー ニウ ザイ クー

7 ネクタイにスーツです。

穿衬衫打领带。
chuān chèn shān dǎ lǐng dài
チョアン チェン シャン ダー リン ダイ

8 スカートをよく履きます。

我常常穿裙子。
wǒ cháng cháng chuān qún zi
ウオ チャン チャン チョアン チュン ズー

9 ―どんな服装が好きですか？

你喜欢穿什么样的衣服?
nǐ xǐ huan chuān shén me yàng de yī fu
ニー シー ホアン チョアン シェン モー ヤン デァ イー フー

10 **きちんとした服装**が好きです。

我喜欢穿正式一点的服装。
wǒ xǐ huan chuān zhèng shì yì diǎn de fú zhuāng
ウオ シー ホアン チョアン ジォン シー イー ティエン デァ フー ジョアン

カジュアルな服・最近流行の服

休闲服、流行的衣服
xiū xián fú liú háng de yī fu
シウ シエン フー リウ ハン デァ イー フー

全体的な感じ

1 脚も短いし、あまりかっこよくありません。

tuǐ duǎn bú tài hǎo kàn
腿 短 不 太 好 看。
トォイ ドアン ブー タイ ハオ カン

2 外見は十人並み（普通）です。

wài biǎo hěn píng cháng
外 表 很 平 常。
ワイ ビアオ ヘン ピン チャン

3 彼はとてもかっこいいです。

tā hěn yǒu xíng
他 很 有 型。
ター ヘン イオウ シン

4 彼はハンサムです。

tā zhǎng de hěn shuài
他 长 得 很 帅。
ター ジャン デェ ヘン ショアイ

5 イケメンです。

měi nán zi
美 男 子。
メイ ナン ズー

6 私好みです。

wǒ xǐ huān de nà zhǒng
我 喜 欢 的 那 种。
ウオ シー ホアン デェ ナー ジョン

7 鈴木さんは美人です。

líng mù xiǎo jiě zhǎng de hěn piào liang
铃 木 小 姐 长 得 很 漂 亮。
リン ムー シアオ ジエ ジャン デェ ヘン ピアオ リアン

8 彼女は**かわいい**です。

她 长 得 很 可 爱。
tā zhǎng de hěn kě ài

きれい・美しい

漂 亮、美 丽
piāo liàng měi lí

9 とても洗練されています。

非 常 讲 究。
fēi cháng jiǎng jiu

10 おしゃれです。

很 会 打 扮。
hěn huì dǎ bàn

11 (彼女は) 着こなしのセンスがあります。

她 很 会 穿 衣 服。
tā hěn huì chuān yī fu

12 美人ではないけど、とても魅力的です。

虽 然 长 得 不 是 很 漂 亮，但 是 很 有 魅 力。
suī rán zhǎng de bú shì hěn piào liang dàn shì hěn yǒu mèi lì

13 ブス！

丑 八 怪！
chǒu bā guài

体質 4

1 とても寒がりです。 / 暑がり

我 很 怕 冷。 / 热
wǒ hěn pà lěng / rè

2 アトピー体質です。

我 皮 肤 过 敏。 / 异 位 性 皮 炎。（正式な言い方）
wǒ pí fū guò mǐn / yì wèi xìng pí yán

3 体が弱いです。

我 身 体 很 虚 弱。
wǒ shēn tǐ hěn xū ruò

4 猫アレルギーがあります。

我 对 猫 过 敏。
wǒ duì māo guò mǐn

卵・埃・牛乳・えび・かに

鸡 蛋、尘 埃、牛 奶、虾、螃 蟹
jī dàn, chén āi, niú nǎi, xiā, páng xiè

5 太りにくい体質です。

不 容 易 胖。
bù róng yì pàng

6 体質的にすぐ太るんです。

我 是 易 发 胖 的 体 质。
wǒ shì yì fā pàng de tǐ zhì

7 水を飲むだけでも太るんです。

wǒ hē shuǐ dōu huì pàng
我 喝 水 都 会 胖。
ウオ ホー ショイ ドウ ホイ パン

8 コーヒーは体質的に受け付けないんです。

wǒ shēn tǐ bú shì hé hē kā fēi
我 身 体 不 适 合 喝 咖 啡。
ウオ シェン ティー ブー シー ホー ホー カー フェイ

9 私は左利きです。

wǒ shì zuǒ piě zi
我 是 左 撇 子。
ウオ シー ズオ ピエ ズー

10 日焼けしやすいです。

wǒ hěn róng yì shài hēi
我 很 容 易 晒 黑。
ウオ ヘン ルゥオン イー シャイ ヘイ

性格
5

[track35]

どんな人?

1 — 部長はどんな人ですか?

bù zhǎng rén zěn me yàng
部 长 人 怎 么 样?
ブー ジャン ルェン ゼン モー ヤン

2 本当にいい人です。

zhēn de shì yí ge hǎo rén
真 的 是 一 个 好 人。
ジェン デェ シー イー ゴー ハオ ルェン

3 面白い人です。

hěn yǒu qù de rén
很 有 趣 的 人。
ヘン イオウ チュイ デェ ルェン

4 この子は理解力が高いです。

这 个 孩 子 悟 性 很 高。
zhè ge hái zi wù xìng hěn gāo
ジョー ゴー ハイ ズー ウー シン ヘン ガオ

5 頼りになる人です。

很 可 靠 的 人。
hěn kě kào de rén
ヘン コー カオ デェ ルェン

6 信頼できる人です。

很 值 得 信 赖 的 人。
hěn zhí de xìn lài de rén
ヘン ジー デェ シン ライ デェ ルェン

7 口が**堅い**です。　　**軽い**

嘴 巴 紧。　　不 牢
zuǐ ba jǐn　　bù láo
ズォイ バー ジン　　ブー ラオ

8 物静かな人です。

很 文 静 的 人。
hěn wén jìng de rén
ヘン ウエン ジン デェ ルェン

9 言行一致の人です。

说 到 做 到 的 人。
shuō dào zuò dào de rén
シュオ ダオ ズオ ダオ デェ ルェン

10 行動派です。

想 到 就 做 的 人。
xiǎng dào jiù zuò de rén
シアン ダオ ジィウ ズオ デェ ルェン

11 論理的な考え方をする人です。

理 论 派。
lǐ lùn pài
リー ルン パイ

人についての話題

12 理知的だけど野心家タイプです。

suī rán hěn lǐ zhì dàn hěn yǒu yě xīn
虽 然 很 理 智 但 很 有 野 心。

13 おしゃべりで楽しい人です。

ài shuō huà lè tiān pài
爱 说 话, 乐 天 派。

14 単純な人です。

hěn dān chún de rén
很 单 纯 的 人。

15 口下手な人です。

zuǐ ba hěn bèn
嘴 巴 很 笨。

16 自己アピールの下手な人です。

bú shàn yú biǎo xiàn zì jǐ de rén
不 善 于 表 现 自 己 的 人。

17 金遣いが荒いです。

luàn huā qián
乱 花 钱。

18 いつも威張っています。

lǎo shì bǎi chòu jià zi
老 是 摆 臭 架 子。

19 (彼は) つかみ所のない人です。

tā zhè ge rén bù zhī dào tā zài xiǎng shén me
他 这 个 人, 不 知 道 他 在 想 什 么。

20 なかなか本音を言わない人です。

tā hěn shǎo shuō zhēn xīn huà
他 很 少 说 真 心 话。
ター ヘン シャオ シュオ ジェン シン ホア

どんな性格？

1 彼はどういう性格ですか？

tā xìng gé zěn me yang
他 性 格 怎 么 样?
ター シン ゴー ゼン モー ヤン

彼女・金さん

tā jīn xiǎo jiě
她、金 小 姐
ター ジン シアオ ジエ

2 とても明るくて活発な性格です。

xìng gé hěn kāi lǎng huó pō
性 格 很 开 朗 活 泼。
シン ゴー ヘン カイ ラン フオ ボー

3 個性的な人です。

hěn yǒu gè xìng de rén
很 有 个 性 的 人。
ヘン イオウ ゴー シン デェ ルェン

4 社交的です。

hěn shàn yú jiāo jì
很 善 于 交 际。
ヘン シャン ユィ ジアオ ジー

5 (彼は) 朗らかな性格だと思いますよ。

wǒ jué de tā xìng gé hěn kāi lǎng
我 觉 得 他 性 格 很 开 朗。
ウオ ジュエ デェ ター シン ゴー ヘン カイ ラン

6 穏やかで優しいです。

hěn wēn hé qīn qiè
很 温 和 亲 切。
ヘン ウエン ホー チン チエ

人についての話題

7 懐の深い人です。

xīn xiōng kuān dà de rén
心 胸 宽 大 的 人。
シン ション クアン ダー デェ ルェン

8 気さくな人です。

hěn zhí shuǎng de rén
很 直 爽 的 人。
ヘン ジー ショアン デェ ルェン

9 心の温かい人です。

hěn rè qíng de rén
很 热 情 的 人。
ヘン ルォ チン デェ ルェン

10 面倒見がいいです。

hěn huì zhào gù bié rén
很 会 照 顾 别 人。
ヘン ホイ ジャオ グー ビエ ルェン

11 思いやりがあります。

hěn tǐ tiē
很 体 贴。
ヘン ティー ティエ

12 ひたむきな性格です。

hěn sǐ xīn yǎn
很 死 心 眼。
ヘン スー シン イェン

13 楽観的なところがあります。 悲観的
*もちろん、直訳して「很乐观」「很悲观」と表現することもある。

hěn kàn de kāi　　　　　　　　　　　　kàn bù kāi
很 看 得 开。　　　　　　　　　　　**看 不 开**
ヘン カン デェ カイ　　　　　　　　　　カン ブー カイ

14 責任感が強いです。

zé rèn xīn hěn qiáng
责 任 心 很 强。
ゼォー ルェン シン ヘン チアン

15 包容力がある人です。

很宽宏大量的人。
hěn kuān hóng dà liàng de rén

16 気前のいい人です。

很大方的人。
hěn dà fāng de rén

17 のんびりした性格です。

性格优哉游哉的。
xìng gé yōu zāi yóu zāi de

18 弱々しく見えるけど芯は強い女性です。

她看起来弱不禁风，但实际上很坚强。
tā kàn qǐ lái ruò bù jīn fēng, dàn shí jì shang hěn jiān qiáng

19 無口だけど、誠実な人です。

虽然沉默寡言，但是很诚恳。
suī rán chén mò guǎ yán, dàn shì hěn chéng kěn

20 とてもまじめです。

很认真。
hěn rèn zhēn

21 負けず嫌いです。

很好强的人。
hěn hào qiáng de rén

22 気性が激しいです。

脾气很暴躁。
pí qi hěn bào zào

人についての話題

23 性格がキツイです。

gè xìng hěn qiáng
个 性 很 强。
ゴー シン ヘン チアン

24 几帳面な性格です。

yì sī bù gǒu
一 丝 不 苟。
イー スー ブー ゴウ

25 四角四面なところがあります。

zuò shì guī guī jú ju de
做 事 规 规 矩 矩 的。
ズオ シー グォイ グォイ ジュ ジュ デェ

26 **内向的**なところがあります。　　**消極的**

yǒu diǎn nèi xiàng　　　　　xiāo jí
有 点 内 向。　　　**消 极**
イオウ ティエン ネイ シアン　　シアオ ジー

27 **外向的**です。　　**積極的**

fēi cháng wài xiàng　　　jī jí
非 常 外 向。　　　**积 极**
フェイ チャン ワイ シアン　　ジー ジー

28 恥ずかしがり屋です。

hěn hài xiū
很 害 羞。
ヘン ハイ シウ

29 照れ屋です。

hěn miǎn tiǎn
很 腼 腆。
ヘン ミエン ティエン

30 彼女は気取り屋です。

tā hěn ài zhuāng qiāng zuò shì
她 很 爱 装 腔 做 势。
ター ヘン アイ ジョアン チアン ズオ シー

31 人見知りが激しいです。

很 怕 生。
hěn pà shēng

32 怒りんぼです。

很 爱 生 气。
hěn ài shēng qì

33 短気です。

很 性 急。
hěn xìng jí

34 頑固です。

很 固 执。
hěn gù zhi

35 自己中心的です。

很 自 以 为 是。
hěn zì yǐ wéi shì

36 神経質です。

很 神 经 质。
hěn shén jīng zhì

37 不器用な人です。

笨 手 笨 脚 的 人。
bèn shǒu bèn jiǎo de rén

38 器用な人です。

手 很 巧。
shǒu hěn qiǎo

39 冷たい人です。

hěn lěng mò
很 冷 漠。
ヘン ロン モー

40 あの人は意地悪です。
＊「意地悪」の程度によって中国語の表現が変わってきます。この例文の「心眼很坏」は本当に悪い人です。日頃のちょっとしたいたずらの場合は「爱捉弄人」になります。

nà ge rén xīn yǎn hěn huài
那 个 人 心 眼 很 坏。
ナー ゴー ルェン シン イェン ヘン ホアイ

41 気まぐれな性格です。

xìng gé fǎn fù wú cháng
性 格 反 复 无 常。
シン ゴー ファン フー ウー チャン

42 (金に対しては) 太っ腹です。

chū shǒu hěn kuò
出 手 很 阔。
チュー ショウ ヘン クオ

43 (彼は) 無愛想だけど根は優しい人です。

tā kàn qǐ lái hěn lěng mò qí shí rén hěn hǎo
他 看 起 来 很 冷 漠，其 实 人 很 好。
ター カン チー ライ ヘン ロン モー チー シー ルェン ヘン ハオ

44 一人娘でわがままな性格です。

tā shì dú shēng nǚ suǒ yǐ hěn rèn xìng
她 是 独 生 女 所 以 很 任 性。
ター シー ドゥー ション ニュイ スオ イー ヘン ルェン シン

印象

人についての話題

1 ― (彼は)どんな感じの人でしたか？

你对他的印象怎样?
nǐ duì tā de yìn xiàng zěn yàng

2 ― (彼の)第一印象はどうでしたか？

你对他的第一印象如何?
nǐ duì tā de dì yī yìn xiàng rú hé

3 とてもしっかりした人だなと思いました。

我觉得他是一个很稳当的人。
wǒ jué de tā shì yí ge hěn wěn dang de ren

4 優しくて思いやりがある人だと思います。

我觉得他很温柔体贴。
wǒ jué de tā hěn wēn róu tǐ tiē

5 すぐしゃしゃり出る目立ちたがり屋のようです。

他好像很爱出风头又爱表现自己。
tā hǎo xiàng hěn ài chū fēng tóu yòu ài biǎo xiàn zì jǐ

6 何を考えているのかわからない人です。

搞不懂他在想什么。
gǎo bù dǒng tā zài xiǎng shén me

7 冷たそうな印象を受けました。

我感觉他很冷漠。
wǒ gǎn jué tā hěn lěng mò

8 彼は気難しそうだ。

tā hǎo xiàng hěn bù hǎo shì hòu
他好像很不好侍候。
ター ハオ シアン ヘン ブー ハオ シー ホウ

9 付き合いやすい人だ。

hěn hǎo xiāng chǔ de rén
很好相处的人。
ヘン ハオ シアン チュー デェ ルェン

10 頭が切れて賢そうな感じです。

tā hǎo xiàng nǎo jīn hěn líng huó hěn cōng míng
他好像脑筋很灵活很聪明。
ター ハオ シアン ナオ ジン ヘン リン フオ ヘン ツォン ミン

11 ちょっとずるそうに見えます。

kàn qi lai yǒu diǎn jiǎo huá
看起来有点狡猾。
カン チー ライ イオウ ディエン ジアオ ホア

12 ずる賢そうだ。

hǎo xiàng yǒu diǎn xiǎo cōng míng
好像有点小聪明。
ハオ シアン イオウ ディエン シアオ ツォン ミン

13 野心家タイプに見えます。

tā hǎo xiàng hěn yǒu yě xīn
他好像很有野心。
ター ハオ シアン ヘン イオウ イエ シン

14 第一印象はまあまあでした。

dì yī yìn xiàng hái suàn guò de qù
第一印象还算过得去。
ディー イー イン シアン ハイ スワン グオ デェ チュイ

15 知れば知るほどわからなくなる不思議な人です。

wǒ jué de rèn shi tā yuè jiǔ yuè bù liǎo jiě tā zhēn
我觉得认识他越久越不了解他，真
ウオ ジュエ デェ ルェン シー ター ユエ ジィウ ユエ ブー リアオ ジェ ター ジェン

bù kě sī yì
不可思议。
ブー コー スー イー

16 甘い言葉を並べ立てるのが得意な人です。

tā hěn huì huā yán qiǎo yǔ
他很会花言巧语。
ター ヘン ホイ ホア イェン チアオ ユィ

17 堅実な人です。

hěn wěn zhòng láo kào de rén
很稳重牢靠的人。
ヘン ウエン ジョォン ラオ カオ デェ ルェン

18 着実な人です。

tā hěn jiǎo tà shí dì
他很脚踏实地。
ター ヘン ジアオ ター シー ディー

19 クリエイティブな人だと思います。

wǒ jué de tā hěn yǒu chuàng zào lì
我觉得他很有创造力。
ウオ ジュエ デェ ター ヘン イオウ チョアン ザオ リー

好き嫌い・得意・苦手・特技　7

[track37]

好き嫌い

1 どんな**本**が好きですか？

nǐ xǐ huan kàn shén me shū
你喜欢看什么书?
ニー シー ホアン カン シェン モー シュー

番組・映画

jié mù diàn yǐng
节目、电影
ジエ ムー ディエン イン

2 どんな料理が好きですか？

nǐ xǐ huan chī shén ma cài
你喜欢吃什么菜？
ニー シー ホアン チー シェン モー ツァイ

3 苦手な食べ物はありますか？

nǐ yǒu bù chī de dōng xi mā
你有不吃的东西吗？
ニー イオウ ブー チー デ ドン シー マー

4 どんな色が好きですか？

nǐ xǐ huan shén me yán sè
你喜欢什么颜色？
ニー シー ホアン シェン モー イェン ソー

5 芸能人では誰が好きですか？

歌手・タレント

nǐ xǐ huan nǎ ge míng xīng
你喜欢哪个明星？
ニー シー ホアン ナー ゴー ミン シン

gē xīng yǎn yuán
歌星、演员
ゴー シン イェン ユアン

6 アクション映画とSF映画とどちらが好きですか？

dòng zuò piān hé kē huàn piān nǐ bǐ jiào xǐ huān kàn nǎ
动作片和科幻片，你比较喜欢看哪
ドン ズオ ピェン ホー コー ホアン ピェン ニー ビー ジアオ シー ホアン カン ナー

zhǒng
种？
ジョォン

7 推理小説が好きです。

歴史・恋愛

wǒ xǐ huan kàn tuī lǐ xiǎo shuō
我喜欢看推理小说。
ウオ シー ホアン カン トゥイ リー シアオ シュオ

lì shǐ ài qíng
历史、爱情
リー シー アイ チン

8 ラブドラマは大好きです。

時代劇

wǒ xǐ huan kàn ài qíng piān
我喜欢看爱情片。
ウオ シー ホアン カン アイ チン ピェン

gǔ zhuāng piān
古装片
グー ジョアン ピェン

9 体を動かすことが好きです。

wǒ xǐ huan huó dòng shēn tǐ
我 喜 欢 活 动 身 体。
ウオ シー ホアン フオ ドン シェン ティー

10 スポーツなら何でもできます。

zhǐ yào shì yùn dòng wǒ dōu ná shǒu
只 要 是 运 动 我 都 拿 手。
ジー ヤオ シー ユン ドン ウオ ドウ ナー ショウ

11 今バスケットボールに夢中です。

wǒ zuì jìn hěn mí lán qiú
我 最 近 很 迷 篮 球。
ウオ ズォイ ジン ヘン ミー ラン チウ

12 ジャズが気に入ってよく聴いています。

wǒ xǐ huān tīng jué shì yuè cháng cháng tīng
我 喜 欢 听 爵 士 乐，常 常 听。
ウオ シー ホアン ティン ジュエ シー ユエ チャン チャン ティン

13 金儲けに興味があります。

wǒ duì zhuàn qián hěn yǒu xìng qù
我 对 赚 钱 很 有 兴 趣。
ウオ ドォイ ジョアン チエン ヘン イオウ シン チュイ

14 家事は嫌いです。

wǒ tǎo yàn zuò jiā wù
我 讨 厌 做 家 务。
ウオ タオ イェン ズオ ジア ウー

15 料理は好きだけど、あまりうまくはないです。

wǒ xǐ huan zuò cài dàn shì zuò de bù hǎo
我 喜 欢 做 菜，但 是 做 得 不 好。
ウオ シー ホアン ズオ ツァイ ダン シー ズオ デェ ブー ハオ

16 食べるのは好きだけど、作るのは嫌いです。

wǒ xǐ huan chī dàn shì bù xǐ huan zuò
我 喜 欢 吃，但 是 不 喜 欢 做。
ウオ シー ホアン チー ダン シー ブー シー ホアン ズオ

人についての話題

得意・苦手

1 得意な**スポーツ**は何ですか？

nǐ zuì ná shǒu de yùn dòng shì shén me
你 最 拿 手 的 运 动 是 什 么?
ニー ズォイ ナー ショウ デ ユン ドン シー シェン モー

料理・分野

cài zhuān mén lǐng yù
菜、专 门 领 域
ツァイ ジョアン メン リン ユィ

2 **得意**な科目は何ですか？　　　　　　　　　　　　　　　　**苦手な**

nǐ nǎ yì kē niàn de zuì hǎo　　　　chà
你 哪 一 科 念 得 最 好?　　　　差
ニー ナー イー コー ニエン デ ズォイ ハオ　　　　チャイ

3 整理整頓は苦手です。

wǒ bú tài huì zhěng lǐ dōng xi
我 不 太 会 整 理 东 西。
ウオ ブー タイ ホイ ジォン リー ドン シー

4 機械類は苦手です。

wǒ bú shàn cháng jī xiè lèi de dōng xi
我 不 擅 长 机 械 类 的 东 西。
ウオ ブー シャン チャン ジー シエ レイ デ ドン シー

5 **運動**音痴です。　　　　　　　　　　　　　　　　　　**方向**

wǒ méi yǒu yùn dòng xì bāo　　　　fāng xiàng gǎn
我 没 有 运 动 细 胞。　　　　方 向 感
ウオ メイ イオウ ユン ドン シー バオ　　　　ファン シアン ガン

6 ゴルフにはあまり興味ありません。

wǒ duì gāo ěr fū méi shén me xìng qù
我 对 高 尔 夫 没 什 么 兴 趣。
ウオ ドォイ ガオ アル フー メイ シェン モー シン チュイ

7 学生の頃、**数学**が得意でした。

我 读 书 的 时 候，数 学 念 得 很 好。
wǒ dú shū de shí hòu shù xué niàn de hěn hǎo
ウオ ドウ シュー デェ シー ホウ シュー シュエ ニアン デェ ヘン ハオ

8 編み物は得意です。セーターも編めますよ。

我 很 会 编 东 西。还 会 编 毛 衣 哦。
wǒ hěn huì biān dōng xi hái huì biān máo yī o
ウオ ヘン ホイ ビエン ドン シー ハイ ホイ ビエン マオ イー オー

9 人前で話すのは大の苦手です。

我 很 怕 在 很 多 人 面 前 讲 话。
wǒ hěn pà zài hěn duō rén miàn qián jiǎng huà
ウオ ヘン パー ザイ ヘン ドゥオ ルェン ミエン チエン ジャン ホア

10 あまり理屈っぽい人は苦手です。

我 很 怕 爱 死 抠 道 理 的 人。
wǒ hěn pà ài sǐ kōu dào lǐ de rén
ウオ ヘン パー アイ スー コウ ダオ リー デェ ルェン

人についての話題

特技

1 何か特技がありますか？

你 有 什 么 拿 手 好 戏 吗?
nǐ yǒu shén me ná shǒu hǎo xì mā
ニー イオウ シェン モー ナー ショウ ハオ シー マー

2 特技は早食いです。

我 的 特 长 是 吃 东 西 快。
wǒ de tè cháng shì chī dōng xi kuài
ウオ デェ トー チャン シー チー ドン シー クアイ

3 歌手の物まねができます。

我 会 模 仿 明 星。
wǒ huì mó fǎng míng xīng
ウオ ホイ モー ファン ミン シン

天気と季節 1

天気予報

1 (天気予報)(だいたい)晴れるでしょう。

míng tiān yīng gāi shì qíng tiān
明天应该是晴天。

2 (天気予報)晴れのち曇り、曇りときどき雨。

qíng zhuǎn duō yún, yǒu zhèn yǔ
晴转多云，有阵雨。

3 (天気予報)寒さが続く見込みです。

hán qì jiāng huì chí xù
寒气将会持续。

4 (天気予報)雨は夜半過ぎから雪に変わる見込みです。

bàn yè hòu yǔ jiāng zhuǎn wéi xuě
半夜后雨将转为雪。

5 (天気予報)風が強いでしょう。

míng tiān jiāng yǒu dà fēng
明天将有大风。

6 (天気予報)台風3号が上陸しました。
 ＊中国や台湾の場合、台風のことを番号で言わず、「督利台风」のように名前で言います。

dū lì tāi fēng yǐ jīng dēng lù le
「督利」台风已经登陆了。

---

⑤ 色々な話題

本章では天気、気候、季節、趣味、生活習慣、休日の過ごし方、宗教など多岐に渡った場面の中で一番使えそうなフレーズを想定して紹介しています。これだけでも制覇すれば、もう中国人の会話に入っても困ることはないでしょう。

7 (天気予報) 沿岸部は津波情報にご注意ください。

<ruby>沿<rt>yán</rt></ruby> <ruby>海<rt>hǎi</rt></ruby> <ruby>地<rt>dì</rt></ruby> <ruby>区<rt>qū</rt></ruby> <ruby>请<rt>qǐng</rt></ruby> <ruby>注<rt>zhù</rt></ruby> <ruby>意<rt>yì</rt></ruby> <ruby>海<rt>hǎi</rt></ruby> <ruby>啸<rt>xiào</rt></ruby> <ruby>特<rt>tè</rt></ruby> <ruby>报<rt>bào</rt></ruby>。

沿海地区请注意海啸特报。
イェン ハイ ディー チュイ チン ジュー イー ハイ シアオ トー バオ

8 (天気予報) 今夜雹が降る恐れがあります。

jīn wǎn yǒu kě néng huì xià bīng báo
今晚有可能会下冰雹。
ジン ワン イオウ コー ノン ホイ シア ビン バオ

9 (天気予報) 大雪注意報が出ています。　　　　　**大雨**

fā bù dà xuě jǐng bào　　　　　　　　　　dà yǔ
发布大雪警报。　　　　　　　　　　　　大 雨
ファー ブー ダー シュエ ジン バオ　　　　　　ダー ユィ

10 天気予報を聞きましたか？

nǐ tīng tiān qì yù bào le mā
你听天气预报了吗?
ニー ティン ティエン チー ユィ バオ レェ マー

11 明日は晴れるそうです。

*晴れる場合は、「明天是晴天」というよりは「明天不会下雨」の方が、より中国語らしくて自然です。

tiān qì yù bào shuō míng tiān qíng
天气预报说明天晴。
ティエン チー ユィ バオ シュオ ミン ティエン チン

12 数日は晴天が続く見込みだそうです。

*この場合の「だそうである」は「天气预报说」も「听说」も両方使います。

tiān qì yù bào shuō zuì jìn jǐ tiān dōu bú huì xià yǔ
天气预报说最近几天都不会下雨。
ティエン チー ユィ バオ シュオ ズォイ ジン ジー ティエン ドウ ブー ホイ シア ユィ

13 明日には雨が上がるって。

*「明天雨会停」というよりは「明天会放晴」の方が、より中国語らしくて自然です。

tiān qì yù bào shuō míng tiān huì fàng qíng
天气预报说明天会放晴。
ティエン チー ユィ バオ シュオ ミン ティエン ホイ ファン チン

14 明日は雨だそうです。

天气预报说明天会下雨。
tiān qì yù bào shuō míng tiān huì xià yǔ
ティエン チー ユィ バオ シュオ ミン ティエン ホイ シア ユィ

15 梅雨入りしたそうです。

天气预报说梅雨季节已经开始了。
tiān qì yù bào shuō méi yǔ jì jié yǐ jing kāi shǐ le
ティエン チー ユィ バオ シュオ メイ ユィ ジー ジエ イー ジン カイ シー レェ

16 梅雨が明けたそうです。

天气预报说梅雨季节已经过去了。
tiān qì yù bào shuō méi yǔ jì jié yǐ jing guò qù le
ティエン チー ユィ バオ シュオ メイ ユィ ジー ジエ イー ジン グオ チュイ レェ

17 台風が来るそうです。

听说台风要来。
tīng shuō tái fēng yào lái
ティン シュオ タイ フォン ヤオ ライ

18 明日は寒波が上陸するそうです。

听说明天会有寒流。
tīng shuō míng tiān huì yǒu hán liú
ティン シュオ ミン ティエン ホイ イオウ ハン リウ

19 今年一番の冷え込みだそうです。

听说明天会是今年最冷的一天。
tīng shuō míng tiān huì shì jīn nián zuì lěng de yì tiān
ティン シュオ ミン ティエン ホイ シー ジン ニエン ズォイ ロン デェ イー ティエン

20 午後から雪になるそうです。

听说明天下午会下雪。
tīng shuō míng tiān xià wǔ huì xià xuě
ティン シュオ ミン ティエン シア ウー ホイ シア シュエ

21 天気予報はあまり当たらないけどね。

天气预报不太准。
tiān qì yù bào bù tài zhǔn
ティエン チー ユィ バオ ブー タイ ジュン

天候の話題

1 そちらの天気はどうですか？

nǐ men nà biān tiān qì zěn me yàng
你们那边天气怎么样?
ニー メン ナー ビエン ティエン チー ゼン モー ヤン

2 上海の天気はどうでしたか？

Shàng hǎi de tiān qì zěn me yàng
上海的天气怎么样?
シャン ハイ デェ ティエン チー ゼン モー ヤン

3 こちらは雨ですが、そちらはどうですか？

wǒ men zhè biān zhèng zài xià yǔ nǐ men nà biān ne
我们这边正在下雨,你们那边呢?
ウオ メン ジョー ビエン ジョン ザイ シア ユィ ニー メン ナー ビエン ノー

4 もう外は雨が降ってますか？

wài miàn hái zài xià yǔ mā
外面还在下雨吗?
ワイ ミエン ハイ ザイ シア ユィ マー

5 もう雨はやんでますか？

wài miàn yǔ tíng le mā
外面雨停了吗?
ワイ ミエン ユィ ティン レェ マー

6 雹が降るって本当ですか？

tīng shuō huì xià bīng báo shì zhēn de mā
听说会下冰雹,是真的吗?
ティン シュオ ホイ シア ビン バオ シー ジェン デェ マ

7 寒いですか？　　　　　　　　暑い

＊または「你冷吗?」と聞きます。

nǐ lěng bú lěng　　　　　　rè
你冷不冷?　　　　　　　　热
ニー ロン ブー ロン　　　　　ルオ

8 外は風が強いですか？

wài miàn fēng hěn dà mā
外 面 风 很 大 吗?
ワイ ミエン フォン ヘン ダー マー

9 空気が乾燥しているみたいですよ。

kōng qì hǎo xiàng hěn gān zào
空 气 好 像 很 干 燥。
コン チー ハオ シアン ヘン ガン ザオ

10 (雨が)降るでしょうか？

bù zhī dào huì bú huì xià yǔ
不 知 道 会 不 会 下 雨?
ブー ジー ダオ ホイ ブー ホイ シア ユィ

11 雨はすぐ上がるでしょうか？

bù zhī dào zhè chǎng yǔ huì bú huì mǎ shang tíng
不 知 道 这 场 雨 会 不 会 马 上 停?
ブー ジー ダオ ジョー チャン ユィ ホイ ブー ホイ マー シャン ティン

明日の天気について

1 明日は晴れるでしょうか？

míng tiān shì hǎo tiān qì ba
明 天 是 好 天 气 吧?
ミン ティエン シー ハオ ティエン チー バー

2 明日の天気はどうだって言ってました？

míng tiān tiān qì zěn me yàng
明 天 天 气 怎 么 样?
ミン ティエン ティエン チー ゼン モー ヤン

＊天気予報を予測する場合、日本語では特に「明日」という表現を入れなくても明日のことを言っているとわかりますが、中国語の場合、頭の所に「明天」を入れて説明することが多いです。

3 明日の気温は何度くらいですか？

明天的气温大概几度?
míng tiān de qì wēn dà gài jǐ dù

4 （天気予報）明日は雨が降る確率が高いでしょう。

明天下雨的可能性很高。
míng tiān xià yǔ de kě néng xìng hěn gāo

5 （天気予報）降水確率は0パーセント。

明天降雨率为零。
míng tiān jiàng yǔ lǜ wéi líng

6 （天気予報）局地的に雨の予想です。

明天部分地区会下雨。
míng tiān bù fēn dì qū huì xià yǔ

7 （天気予報）久しぶりの青空が見られるでしょう。

明天会晴。
míng tiān huì qíng

8 （天気予報）暖かくなるでしょう。

明天会比较暖和。
míng tiān huì bǐ jiào nuǎn huo

9 （天気予報）本格的な猛暑が始まります。

明天开始天气会变得非常炎热。
míng tiān kāi shǐ tiān qì huì biàn de fēi cháng yán rè

10 （天気予報）暑さが戻ってくるでしょう。

明天开始又要变热了。
míng tiān kāi shǐ yòu yào biàn rè le

11 (天気予報) 涼しくなるでしょう。

<ruby>明<rt>míng</rt></ruby> <ruby>天<rt>tiān</rt></ruby> <ruby>开<rt>kāi</rt></ruby> <ruby>始<rt>shǐ</rt></ruby> <ruby>天<rt>tiān</rt></ruby> <ruby>气<rt>qì</rt></ruby> <ruby>会<rt>huì</rt></ruby> <ruby>变<rt>biàn</rt></ruby> <ruby>凉<rt>liáng</rt></ruby>。
ミン ティエン カイ シー ティエン チー ホイ ビエン リアン

天気がいい

1 今日は晴れています。

<ruby>今<rt>jīn</rt></ruby> <ruby>天<rt>tiān</rt></ruby> <ruby>天<rt>tiān</rt></ruby> <ruby>气<rt>qì</rt></ruby> <ruby>很<rt>hěn</rt></ruby> <ruby>好<rt>hǎo</rt></ruby>。
ジン ティエン ティエン チー ヘン ハオ

2 いい天気ですね。

<ruby>今<rt>jīn</rt></ruby> <ruby>天<rt>tiān</rt></ruby> <ruby>天<rt>tiān</rt></ruby> <ruby>气<rt>qì</rt></ruby> <ruby>真<rt>zhēn</rt></ruby> <ruby>不<rt>bú</rt></ruby> <ruby>错<rt>cuò</rt></ruby>。
ジン ティエン ティエン チー ジェン ブー ツオ

3 昨日の嵐が嘘のようです。

<ruby>昨<rt>zuó</rt></ruby> <ruby>天<rt>tiān</rt></ruby> <ruby>的<rt>de</rt></ruby> <ruby>暴<rt>bào</rt></ruby> <ruby>风<rt>fēng</rt></ruby> <ruby>雨<rt>yǔ</rt></ruby> <ruby>跟<rt>gēn</rt></ruby> <ruby>做<rt>zuò</rt></ruby> <ruby>梦<rt>mèng</rt></ruby> <ruby>一<rt>yí</rt></ruby> <ruby>样<rt>yàng</rt></ruby>。
ズオ ティエン デェ バオ フォン ユィ ゲン ズオ モン イー ヤン

4 快晴です。

<ruby>大<rt>dà</rt></ruby> <ruby>晴<rt>qíng</rt></ruby> <ruby>天<rt>tiān</rt></ruby>。
ダー チン ティエン

5 気持ちのいい天気です。

<ruby>天<rt>tiān</rt></ruby> <ruby>气<rt>qì</rt></ruby> <ruby>真<rt>zhēn</rt></ruby> <ruby>好<rt>hǎo</rt></ruby> <ruby>真<rt>zhēn</rt></ruby> <ruby>舒<rt>shū</rt></ruby> <ruby>服<rt>fu</rt></ruby>。
ティエン チー ジェン ハオ ジェン シュー フー

6 暑くも寒くもなくちょうどいい天気です。

<ruby>天<rt>tiān</rt></ruby> <ruby>气<rt>qì</rt></ruby> <ruby>不<rt>bù</rt></ruby> <ruby>冷<rt>lěng</rt></ruby> <ruby>不<rt>bú</rt></ruby> <ruby>热<rt>rè</rt></ruby> <ruby>正<rt>zhèng</rt></ruby> <ruby>好<rt>hǎo</rt></ruby>。
ティエン チー ブー ロン ブー ルォ ジョン ハオ

7 空が青いです。

tiān kōng hěn lán
天 空 很 蓝。
ティエン コン ヘン ラン

8 雲の合間から日が差しています。

yáng guāng tòu guò yún céng zhào shè chū lái
阳 光 透 过 云 层 照 射 出 来。
ヤン グアン トウ グオ ユン ツォン ジャオ ショー チュー ライ

9 日差しがガンガン照りつけています。

tài yáng hěn dà
太 阳 很 大。
タイ ヤン ヘン ダー

天気が悪い

1 天気が下り坂です。

tiān qì huì zhú jiàn biàn huài
天 气 会 逐 渐 变 坏。
ティエン チー ホイ ジュー ジエン ビエン ホアイ

2 いい天気ではありません。

tiān qì bú tài hǎo
天 气 不 太 好。
ティエン チー ブー タイ ハオ

3 大気の状態が不安定です。

dà qì de zhuàng tài bú tài wěn dìng
大 气 的 状 态 不 太 稳 定。
ダー チー デェ ジョアン タイ ブー タイ ウエン ディン

4 変わりやすい天気です。

tiān qì shuō biàn jiù biàn
天 气 说 变 就 变。
ティエン チー シュオ ビエン ジィウ ビエン

5 天気の状態が不安定です。

tiān qì hěn bù wěn dìng
天气很不稳定。
ティエン チー ヘン ブー ウエン ディン

6 天気が悪いと膝が痛みます。

tiān qì yí huài wǒ xī gài jiù téng
天气一坏，我膝盖就疼。
ティエン チー イー ホアイ ウオ シー ガイ ジィウ トン

7 何だよこの天気は!?

zhè shì shén me guǐ tiān qì
这是什么鬼天气!?
ジョー シー シェン モー グォイ ティエン チー

曇り・雨

1 天気が曇っています。

tiān qì yīn yīn de
天气阴阴的。
ティエン チー イン イン デェ

2 曇ってきました。

tiān qì kāi shǐ biàn yīn
天气开始变阴。
ティエン チー カイ シー ビエン イン

3 黒い雲がかかり、強風が吹き付けます。

wū yún mì bù kuáng fēng dà zuò
乌云密布，狂风大作。
ウー ユン ミー ブー クアン フォン ダー ズオ

4 **小雨**が降っています。

xià xiǎo yǔ
下 小 雨。
シア シアオ ユィ

こぬか雨・にわか雨・土砂降り

máo mao yǔ　zhèn yǔ　qīng pén dà yǔ
毛 毛 雨、阵 雨、倾 盆 大 雨
マオ マオ ユィ　ジェン ユィ　チン ペン ダー ユィ

5 すごい雨です。

yǔ hǎo dà
雨 好 大。
ユィ ハオ ダー

6 雨がかなり降っています。

yǔ xià de hěn dà
雨 下 得 很 大。
ユィ シア デェ ヘン ダー

7 今日は1日中雨ですね。

jīn tiān xià le yì zhěng tiān de yǔ
今 天 下 了 一 整 天 的 雨。
ジン ティエン シア レェ イー ジォン ティエン デェ ユィ

8 一雨来そうですね。

hǎo xiàng yào xià yǔ le
好 像 要 下 雨 了。
ハオ シアン ヤオ シア ユィ レェ

9 急に雨が降り出したよ。

tū rán xià qǐ yǔ lái le
突 然 下 起 雨 来 了。
トゥー ルァン シア チー ユィ ライ レェ

10 午後にはきっと晴れるよ。

xià wǔ yǔ huì tíng
下 午 雨 会 停。
シア ウー ユィ ホイ ティン

色々な話題

霜・霧・雷・地震

1 霜が降りました。

xià shuāng le
下 霜 了。
シア ショアン レェ

2 霧が出ました。

qǐ wù le
起 雾 了。
チー ウー レェ

3 濃い霧で前が見えません。

wù tài dà kàn bú jiàn qián miàn
雾 太 大, 看 不 见 前 面。
ウー タイ ダー カン ブー ジエン チエン ミエン

4 今雷が鳴りましたよ。

gāng cái dǎ léi le
刚 才 打 雷 了。
ガン ツァイ ダー レイ レェ

5 昨夜大きな地震がありました。

zuó wǎn yǒu dà dì zhèn
昨 晚 有 大 地 震。
ズオ ワン イオウ ダー ディー ジェン

6 マグニチュードはどのぐらい？

jǐ jí de
几 级 的?
ジー ジー デェ

7 台風が近づいているようです。

hǎo xiàng tái fēng yào lái le
好 像 台 风 要 来 了。
ハオ シアン タイ フォン ヤオ ライ レェ

四季と気温 2

春

1 もうすぐ春ですね。

chūn tiān kuài dào le
春天快到了。

夏・秋・冬
xià tiān　qiū tiān　dōng tiān
夏天、秋天、冬天

2 日に日に暖かくなってきます。

tiān qì yì tiān tiān de nuǎn huo le
天气一天天地暖和了。

3 黄砂現象で窓が開けられません。

fēng shā hǎo dà dōu bù gǎn kāi chuāng
风沙好大都不敢开窗。

4 春風は気持ちを浮き立たせるものがありますね。

chūn fēng chuī de rén què yuè bù yǐ
春风吹得人雀跃不已。

5 新緑がまぶしいです。

lù yì àng rán
绿意盎然。

6 春になると眠くなります。

chūn tiān yí dào wǒ jiù fā kùn
春天一到我就发困。

7 花粉症の季節が来ると思うと憂鬱です。

一想到花粉症的季节快到了我就发愁。
yì xiǎng dào huā fěn zhèng de jì jié kuài dào le wǒ jiù fā chóu

8 日が延びましたね。

白天的时间越来越长了。
bái tiān de shí jiān yuè lái yuè cháng le

夏

1 今年の梅雨は空梅雨でしたね。

今年的梅雨期干旱无雨。
jīn nián de méi yǔ qī gān hàn wú yǔ

2 湿度が高くじめじめしています。

湿度太高到处都潮潮的。
shī dù tài gāo dào chù dōu cháo cháo de

3 湿度が低くカラッとしています。

湿度很低所以非常干爽。
shī dù hěn dī suǒ yǐ fēi cháng gān shuǎng

4 初夏の日差しはすがすがしいです。

初夏的日光非常舒爽。
chū xià de rì guāng fēi cháng shū shuǎng

5 毎日**暑い**です。　　　　　　　　　**寒い**

每天都好**热**。　　　　　　　　　**冷**
měi tiān dōu hǎo rè　　　　　　　lěng

6 蒸し暑いね。

好闷热。
hǎo mēn rè

7 蒸し器にいるみたい。

简直跟在蒸笼里一样。
jiǎn zhí gēn zài zhēng lóng li yí yàng

8 サウナにいるみたい。

好像在洗桑拿一样。
hǎo xiàng zài xǐ sāng ná yí yàng

9 熱帯夜続きです。

闷热的夏夜会持续一阵子。
mēn rè de xià yè huì chí xù yí zhèn zi

10 この暑さで夏ばてです。

我已经热晕了。
wǒ yǐ jīng rè yūn le

11 もう溶けそう。

我快溶化掉了。
wǒ kuài róng huà diào le

12 もう夏も終わりですね。

夏天快过去了。
xià tiān kuài guò qù le

色々な話題

秋

1 やっと少し涼しくなりました。

天气终于变得比较凉快了。
tiān qì zhōng yú biàn de bǐ jiào liáng kuài le
ティエン チー ジョォン ユィ ビエン デェ ビー ジアオ リアン クアイ レェ

2 肌寒くなりましたね。

有点凉意了。
yǒu diǎn liáng yì le
イオウ ディエン リアン イー レェ

3 風が冷たくなりましたね。

风好冷。
fēng hǎo lěng
フォン ハオ ロン

冬

1 空気が乾燥して風邪を引きやすいです。

空气太干容易得感冒。
kōng qì tài gān róng yì dé gǎn mào
コン チー タイ ガン ルゥオン イー デェ ガン マオ

2 (あなたの) 息が白いですよ。

你吐出来的气都是白的。
nǐ tǔ chū lái de qì dōu shì bái de
ニー トゥ チュー ライ デェ チー ドウ シー バイ デェ

3 冬将軍の到来だ。

严冬来临。
yán dōng lái lín
イェン ドン ライ リン

4 肌を刺すような寒さです。

hán fēng cì gǔ
寒风刺骨。
ハン フォン ツー グー

5 指先がかじかんでいます。

wǒ shǒu zhǐ dōu dòng jiāng le
我手指都冻僵了。
ウオ ショウ ジー ドウ ドン ジァン レェ

6 最低気温は氷点下2度です。

zuì dī qì wēn líng xià èr dù
最低气温零下二度。
ズォイ ディー チー ウエン リン シア アル ドゥー

7 道が凍っています。

dào lù dōu jié bīng le
道路都结冰了。
ダオ ルー ドウ ジエ ビン レェ

趣味について
3

CD-1
[track40]

ご趣味は？

1 ― 趣味は何ですか？

nǐ de xìng qù shì shén me
你的兴趣是什么?
ニー デェ シン チュイ シー シェン モー

2 ― どんな趣味をお持ちでしょうか？

nǐ yǒu shén me xìng qù mā
你有什么兴趣吗?
ニー イオウ シェン モー シン チュイ マー

3 趣味はいっぱいありますが…。

wǒ de xìng qù hěn duō
我的兴趣很多...
ウオ デェ シン チュイ ヘン ドゥオ

4 本業と趣味の区別が曖昧なんですが…。

我都快分不清楚哪个是我的本行哪个是我的兴趣了…
wǒ dōu kuài fēn bù qīng chǔ nǎ ge shì wǒ de běn háng nǎ ge shì wǒ de xìng qù le

5 趣味というよりほんの遊びですが…。

这谈不上是兴趣，好玩而已…
zhè tán bu shàng shì xìng qù, hǎo wán ér yǐ

6 趣味と言うほどではないですが…。

也说不上是兴趣吧…
yě shuō bú shàng shì xìng qù ba

7 何か趣味があればいいなって思いますけど…。

我也希望能有什么爱好…
wǒ yě xī wàng néng yǒu shén me ài hào

8 恥ずかしながら無趣味なんですよ。

说出来不怕你笑，我没什么爱好。
shuō chū lái bú pà nǐ xiào, wǒ méi shén me ài hào

9 趣味の域を超えているんですが。

这个已经超过所谓兴趣的范围了。
zhè ge yǐ jīng chāo guò suǒ wèi xìng qù de fàn wéi le

10 趣味が高じて職業になってしまいました。

我是兴趣变成工作。
wǒ shì xìng qù biàn chéng gōng zuò

11 いい趣味をお持ちですね。

nǐ de ài hào zhēn bú cuò
你的爱好真不错。
ニー デェ アイ ハオ ジェン ブー ツオ

色々な趣味 ― 読書・映画鑑賞

1 読書が好きです。

wǒ xǐ huan yuè dú
我喜欢阅读。
ウオ シー ホアン ユエ ドゥー

映画鑑賞・旅行・歌を歌うこと・インターネットサーフィン

kàn diàn yǐng　lǚ xíng　tīng gē　shàng wǎng
看电影、旅行、听歌、上网
カン ディエン イン リュイ シン ティン ゴー シャン ワン

2 ― 主にどんなジャンルの本が好きですか？

nǐ xǐ huan kàn shén me yàng de shū ne
你喜欢看什么样的书呢?
ニー シー ホアン カン シェン モー ヤン デェ シュー ノー

3 ― 好きな作家は誰ですか？

nǐ xǐ huān nǎ ge zuò jiā
你喜欢哪个作家?
ニー シー ホアン ナー ゴー ズオ ジャー

4 ミステリー小説が好きなんです。

wǒ xǐ huan kàn tuī lǐ xiǎo shuō
我喜欢看推理小说。
ウオ シー ホアン カン トォイ リー シアオ シュオ

5 私は少女漫画が好きなんですよ。

wǒ hěn xǐ huan kàn shào nǚ màn huà
我很喜欢看少女漫画。
ウオ ヘン シー ホアン カン シャオ ニュイ マン ホア

6 最近「花より男子 (だんご)」にはまっています。

我 最近 迷上了「流星花园」。
wǒ zuì jìn mí shàng le　Liú xīng huā yuán
ウオ ズオイ ジン ミー シャン レェ　リウ シン ホア ユアン

7 映画には目がないんですよ。

我 对 电影 非常 着迷。
wǒ duì diàn yǐng fēi cháng zháo mí
ウオ ドォイ ディエン イン フェイ チャン ジャオ ミー

8 — 最近の映画で何かお勧めのものはありますか？

最近 有 什么 好看 的 电影 吗?
zuì jìn yǒu shén me hǎo kàn de diàn yǐng mā
ズオイ ジン イオウ シェン モー ハオ カン デェ ディエン イン マー

9 私の好みは偏ってますからね。

我 喜欢 的 跟 别人 不太 一样。
wǒ xǐ huān de gēn bié rén bú tài yí yàng
ウオ シー ホアン デェ ゲン ビエ ルェン ブー タイ イー ヤン

色々な趣味　—　料理

1 料理はよく作りますか？

你 常常 自己 下厨?
nǐ cháng cháng zì jǐ xià chú
ニー チャン チャン ズー ジー シア チュー

2 得意な料理は何ですか？

你 的 拿手菜 是 什么?
nǐ de ná shǒu cài shì shén me
ニー デェ ナー ショウ ツァイ シー シェン モー

3 和食なら一通り作れますよ。

日本菜 我 应该 都 没 问题。
Rì běn cài wǒ yīng gāi dōu méi wèn tí
ルィ ベン ツァイ ウオ イン ガイ ドウ メイ ウエン ティー

4 今度作り方を教えてください。

nà nǐ xià cì jiāo wǒ zuò
那 你 下 次 教 我 做。
ナー ニー シア ツー ジアオ ウオ ズオ

色々な趣味 ― ムービーカメラ

1 最近ビデオを撮るのが面白いです。

wǒ zuì jìn hěn xǐ huan shè yǐng
我 最 近 很 喜 欢 摄 影。
ウオ ズォイ ジン ヘン シー ホアン ショー イン

2 子供の成長を記録しておくんです。

bǎ hái zi de chéng zhǎng guò chéng dōu pāi xià lái
把 孩 子 的 成 长 过 程 都 拍 下 来。
バー ハイ ズー デェ チョン ジャン グオ チョン ドウ パイ シア ライ

3 デジタルビデオは編集が楽でいいですよね。

shù mǎ shè xiàng jī pāi de dōng xi hěn róng yì biān jí
数 码 摄 像 机 拍 的 东 西 很 容 易 编 辑。
シュー ウエイ ショー シアン ジー パイ デェ ドン シー ヘン ルゥオン イー ビエン ジー

4 最新機種がほしいんですよ。

wǒ xiǎng mǎi nà ge zuì xīn chū lái de
我 想 买 那 个 最 新 出 来 的。
ウオ シアン マイ ナー ゴー ズォイ シン チュー ライ デェ

色々な趣味 ― 釣り

1 釣りは昔からやっていました。

wǒ yǐ qián jiù ài diào yú
我 以 前 就 爱 钓 鱼。
ウオ イー チエン ジィウ アイ ディアオ ユィ

2 海釣りや磯釣りや渓流釣り、何でもやります。

海钓，矶钓，溪钓我都很喜欢。
hǎi diào, jī diào, xī diào wǒ dōu hěn xǐ huan

3 ―川釣りならどんな竿ですか？

河钓用什么样的鱼竿好呢？
hé diào yòng shén me yàng de yú gān hǎo ne

4 竹の竿が好きです。

我喜欢用竹竿。
wǒ xǐ huan yòng zhú gān

5 竹の竿はしなり具合が何とも言えません。

尤其是竹竿的弹性真是妙不可言。
yóu qí shì zhú gān de tán xìng zhēn shì miào bù kě yán

6 鯉などを釣るならカーボン竿を使います。

如果是钓鲤鱼的话最好用碳素竿。
rú guǒ shì diào lǐ yú de huà zuì hǎo yòng tàn sù gān

7 餌はミミズや練り餌を使います。

饵的话可以用蚯蚓或练饵。
ěr de huà kě yǐ yòng qiū yǐn huò liàn ěr

色々な趣味 ― ガーデニング

1 本を片手にガーデニングをやっています。

我是看书开始园艺的。
wǒ shì kàn shū kāi shǐ yuán yì de

2 庭がないので鉢植えですが。

我家没有院子，所以只有能种盆栽。
wǒ jiā méi yǒu yuàn zi, suǒ yǐ zhǐ yǒu néng zhòng pén zāi

3 ハーブは育てるのが簡単ですよ。

香草很容易栽培。
xiāng cǎo hěn róng yì zāi péi

4 バジルを育てています。

我现在在种罗勒。
wǒ xiàn zài zài zhòng luó lè

5 病虫害には気を遣います。

我对病虫害很小心。
wǒ duì bìng chóng hài hěn xiǎo xīn

6 花が終わったら種を取ります。

花谢了以后就取种。
huā xiè le yǐ hòu jiù qǔ zhǒng

7 実がなる木は収穫が楽しみです。

结果树的收获是一种快乐。
jié guǒ shù de shōu huò shì yì zhǒng kuài lè

8 梅の木の盆栽に挑戦しています。

我最近在尝试梅树的盆栽。
wǒ zuì jìn zài cháng shì méi shù de pén zāi

9 剪定は難しいです。

修剪很难。
xiū jiǎn hěn nán

色々な趣味 ― 楽器

1 ピアノを少々。

wǒ huì tán yì diǎn diǎn gāng qín
我 会 弹 一 点 点 钢 琴。
ウオ ホイ タン イー ディエン ディエン ガン チン

楽器・ギター・バイオリン

yuè qì jí tā xiǎo tí qín
乐 器、吉 他、小 提 琴
ユエ チー ジー ター シアオ ディー チン

2 小さい頃から習っています。

wǒ cóng xiǎo jiù kāi shǐ xué le
我 从 小 就 开 始 学 了。
ウオ ツォン シアオ ジィウ カイ シー シュエ レェ

3 ― どんな曲を弾きますか？

nǐ huì tán shén me qǔ zi
你 会 弹 什 么 曲 子?
ニー ホイ タン シェン モー チュイ ズー

4 ショパンを弾くのが好きです。

wǒ xǐ huan tán Xiāo bāng de qǔ zi
我 喜 欢 弹 萧 邦 的 曲 子。
ウオ シー ホアン タン シアオ バン デェ チュイ ズー

ジャズ・クラシック

jué shì yuè gǔ diǎn yuè
爵 士 乐、古 典 乐
ジュエ シー ユェ グー ディエン ユェ

色々な趣味 ― 物を作る

1 物作りが大好きです。

wǒ xǐ huan zì jǐ zuò dōng xi
我喜欢自己做东西。
ウオ シー ホアン ズー ジー ズオ ドン シー

2 書棚を作ったりします。

zì jǐ dìng shū jià
自己钉书架。
ズー ジー ディン シュー ジャ

3 編み物は得意ですよ。

wǒ shàn cháng biān zhī
我擅长编织。
ウオ シャン チャン ビエン ジー

4 小物からセーターまで何でも編めますよ。

cóng xiǎo dōng xi dào máo yī wǒ shén me dōu huì zhī
从小东西到毛衣我什么都会织。
ツォン シアオ ドン シー ダオ マオ イー ウオ シェン モー ドウ ホイ ジー

色々な趣味 ― 運動

1 趣味は身体を動かすことです。

wǒ jiù shì xǐ huan huó dòng shēn zi
我就是喜欢活动身子。
ウオ ジィウ シー シー ホアン フオ ドン シェン ズー

2 あまり運動神経は良くありませんが。

wǒ de yùn dòng shén jīng bù mǐn gǎn
我的运动神经不敏感。
ウオ デェ ユン ドン シェン ジン ブー ミン ガン

3 スポーツなら何でもできます。

我 十 项 运 动 全 能。
wǒ shí xiàng yùn dòng quán néng
ウオ シー シアン ユン ドン チュアン ノン

4 今はテニスに夢中です。

我 最 近 对 网 球 很 着 迷。
wǒ zuì jìn duì wǎng qiú hěn zháo mí
ウオ ズォイ ジン ドォイ ワン チウ ヘン ジャオ ミー

色々な趣味 ― 写真

1 趣味で写真を撮っています。

我 的 爱 好 是 拍 照。
wǒ de ài hào shì pāi zhào
ウオ デェ アイ ハオ シー パイ ジャオ

2 個展を開くのが夢なんです。

我 希 望 能 开 个 人 展 览 会。
wǒ xī wàng néng kāi gè rén zhǎn lǎn huì
ウオ シー ワン ノン カイ ゴー ルェン ジャン ラン ホイ

3 旅行しながら風景を撮るのが楽しいです。

我 喜 欢 去 旅 行 拍 风 景 照 片。
wǒ xǐ huan qù lǚ xíng pāi fēng jǐng zhào piàn
ウオ シー ホアン チュイ リュイ シン パイ フォン ジン ジャオ ピエン

4 現像も自分でやります。

我 还 会 自 己 冲 洗 照 片 呢。
wǒ hái huì zì jǐ chōng xǐ zhào piàn ne
ウオ ハイ ホイ ズー ジー チョン シー ジャオ ピエン ノー

5 モノクロ写真は独特な趣がありますよ。

黑 白 照 片 有 种 独 特 的 风 味。
hēi bái zhào piàn yǒu zhǒng dú tè de fēng wèi
ヘイ バイ ジャオ ピエン イオウ ジョォン ドゥー トー デェ フォン ウエイ

色々な趣味 ― 機械いじり

1 機械いじりが趣味です。

wǒ de ài hào shì gǔ nòng jī qì
我 的 爱 好 是 鼓 弄 机 器。
ウオ デェ アイ ハオ シー グー ノン ジー チー

2 コンピューターなどは自分で組み立てます。

zì jǐ huì pīn zhuāng diàn nǎo
自 己 会 拼 装 电 脑。
ズー ジー ホイ ピン ジョアン ディエン ナオ

3 小さい頃ラジオを分解したことがありました。

xiǎo shí hou hái chāi guo shōu yīn jī
小 时 候 还 拆 过 收 音 机。
シアオ シー ホウ ハイ チャイ グオ ショウ イン ジー

色々な趣味 ― 絵を描く・骨董品蒐集

1 趣味ですか？ 絵を描くことですね。

wǒ de xìng qù mā wǒ xǐ huan huà huà er
我 的 兴 趣 吗? 我 喜 欢 画 画 儿。
ウオ デェ シン チュイ マー ウオ シー ホアン ホア ホア アル

2 主に日本画です。

zhǔ yào huà Rì běn huà
主 要 画 日 本 画。
ジュー ヤオ ホア ルィ ベン ホア

油絵・水彩画・イラスト・水墨画

yóu huà shuǐ cǎi huà chā huà shān shuǐ huà
油 画、水 彩 画、插 画、山 水 画
イオウ ホア ショイ ツァイ ホア チャー ホア シャン ショイ ホア

3 人にお見せできるほどではないんですが。

不过不好意思给人看。
bú guò bù hǎo yì si gěi rén kàn

4 水墨画を習い始めました。

我最近开始学水墨画。
wǒ zuì jìn kāi shǐ xué shuǐ mò huà

5 骨董品の蒐集が好きです。

我喜欢收集骨董。
wǒ xǐ huān shōu jí gǔ dǒng

6 時間さえあれば骨董品屋巡りをしています。

只要一有空我就去逛骨董店。
zhǐ yào yì yǒu kòng wǒ jiù qù guàng gǔ dǒng diàn

休日・余暇の過ごし方 4

[track41]

1 休みの日には何をして過ごしていますか？

你放假的时候都做些什么事?
nǐ fàng jià de shí hou dōu zuò xiē shén me shì

2 何もしません。

什么都不做。
shén me dōu bú zuò

3 ただ家の中でゴロゴロしています。

就在家闲晃。
jiù zài jiā xián huàng

4 家族と過ごします。

和 家 人 在 一 起。
hé jiā rén zài yì qǐ
ホー ジャ ルェン ザイ イー チー

5 自宅で読書を楽しんでいます。

在 家 享 受 读 书 的 乐 趣。
zài jiā xiǎng shòu dú shū de lè qù
ザイ ジャ シアン ショウ ドウ シュー デェ レェ チュイ

6 友達と会ったり映画を観に行ったりしています。

跟 朋 友 见 见 面，或 是 去 看 看 电 影。
gēn péng you jiàn jiàn miàn huò shì qù kàn kan diàn yǐng
ゲン ポン イオウ ジエン ジエン ミエン フオ シー チュイ カン カン ディエン イン

7 たまった家事に忙しいですよ。

光 是 那 些 堆 积 如 山 的 家 务 事 就 够 我
guāng shì nà xiē duī jī rú shān de jiā wù shì jiù gòu wǒ
グアン シー ナー シエ ドォイ ジー ルー シャン デェ ジア ウー シー ジィウ ゴウ ウオ

忙 的 了。
máng de le
マン デェ レェ

8 長い休みだと旅行に出かけます。

如 果 有 长 假 的 话，我 就 会 去 旅 行。
rú guǒ yǒu cháng jiǎ de huà wǒ jiù huì qù lǚ xíng
ルー グオ イオウ チャン ジャ デェ ホア ウオ ジィウ ホイ チュイ リュイ シン

9 録画しておいたビデオを観たりしています。

看 事 先 录 下 来 的 节 目。
kàn shì xiān lù xià lái de jié mù
カン シー シエン ルー シア ライ デェ ジエ ムー

色々な話題

10 運動不足なので身体を動かすことを心がけています。

平常运动量不够，所以我尽可能利用休息时间活动身体。
píng cháng yùn dòng liàng bú gòu, suǒ yǐ wǒ jìn kě néng lì yòng xiū xi shí jiān huó dòng shēn tǐ

11 — 今度の休みには何をする予定ですか？

你这次放假打算做什么?
nǐ zhè cì fàng jià dǎ suàn zuò shén me

日曜・連休・夏休み

这个星期天、这次连休、这个暑假
zhè ge xīng jī tiān, zhè cì lián xiū, zhè ge shǔ jià

12 ショッピングに行きます。

我想去逛街买东西。
wǒ xiǎng qù guàng jiē mǎi dōng xi

13 今度の連休には温泉に行きたいな。

这次连休我想去泡温泉。
zhè cì lián xiū wǒ xiǎng qù pào wēn quán

14 海外旅行に行くつもりです。

我想去国外旅行。
wǒ xiǎng qù guó wài lǚ xíng

15 久々に山にでも行こうかなって思ってます。

很久没去爬山了，想去爬山。
hěn jiǔ méi qù pá shān le, xiǎng qù pá shān

宗教・信仰について 5

信仰

1 宗教は何ですか？

你 信 什 么 教?
nǐ xìn shén me jiào
ニー シン シェン モー ジアオ

2 特に宗教はありません。

我 不 信 什 么 教。
wǒ bú xìn shén me jiào
ウオ ブー シン シェン モー ジアオ

3 神を信じますか？

你 相 信 有 神 明 吗?
nǐ xiāng xìn yǒu shén míng mā
ニー シアン シン イオウ シェン ミン マー

4 神の存在を否定しているわけではありません。

我 不 否 定 有 神 明 的 存 在。
wǒ bù fǒu dìng yǒu shén míng de cún zài
ウオ ブー フォウ ディン イオウ シェン ミン デェ ツン ザァイ

5 神様に誓います。

我 愿 意 向 上 天 发 誓。
wǒ yuàn yì xiàng shàng tiān fā shì
ウオ ユアン イー シアン シャン ティエン ファー シー

キリスト教

1 私は**キリスト教**です。

我 信 基 督 教。
wǒ xìn Jī dū jiào
ウオ シン ジー ドゥー ジアオ

仏教・イスラム教

佛 教、 伊 斯 兰 教
Fó jiào Yī sī lán jiào
フォー ジアオ イー スー ラン ジアオ

147

2 カトリック教徒です。　　　　　　　　プロテスタント

wǒ shì Tiān zhǔ jiào tú
我 是 天 主 教 徒。
ウオ シー ティエン ジュー ジアオ トゥー

Xīn jiào
新 教
シン ジアオ

3 洗礼を受けています。

wǒ jiē shòu guo xǐ lǐ
我 接 受 过 洗 礼。
ウオ ジエ ショウ グオ シー リー

4 週に一度教会に通っています。

wǒ yí ge xīng qī shàng yí cì jiào huì
我 一 个 星 期 上 一 次 教 会。
ウオ イー ゴー シン チー シャン イー ツー ジアオ ホイ

5 今度一緒に教会に行ってみませんか？

xià cì hú wǒ yì qǐ dào jiào huì qù kàn kan ba
下 次 和 我 一 起 到 教 会 去 看 看 吧？
シア ツー ホー ウオ イー チー ダオ ジアオ ホイ チュイ カン カン バー

6 今日は礼拝の日です。

jīn tiān wǒ yào zuò lǐ bài
今 天 我 要 做 礼 拜。
ジン ティエン ウオ ヤオ ズオ リー バイ

仏教

1 うちは代々仏教です。

wǒ men jiā dài dài dōu shì xìn fó de
我 们 家 代 代 都 是 信 佛 的。
ウオ メン ジャ ダイ ダイ ドウ シー シン フォー デェ

2 敬虔な仏教徒です。

wǒ shì qián chéng de fó jiào tú
我 是 虔 诚 的 佛 教 徒。
ウオ シー チエン チョン デェ フォー ジアオ トゥー

3 毎月陰暦の1日と15日に廟へ行って先祖に礼拝します。

＊この場合の「初一、十五」は西暦ではなく陰暦を差します。

wǒ měi ge yuè chū yī shí wǔ dōu huì qù miào lǐ bài
我 每 个 月 初 一, 十 五 都 会 去 庙 里 拜
ウオ メイ ゴー ユエ チュー イー シー ウー ドウ ホイ チュイ ミアオ リー バイ

zǔ xiān
祖 先。
ズー シエン

4 毎月陰暦の1日と15日は精進料理だけ食べます。

wǒ měi féng chū yī shí wǔ dōu huì chī sù
我 每 逢 初 一, 十 五 都 会 吃 素。
ウオ メイ フォン チュー イー シー ウー ドウ ホイ チー スー

5 先祖にお線香をあげ、紙でできたお金を焼いてあげます。

shāo xiāng shāo zhǐ qián gěi zǔ xiān
烧 香 烧 纸 钱 给 祖 先。
シャオ シアン シャオ ジー チエン ゲイ ズー シエン

6 毎朝必ず読経します。

wǒ měi tiān zǎo shang dōu huì niàn jīng
我 每 天 早 上 都 会 念 经。
ウオ メイ ティエン ザオ シャン ドウ ホイ ニエン ジン

7 数珠をつけています。

wǒ shēn shang dài zhe fó zhū
我 身 上 带 着 佛 珠。
ウオ シェン シャン ダイ ジュオ フォー ジュー

色々な話題

⑥ 観光と娯楽

本章では中国で旅行や観光をする際に、道中で遭遇すると思われるフレーズを網羅して紹介しています。自分で覚えられそうないくつかのフレーズを覚えて、今度中国に旅行する際に中国人相手に一度口に出して使ってみてはいかがでしょうか。自分の言葉が相手に通じた時に、旅の楽しみもきっと増えることでしょう。

ホテル
1

ホテルの相談

1 交通の便を考えるとやはり繁華街のホテルがいいですね。

考 虑 到 交 通 问 题 的 话，还 是
kǎo lǜ dào jiāo tōng wèn tí de huà hái shì
カオ リュイ ダオ ジアオ トン ウエン ティー デェ ホア ハイ シー

选 在 闹 区 的 饭 店 比 较 好。
xuǎn zài nào qū de fàn diàn bǐ jiào hǎo
シュアン ザイ ナオ チュイ デェ ファン ティエン ビー ジアオ ハオ

2 くつろぎたいので繁華街は避けたいです。

我 想 好 好 地 休 息 一 下，所 以
wǒ xiǎng hǎo hāo de xiū xī yí xià suǒ yǐ
ウオ シアン ハオ ハオ デェ シウ シー イー シア スオ イー

想 避 开 闹 区。
xiǎng bì kāi nào qū
シアン ビー カイ ナオ チュイ

3 温泉宿はありませんか？

有 没 有 带 温 泉 的?
yǒu mei yǒu dài wēn quán de
イオウ メイ イオウ ダイ ウエン チュアン デェ

4 買い物に便利なホテルを探してるんですが。

我 想 找 买 东 西 方 便 一 点 的 饭
wǒ xiǎng zhǎo mǎi dōng xi fāng biàn yì diǎn de fàn
ウオ シアン ジャオ マイ ドン シー ファン ビエン イー ティエン デェ ファン

店。
diàn
ティエン

5 コンサートホールから近いホテルにしたいです。

我 想 找 离 演 唱 会 场 近 一 点 的 饭 店。
wǒ xiǎng zhǎo lí yǎn chàng huì chǎng jìn yì diǎn de fàn diàn
ウオ シアン ジャオ リー イエン チャン ホイ チャン ジン イー ティエン デェ ファン ティエン

6 1千元以内で泊まれる部屋を探しています。

我想找一千块人民币以内的房间。
wǒ xiǎng zhǎo yì qiān kuài rén mín bì yǐ nèi de fáng jiān

7 博物館の近くにホテルがあったはずですが…。

博物馆附近应该有饭店的啊…
bó wù guǎn fù jìn yīng gāi yǒu fàn diàn de a

8 できれば安い宿にしましょう。

我想要便宜一点的地方。
wǒ xiǎng yào pián yí yì diǎn de dì fāng

観光と娯楽

予約の前に確認する

1 宿泊料金はいくらですか？

住宿费多少钱?
zhù sù fèi duō shao qián

2 一晩8千元で、サービス料を別途戴いております。

一个晚上八千块人民币，服务费另算。
yí ge wǎn shang bā qiān kuài rén mín bì fú wù fèi lìng suàn

3 長期宿泊の割引がありますか？

长期住有打折吗?
cháng qī zhù yǒu dǎ zhé mā

团体
tuán tǐ

4 日本語のできるスタッフはいますか？

有会说日文的服务人员吗?
yǒu huì shuō rì wén de fú wù rén yuán mā

5 朝食付きですか？

dài zǎo cān mā
带 早 餐 吗?
ダイ ザオ ツァン マー

6 朝食は部屋で食べられますか？

zǎo cān shì zài fáng jiān lǐ chī mā
早 餐 是 在 房 间 里 吃 吗?
ザァオ ツァン シー ザイ ファン ジェン リー チー マー

7 今はシーズン料金ですか？

xiàn zài shì wàng jì de fèi yòng mā
现 在 是 旺 季 的 费 用 吗?
シエン ザイ シー ワン ジー デェ フェイ ヨン マー

8 コンピュータ通信のできる環境ですか？

kě yǐ shàng wǎng mā
可 以 上 网 吗?
コー イー シャン ワン マー

9 チェックインは何時からですか？

jǐ diǎn kě yǐ bàn lǐ zhù fáng shǒu xù
几 点 可 以 办 理 住 房 手 续?
ジー ディエン コー イー バン リー ジュー ファン ショウ シュイ

10 チェックアウトは何時までですか？

jǐ diǎn yào bàn tuì fáng shǒu xù
几 点 要 办 退 房 手 续?
ジー ディエン ヤオ バン トォイ ファン ショウ シュイ

11 チェックインの前に荷物だけ預かってもらえますか？

zài bàn lǐ zhù fáng shǒu xù zhī qián kě yǐ xiān bǎ xíng lǐ
在 办 理 住 房 手 续 之 前 可 以 先 把 行 李
ザイ バン リー ジュー ファン ショウ シュイ ジー チエン コー イー シエン バー シン リー

jì fàng zài nà biān mā
寄 放 在 那 边 吗?
ジー ファン ザイ ナー ビエン マー

チェックアウト後

bàn tuì fáng shǒu xù yǐ hòu
办 退 房 手 续 以 后
バン トォイ ファン ショウ シュイ イー ホウ

予約する（電話）

1 部屋の予約をお願いします。

wǒ yào yù yuē fáng jiān
我 要 预 约 房 间。
ウオ ヤオ ユィ ユエ ファン ジエン

2 10月の10日から3日間予約したいんですが。

wǒ xiǎng cóng shí yuè shí hào qǐ yù yuē sān tiān
我 想 从 十 月 十 号 起 预 约 三 天。
ウオ シアン ツォン シー ユエ シー ハオ チー ユィ ユエ サン ティエン

3 空いている部屋がありますか？

yǒu kòng fáng jiān mā
有 空 房 间 吗?
イオウ コン ファン ジエン マー

4 今日と明日の2泊の予定です。

wǒ dǎ suàn zhù jīn míng liǎng wǎn
我 打 算 住 今 明 两 晚。
ウオ ダー スワン ジュー ジン ミン リアン ワン

5 予定では1週間ですが、延びるかもしれません。

mù qián zàn dìng shì yì xīng jī bú guò yǒu kě néng huì
目 前 暂 定 是 一 星 期, 不 过 有 可 能 会
ムー チエン ザン ディン シー イー シン ジー ブー グオ イオウ コー ノン ホイ

yán cháng
延 长。
イェン チャン

観光と娯楽

6 2人ですが、別々の部屋にしてください。

liǎng ge rén, fáng jiān fēn kāi
两 个 人，房 间 分 开。
リアン ゴー ルェン ファン ジエン フェン カイ

予約を受ける（ホテル側）

1 本日からのお泊まりでいらっしゃいますか？

nín dǎ suàn cóng jīn tiān kāi shǐ zhù sù ma
您 打 算 从 今 天 开 始 住 宿 吗?
ニン ダー スワン ツォン ジン ティエン カイ シー ジュー スー マー

2 何泊のご予定でしょうか？

nín dǎ suàn zhù jǐ ge wǎn shang
您 打 算 住 几 个 晚 上?
ニン ダー スワン ジュー ジー ゴー ワン シャン

3 何名様でいらっしゃいますか？

jǐ wèi kè rén ne
几 位 客 人 呢?
ジー ウエイ コー ルェン ノー

4 シングルルームとツインルームがございます。

wǒ men yǒu dān rén fáng gēn shuāng rén fáng
我 们 有 单 人 房 跟 双 人 房。
ウオ メン イオウ ダン ルェン ファン ゲン ショアン ルェン ファン

5 お2人様ご一緒の部屋でよろしいですか？

nǐ men liǎng wèi yào zhù tóng yí ge fáng jiān ma
你 们 两 位 要 住 同 一 个 房 间 吗?
ニー メン リアン ウエイ ヤオ ジュー トン イー ゴー ファン ジエン マー

6 和室と洋室の部屋がございます。

wǒ men yǒu hé shì gēn yáng shì de fáng jiān
我 们 有 和 式 跟 洋 式 的 房 间。
ウオ メン イオウ ホー シー ゲン ヤン シー デェ ファン ジエン

7 シングルルームで空いている部屋はありませんか？

yǒu dān rén kòng fáng mā
有 单 人 空 房 吗?
イオウ ダン ルェン コン ファン マー

8 申し訳ありませんが、満室でございます。

duì bù qǐ kè mǎn
对 不 起, 客 满。
ドォイ ブー チー コー マン

9 よろしければ他のホテルをご紹介いたしますが。

wǒ jiè shào bié de fàn diàn gěi nín hǎo mā
我 介 绍 别 的 饭 店 给 您 好 吗?
ウオ ジエ シャオ ビエ デェ ファン ディエン ゲイ ニン ハオ マー

予約の変更・取り消し

1 キャンセルの際はキャンセル料がかかりますか？

yù yuē qǔ xiāo de shí hou yào fù qǔ xiāo fèi mā
预 约 取 消 的 时 候 要 付 取 消 费 吗?
ユィ ユエ チュイ シアオ デェ シー ホウ ヤオ フー チュイ シアオ フェイ マー

2 キャンセルした場合、宿泊料の払い戻しはできますか？

yù yuē qǔ xiāo de huà fáng fèi kě yǐ tuì huán gěi wǒ
预 约 取 消 的 话, 房 费 可 以 退 还 给 我
ユィ ユエ チュイ シアオ デェ ホア ファン フェイ コー イー トォイ ホアン ゲイ ウオ

men mā
们 吗?
メン マー

3 予約の**変更**をしたいんですが。　　　　　　　　　　　**取り消し**

wǒ xiǎng gǎi biàn yù yuē de nèi róng　　　　qǔ xiāo
我 想 改 变 预 约 的 内 容。　　　　取 消
ウオ シアン ガイ ビエン ユィ ユエ デェ ネイ ルゥォン　　　チュイ シアオ

4 11月6日から2日間の予約をした木村ですが。

我是从十一月六号起预约了两天的，
wǒ shì cóng shí yī yuè liù hào qǐ yù yuē le liǎng tiān de

我的名字叫木村。
wǒ de míng zì jiào mù cūn

5 予定が変わりました。

我预约的内容有点改变。
wǒ yù yuē de nèi róng yǒu diǎn gǎi biàn

6 11月6日からを11月10日からに変更できますか？

可以把从十一月六号的预约改成
kě yǐ bǎ cóng shí yī yuè liù hào de yù yuē gǎi chéng

从十一月十号开始吗？
cóng shí yī yuè shí hào kāi shǐ mā

7 ―空いている部屋がございますので、再予約いたします。

正好有空的房间，我帮您重新办预
zhèng hǎo yǒu kòng de fáng jiān wǒ bāng nín chóng xīn bàn yù

约手续。
yuē shǒu xù

8 ―10日は予約が埋まっておりますが、11日からならご用意できます。

十号那天全客满了，十一号的话还
shí hào nà tiān quán kè mǎn le shí yī hào de huà hái

有空房。
yǒu kòng fáng

9 ― 大変申し訳ありません、10日から15日までは満室でございます。

hěn bào qiàn, wǒ men shí háo dào shí wǔ hào quán bù kè mǎn
很抱歉，我们十号到十五号全部客满。
ヘン バオ チエン ウオ メン シー ハオ ダオ シー ウー ハオ チュアン ブー コー マン

チェックイン

1 電話で予約した吉田ですが。

wǒ shì dǎ diàn huà yù yuē de jí tián
我是打电话预约的吉田。
ウオ シー ダー ティエン ホア ユィ ユエ デェ ジー ティエン

2 静かな部屋をお願いします。

wǒ yào ān jìng yì diǎn de fáng jiān
我要安静一点的房间。
ウオ ヤオ アン ジン イー ティエン デェ ファン ジエン

3 眺めのいい部屋をお願いします。

wǒ yào fēng jǐng piào liang yì diǎn de fáng jiān
我要风景漂亮一点的房间。
ウオ ヤオ フォン ジン ピアオ リアン イー ティエン デェ ファン ジエン

4 何階の部屋ですか？

zhè shì jǐ lóu de fáng jiān
这是几楼的房间?
ジョー シー ジー ロウ デェ ファン ジエン

5 荷物を部屋までお願いできますか？

kě yǐ bāng wǒ bǎ xíng lǐ ná dào fáng jiān qù mā
可以帮我把行李拿到房间去吗?
コー イー バン ウオ バー シン リー ナー ダオ ファン ジエン チュイ マー

観光と娯楽

6 外部に電話をかける時は最初に何番を押せばいいですか？

dǎ wài xiàn de shí hou yào xiān bō jǐ hào ne
打 外 线 的 时 候 要 先 拨 几 号 呢?
ダー ワイ シエン デェ シー ホウ ヤオ シエン ボー ジー ハオ ノー

ルームサービス

1 コーヒー2つとサンドイッチをお願いします。

wǒ yào liǎng bēi kā fēi hé yí fèn sān míng zhì
我 要 两 杯 咖 啡 和 一 份 三 明 治。
ウオ ヤオ リアン ベイ カー フェイ ホー イー フェン サン ミン ジー

2 赤ワインをボトルでお願いします。

wǒ yào yì píng hóng jiǔ
我 要 一 瓶 红 酒。
ウオ ヤオ イー ピン ホン ジィウ

3 洗濯物を取りに来ていただけますか？

wǒ yào sòng xǐ yī wù
我 要 送 洗 衣 物。
ウオ ヤオ ソン シー イー ウー

4 毛布をもう1枚持ってきていただけますか？

kě yǐ bāng wǒ duō ná yì tiáo máo tǎn lái mā
可 以 帮 我 多 拿 一 条 毛 毯 来 吗?
コー イー バン ウオ ドゥオ ナー イー ティアオ マオ タン ライ マー

5 シーツを取り替えてください。

bāng wǒ huàn yí xià chuáng dān
帮 我 换 一 下 床 单。
バン ウオ ホアン イー シア チョアン ダン

6 明日の朝6時にモーニングコールをお願いします。

míng tiān zǎo shang liù diǎn dǎ diàn huà jiào wǒ
明 天 早 上 六 点 打 电 话 叫 我。
ミン ティエン ザァオ シャン リウ ティエン ダー ティエン ホア ジアオ ウオ

サービス施設の利用

1 FAXを受け取りたいんですが。

wǒ xiǎng yào jiē sòng chuán zhēn kě yǐ mā
我想要接送传真可以吗？
ウオ シアン ヤオ ジエ ソン チョアン ジェン コー イー マー

2 ネットを使えるところはありませんか？

yǒu kě yǐ shàng wǎng de dì fāng mā
有可以上网的地方吗？
イオウ コー イー シャン ワン デ ディ ファン マー

3 ホテル内に両替するところはありますか？

fàn diàn lǐ yǒu huàn qián de dì fāng mā
饭店里有换钱的地方吗？
ファン ディエン リー イオウ ホアン チエン デ ディ ファン マー

4 タクシーを呼んでください。

bāng wǒ jiào yì tái chū zū chē
帮我叫一台出租车。
バン ウオ ジアオ イー タイ チュー ズー チョー

5 こちらの**フィットネスクラブ**は無料で利用できますか？

wǒ men kě yǐ miǎn fèi lì yòng zhè lǐ de jiàn shēn fáng
我们可以免费利用这里的健身房
ウオ メン コー イー ミエン フェイ リー ヨン ジョー リー デェ ジエン シェン ファン

mā
吗？
マー

プール
yóu yǒng chí
游泳池
イオウ ヨン チー

6 ビジネスセンターは予約が必要ですか？

shāng wù zhōng xīn xū yào yù yuē mā
商务中心需要预约吗？
シャン ウー ジョン シン シュイ ヤオ ユィ ユエ マー

観光と娯楽

フロントにて

1 部屋にキーを置いて出てきてしまいました。

我 不 小 心 把 钥 匙 落 在 房 间 里 了。
wǒ bù xiǎo xīn bǎ yào shi luò zài fáng jiān lǐ le
ウオ ブー シアオ シン バー ヤオ シ ルオ ザイ ファン ジエン リー レェ

2 1315室の田中ですが、私宛にFAXは届いていませんか？

我 是 住 在 一 三 一 五 号 房 的 田 中，有 我 的 传 真 吗?
wǒ shì zhù zài yāo sān yāo wǔ hào fáng de tiánzhōngyǒu wǒ de chuán zhēn mā
ウオ シー ジュー ザイ ヤオ サン ヤオ ウー ハオ ファン デェ ティエン ジョン イオウ ウオ デェ チョアン ジェン マー

郵便物
xìn
信
シン

3 外出中に来客がありましたら、ロビーで待つようにお願いできますか？

我 不 在 的 时 候 有 客 人 来 找 的 话，告 诉 他 在 大 厅 等 我。
wǒ bú zài de shí hou yǒu kè rén lái zhǎo de huà gào sù tā zài dà tīng děng wǒ
ウオ ブー ザイ デェ シー ホウ イオウ コー ルェン ライ ジャオ デェ ホア ガオ スー ター ザイ ダー ティン ドン ウオ

4 貴重品を預けたいんですが。

我 想 要 寄 放 贵 重 品。
wǒ xiǎng yào jì fàng guì zhòng pǐn
ウオ シアン ヤオ ジー ファン グォイ ジョォン ピン

苦情

1 部屋が**うるさい**ので他の部屋に替えてください。

我 房 间 很 吵 可 不 可 以 帮 我 换 个 房 间。
wǒ fáng jiān hěn chǎo kě bù kě yǐ bāng wǒ huàn ge fáng jiān
ウオ ファン ジエン ヘン チャオ コー ブー コー イー バン ウオ ホアン ゴー ファン ジエン

汚い
脏
zāng
ザン

2 部屋に石けんがないんですが。

我 房 间 的 肥 皂 没 有 了。
wǒ fáng jiān de féi zào méi yǒu le
ウオ ファン ジエン デェ フェイ ザァオ メイ イオウ レェ

3 部屋のテレビのスイッチが入りません。

我 房 间 电 视 不 能 看。
wǒ fáng jiān diàn shì bù néng kàn
ウオ ファン ジエン ディエン シー ブー ノン カン

4 部屋の温水が出ません。

我 房 间 没 有 热 水。
wǒ fáng jiān méi yǒu rè shuǐ
ウオ ファン ジエン メイ イオウ ルオ ショイ

5 エアコンが効きません。

我 房 间 的 冷 气 不 好 使。
wǒ fáng jiān de lěng qì bù hǎo shǐ
ウオ ファン ジエン デェ ロン チー ブー ハオ シー

6 30分前に注文した料理がまだ来てないんですが。

我 三 十 分 钟 前 点 的 菜 还 没 上 来。
wǒ sān shí fēn zhōng qián diǎn de cài hái méi shàng lái
ウオ サン シー フェン ジョオン チエン ディエン デェ ツァイ ハイ メイ シャン ライ

観光と娯楽

7 ベッドサイドのスタンドがつきません。

wǒ fáng jiān de chuáng tóu dēng bú liàng
我 房 间 的 床 头 灯 不 亮。
ウオ ファン ジエン デェ チョアン トウ ドン ブー リアン

8 隣の部屋のドアの音がうるさいです。

gé bì fáng jiān guān mén kāi mén de shēng yīn hěn chǎo
隔 壁 房 间 关 门 开 门 的 声 音 很 吵。
ゴー ビー ファン ジエン グアン メン カイ メン デェ ション イン ヘン チャオ

チェックアウト

1 チェックアウトをお願いします。

wǒ yào tuì fáng
我 要 退 房。
ウオ ヤオ トォイ ファン

2 カードでお願いします。

nín fáng jiān de kǎ piàn
您 房 间 的 卡 片。
ニン ファン ジエン デェ カー ピエン

3 ホテルの名刺かパンフレットをいただけますか？

nǐ men fàn diàn yǒu míng piàn huò jiǎn jiè mā
你 们 饭 店 有 名 片 或 简 介 吗?
ニー メン ファン ディエン イオウ ミン ピエン フオ ジエン ジエ マー

4 この追加料金の内訳は？

zhè bǐ shì shén me qián
这 笔 是 什 么 钱?
ジョー ビー シー シェン モー チエン

5 領収書をいただけますか？

wǒ yào shōu jù
我 要 收 据。
ウオ ヤオ ショウ ジュ

観光 2

行きたいところは？

1 この辺に観光案内所はありませんか？

zhè fù jìn yǒu guān guāng jiè shào suǒ ma
这 附 近 有 观 光 介 绍 所 吗?
ジョー フー ジン イオウ グアン グアン ジエ シャオ スオ マー

2 この辺のお勧めの観光スポットはどこですか？

zhè fù jìn yǒu shén me yàng de guān guāng míng shèng ne
这 附 近 有 什 么 样 的 观 光 名 胜 呢?
ジョー フー ジン イオウ シェン モー ヤン デェ グアン グアン ミン ション ノー

3 観光パンフレットがあればいただきたいんですが。

nǐ men yǒu guān guāng jiǎn jiè ma
你 们 有 观 光 简 介 吗?
ニー メン イオウ グアン グアン ジエン ジエ マー

4 日本語のパンフレットはありますか？

yǒu Rì wén de guān guāng jiǎn jiè ma
有 日 文 的 观 光 简 介 吗?
イオウ ルィ ウエン デェ グアン グアン ジエン ジエ マー

5 ― どういうところへ行きたいですか？

nín xiǎng qù shén me yàng de dì fāng
您 想 去 什 么 样 的 地 方?
ニン シアン チュイ シェン モー ヤン デェ ディー ファン

6 景勝地に行ってみたいです。

xiǎng qù fēng jǐng shèng dì
想 去 风 景 胜 地。
シアン チュイ フォン ジン ション ディー

7 自然の神秘を感じたいです。

wǒ xiǎng qù kě yǐ gǎn jué dà zì rán shén mì de dì fāng
我 想 去 可 以 感 觉 大 自 然 神 秘 的 地 方。
ウオ シアン チュイ コー イー ガン ジアオ ダー ズー ルァン シェン ミー デェ ディー ファン

8 古いお寺や歴史的な建物に興味があります。

wǒ duì gǔ chà　gǔ jī bǐ jiào yǒu xìng qù
我 对 古 刹，古 迹 比 较 有 兴 趣。
ウオ ドォイ グー チャー　グー ジー ビー ジアオ イオウ シン チュイ

9 美術館とか博物館が好きです。

wǒ xǐ huan qù cān guān měi shù guǎn hé bó wù guǎn
我 喜 欢 去 参 观 美 术 馆 和 博 物 馆。
ウオ シー ホアン チュイ ツァン グアン メイ シュー グアン ホー ボー ウー グアン

10 市場とか庶民の生活が見られるところがいいです。

wǒ xiǎng qù kě yǐ guān chá shì jǐng xiǎo rén shēng huó de dì
我 想 去 可 以 观 察 市 井 小 人 生 活 的 地
ウオ シアン チュイ コー イー グアン チャー シー ジン シアオ ルェン ション フオ デ ディー

fāng
方。
ファン

11 ドラマのロケ地にぜひ行ってみたいです。

wǒ xiǎng qù lián xù jù de pāi shè xiàn chǎng
我 想 去 连 续 剧 的 拍 摄 现 场。
ウオ シアン チュイ リエン シュイ ジュ デァ パイ ショー シエン チャン

12 博物館めぐりがしたいですね。

wǒ xiǎng zhōu yóu bó wù guǎn
我 想 周 游 博 物 馆。
ウオ シアン ジョウ イオウ ボー ウー グアン

13 市内観光をしたいんですが。

wǒ xiǎng qù shì nèi guān guāng
我 想 去 市 内 观 光。
ウオ シアン チュイ シー ネイ グアン グアン

景勝地

1 ここからの眺めは最高ですね。

从这里看过去的风景很漂亮。
cóng zhè lǐ kàn guò qù de fēng jǐng hěn piào liang

2 ここの風景はわざわざ来た甲斐がありました。

来这里看风景很值。
lái zhè li kàn fēng jǐng hěn zhí

3 この山は標高何メートルですか？

这座山海拔多少米?
zhè zuò shān hǎi bá duō shǎo mǐ

4 昔、天女が舞い降りたという渓谷がここですか？

这里就是从前仙女下凡人间的山谷，是吗?
zhè li jiù shì cóng qián xiān nǚ xià fán rén jiān de shān gǔ, shì mā

5 この地名の由来は？

这个地名有什么由来吗?
zhè ge dì míng yǒu shén me yóu lái mā

6 風景が美しいですね！

风景真美啊。
fēng jǐng zhēn měi a

7 雪の景色が本当に一幅の絵のようです。

zhè xuě sè měi de xiàng fú huà
这雪色美得像幅画。
ジョー シュエ ソー メイ デェ シアン フー ホア

旧跡

1 桂林を1日で廻りたいんです。

wǒ xiǎng qù guì lín yí rì yóu
我想去桂林一日游。
ウオ シアン チュイ グォイ リン イー ルィ イオウ

2 兵馬俑はどこで見られますか？

nǎ li cái néng kàn dào bīng mǎ yǒng ne
哪里才能看到兵马俑呢？
ナー リー ツァイ ノン カン ダオ ビン マー ヨン ノー

3 修学旅行の学生たちでどこも混んでいますね。

dào chù dōu shì lái cān guān de xué sheng zhēn jǐ ya
到处都是来参观的学生，真挤呀。
ダオ チュー ドウ シー ライ ツァン グアン デェ シュエ ション ジェン ジー ヤー

4 この玉器はどの王朝のものですか？

zhè jiàn yù qì shì nǎ ge cháo dài de dōng xi ne
这件玉器是哪个朝代的东西呢？
ジョー ジエン ユィ チー シー ナー ゴー チャオ ダイ デェ ドン シー ノー

5 これがかぎタバコの小瓶ですか？

zhè shì bí yān hú mā
这是鼻烟壶吗？
ジョー シー ビー イェン フー マー

6 北京には胡同が段々少なくなっていますね。

＊「胡同」とは、民家が並ぶ横丁のこと。

Běi jīng de hú tóng yuè lái yuè shǎo le
北京的胡同越来越少了。
ベイ ジン デェ フー トン ユエ ライ ユエ シャオ レェ

7 故宮博物館に一度は行きたいと思っています。

我希望有一天能去参观故宫博物院。
wǒ xī wàng yǒu yì tiān néng qù cān guān Gù gōng bó wù yuàn

8 西太后が住んでいたのは頤和園(いわえん)ですか？

慈禧太后住的地方是叫做颐和园吗?
Cí xǐ tài hòu zhù de dì fāng shì jiào zuò Yí hé yuán mā

お寺と廟(びょう)

1 仏教のお寺は大体繁華街から離れた山奥にあります。

佛教的寺庙大都建在远离闹市的山中。
fó jiào de sì miào dà dōu jiàn zài yuǎn lí nào shì de shān zhōng

2 中国の仏教四大名山は五台山、峨眉山、九華山と普陀山です。

四大佛教名山为五台山，峨眉山，九华山，普陀山。
sì dà fó jiào míng shān wéi Wǔ tái shān É méi shān Jiǔ huá shān Pǔ tuó shān

3 中国の歴代の有名な寺院はここに集中する傾向があります。

这里集中了中国历代著名的寺庙建筑。
zhè li jí zhōng le Zhōng guó lì dài zhù míng de sì miào jiàn zhù

4 たとえば、五台山、南禅寺がそうです。

如 五 台 山 的 佛 光 寺, 南 禅 寺。
rú Wǔ tái shān de Fó guāng sì Nán chán sì

5 中国の有名な廟やお寺の情報がほしければインターネットを利用するといいですよ。

想 知 道 有 关 中 国 的 古 刹 名 寺 的 资 料
xiǎng zhī dào yǒu guān Zhōng guó de gǔ chà míng sì de zī liào

的 话 上 网 查 很 方 便。
de huà shàng wǎng chá hěn fāng biàn

6 「中国 仏教 お寺 廟」と入力すれば出てきます。

输 入「中 国 佛 教 寺 庙」查 就 可 以 找 到 了。
shū rù Zhōng guó fó jiào sì miào chá jiù kě yǐ zhǎo dào le

7 台湾でもっとも有名な古廟は澎湖の「后天宮」です。

台 湾 最 著 名 的 古 庙 之 一 是 澎 湖 的
Tái wān zuì zhù míng de gǔ miào zhī yī shì Péng hú de

「后 天 宮」。
Hòu tiān gōng

文化施設

3

CD-1 [track45]

美術館・画廊

1 美術館の開館時間は何時から何時までですか?

美 术 馆 是 几 点 开 到 几 点?
měi shù guǎn shì jǐ diǎn kāi dào jǐ diǎn

2 館内で飲み物を飲むところはありますか？

měi shù guǎn lǐ miàn yǒu hē dōng xi de dì fāng mā
美术馆里面有喝东西的地方吗？
メイ シュー グアン リー ミエン イオウ ホー ドン シー デェ ディー ファン マー

3 特別展を見るには別のチケットが必要ですか？

cān guān tè bié zhǎn xū yào lìng mǎi piào mā
参观特别展需要另买票吗？
ツァン グアン トー ビエ ジャン シュイ ヤオ リン マイ ピアオ マー

4 荷物を預けるところはありますか？

yǒu mei yǒu kě yǐ jì fàng xíng lǐ de dì fāng
有没有可以寄放行李的地方？
イオウ メイ イオウ コー イー ジー ファン シン リー デェ ディー ファン

5 今特別展示されているのは誰の作品ですか？

xiàn zài tè bié zhǎn zhǎn shì de shì shuí de zuò pǐn
现在特别展展示的是谁的作品？
シエン ザイ トー ビエ ジャン ジャン シー デェ シー シェイ デェ ズオ ピン

6 新進作家の絵を見るのが好きなんですよ。

wǒ xǐ huan kàn yǒu qián lì de xīn rén huà jiā de zuò pǐn
我喜欢看有潜力的新人画家的作品。
ウオ シー ホアン カン イオウ チエン リー デェ シン ルェン ホア ジア デェ ズオ ピン

7 この画家の絵は買えるんですか？

zhè wèi huà jiā de huà yǒu mài de mā
这位画家的画有卖的吗？
ジョー ウエイ ホア ジア デェ ホア イオウ マイ デェ マー

8 ギフトショップはどこですか？

mài tè chǎn pǐn de diàn zài nǎ er
卖特产品的店在哪儿？
マイ トー チャン ピン デェ ディエン ザイ ナー アル

9 この画家の絵はがきもありますか？

yǒu zhè ge huà jiā de míng xìn piàn mā
有这个画家的明信片吗？
イオウ ジョー ゴー ホア ジア デェ ミン シン ピエン マー

観光と娯楽

感想を述べる

1 私は**油絵**が特に好きなんです。

wǒ duì yóu huà dú yǒu qíng zhōng
我 对 油画 独 有 情 钟。

水彩画・水墨画・版画

shuǐ cǎi huà shuǐ mò huà bǎn huà
水 彩 画、水 墨 画、版 画

2 とてもきれいな色の使い方ですね。

zhè ge yán sè yòng de zhēn bàng
这 个 颜 色 用 得 真 棒。

3 この画家の絵は線が力強くて迫力がありますね。

zhè ge huà jiā de xiàn tiáo hěn yǒu lì fēi cháng kòu rén xīn xián
这 个 画 家 的 线 条 很 有 力 非 常 扣 人 心 弦。

4 これは**リトグラフ**ですか？

zhè shì shí bǎn huà mā
这 是 石 版 画 吗?

木版画

mù bǎn huà
木 版 画

5 この曲線は濃厚な母性愛が感じられます。

zhè ge qǔ xiàn ràng rén gǎn shòu dào nóng hòu de mǔ ài
这 个 曲 线 让 人 感 受 到 浓 厚 的 母 爱。

6 この作家はいつ頃の人ですか？

这 个 作 家 是 什 么 时 代 的?
zhè ge zuò jiā shì shén me shí dài de

7 芸術にあまり造詣が深いとは言えないので、抽象画はわかりません。

我 对 艺 术 的 造 诣 不 够, 所 以 对 抽 象
wǒ duì yì shù de zào yì bú gòu suǒ yǐ duì chōu xiàng

画 不 太 了 解。
huà bú tài liǎo jiě

8 この通りは画廊が多くて、歩いているだけで楽しいです。

这 附 近 有 很 多 画 廊, 光 是 走 走 看 看
zhè fù jìn yǒu hěn duō huà láng guāng shì zǒu zǒu kàn kàn

也 很 过 瘾。
yě hěn guò yǐn

博物館

1 この博物館は**仏像**が多いですね。

这 间 博 物 馆 收 藏 了 很 多 的 佛 像。
zhè jiān bó wù guǎn shōu cáng le hěn duō de fó xiàng

陶器・装飾品類・掛け軸

陶 器、 装 饰 品 类 的 东 西、 挂 轴
táo qì zhuāng shì pǐn lèi de dōng xi guà zhóu

2 これは何という玉器ですか？

zhè ge yù qì jiào shén me
这 个 玉 器 叫 什 么?
ジェイ ゴー ユィ チー ジアオ シェン モー

3 これはいつ頃作られたものですか？　　　　　　　　　発掘された

zhè shì shén me shí hou zuò de　　　　　　　fā jué chū lái
这 是 什 么 时 候 做 的?　　　　　　　发 掘 出 来
ジェイ シー シェン モー シー ホウ ズオ デ　　　ファー ジュエ チュー ライ

4 ― 西安付近で出土されたものです。

zhè shì zài Xī ān fù jìn chū tǔ de dōng xi
这 是 在 西 安 附 近 出 土 的 东 西。
ジェイ シー ザイ シー アン フー ジン チュー トゥ デ ドン シー

5 ― 日本の影響を色濃く受けています。

zhè ge shòu Rì běn de yǐng xiǎng hěn shēn
这 个 受 日 本 的 影 响 很 深。
ジェイ ゴー ショウ ルィ ベン デ イン シアン ヘン シェン

6 ― 今、中国には約2000軒の博物館があります。

Zhōng guó mù qián yǒu liǎng qiān duō gè bó wù guǎn
中 国 目 前 有 两 千 多 个 博 物 馆。
ジョォン グオ ムー チエン イオウ リアン チエン ドゥオ ゴー ボー ウー グアン

7 ― 中国の博物館を知るには「中国博物館ガイド」を参考にするといいですよ。

yào liáo jiě Zhōng guó de bó wù guǎn cān kǎo Zhōng guó bó
要 了 解 中 国 的 博 物 馆 参 考「中 国 博
ヤオ リアオ ジエ ジョォン グオ デ ボー ウー グアン ツァン カオ ジョォン グオ ボー

wù guǎn zhǐ nán hěn fāng biàn
物 馆 指 南」很 方 便。
ウー グアン ジー ナン ヘン ファン ビエン

8 ― インターネット上で「国内文博サイト」で検索すれば中国の博物館に関する情報がいっぱい出てきますよ。

在 网 上 找 「国 内 文 博 网 站」 就 可 以 找 到 很 多 中 国 博 物 馆 的 相 关 资 料。
zài wǎng shàng zhǎo guó nèi wén bó wǎng zhàn jiù kě yǐ zhǎo dào hěn duō Zhōng guó bó wù guǎn de xiāng guān zī liào
ザイ ワン シャン ジャオ グオ ネイ ウエン ボー ワン ジャン ジゥ コー イー ジャオ ダオ ヘン ドゥオ ジョン グオ ボー ウー グアン デェ シアン グアン ズー リアオ

映画

映画に行こう

1 ― どんな映画が観たいですか？

你 想 看 什 么 样 的 电 影?
nǐ xiǎng kàn shén me yàng de diàn yǐng
ニー シアン カン シェン モー ヤン デェ ティエン イン

2 スリラー映画以外なら何でもいいですよ。

除 了 惊 险 片 以 外 什 么 都 可 以。
chú le jīng xiǎn piān yǐ wài shén me dōu kě yǐ
チュー レェ ジン シエン ピエン イー ワイ シェン モー ドウ コー イー

3 洋画は今どんなのをやっていますか？

最 近 在 演 什 么 外 国 电 影?
zuì jìn zài yǎn shén me wài guó diàn yǐng
ズォイ ジン ザイ イェン シェン モー ワイ グオ ティエン イン

日本映画・中国映画・香港映画

日 本 片、 国 产 片、 香 港 片
Rì běn piān guó chǎn piān Xiāng gǎng piān
ルィ ベン ピエン グオ チャン ピエン シアン ガン ピエン

4 最近は韓国映画も流行ってますね。

最 近 很 流 行 韩 国 片。
zuì jìn hěn liú xíng Hán guó piān
ズォイ ジン ヘン リウ シン ハン グオ ピエン

5 好きな監督はいますか？

nǐ xǐ huan nǎ ge dǎo yǎn
你 喜 欢 哪 个 导 演?
ニー シー ホアン ナー ゴー ダオ イェン

6 今話題の映画は何ですか？

xiàn zài nǎ bù diàn yǐng bǐ jiào rè
现 在 哪 部 电 影 比 较 热?
シエン ザァイ ナー ブー ディエン イン ビー ジアオ ルォ

7 ーネットで調べてみますね。　　　新聞の映画情報

wǒ shàng wǎng chá yí xià　　　　　kàn bào zhǐ
我 上 网 查 一 下。　　　　　看 报 纸
ウオ シャン ワン チャー イー シア　　　カン バオ ジー

8 映画館にはよく来るほうですか？

nǐ cháng chang shàng diàn yǐng yuàn kàn diàn yǐng mā
你 常 常 上 电 影 院 看 电 影 吗?
ニー チャン チャン シャン ディエン イン ユアン カン ディエン イン マー

9 映画館で見ると迫力が違いますからね。

zài diàn yǐng yuàn kàn diàn yǐng de gǎn jué bù yí yàng
在 电 影 院 看 电 影 的 感 觉 不 一 样。
ザイ ディエン イン ユアン カン ディエン イン デェ ガン ジュエ ブー イー ヤン

10 私は映画はもっぱらレンタルビデオで観ます。

wǒ jī běn shang dōu shì zū dài zi lái kàn
我 基 本 上 都 是 租 带 子 来 看。
ウオ ジー ベン シャン ドウ シー ズー ダイ ズー ライ カン

映画を決める

1 これはどういう映画ですか？

zhè shì shén me diàn yǐng
这是什么电影?

2 — 学園コメディー物みたいですよ。

hǎo xiàng shì xiào yuán xǐ jù piān
好像是校园喜剧片。

アクション物・SF物・純愛物

dòng zuò piān　kē huàn piān　ài qíng piān
动作片、科幻片、爱情片

3 なかなか評判のいい映画です。

zhè bù diàn yǐng píng jià hěn hǎo
这部电影评价很好。

4 男2人でラブストーリーはないでしょう。

liǎng ge dà nán rén kàn shén me ài qíng piān ya
两个大男人看什么爱情片呀。

5 この映画は封切り前から話題を集めた映画です。

zhè bù diàn yǐng zài shàng yìng zhī qián jiù yǐn qǐ le hěn duō huà tí
这部电影在上映之前就引起了很多话题。

6 ブラッド・ピットの最新作ですよ。

zhè shì bù lái dé bǐ tè de zuì xīn diàn yǐng
这是布莱德彼特的最新电影。
ジョー シー ブー ライ デェ ビー トー デェ ズォイ シン ディエン イン

7 どんなストーリーですか？

shì shí me qíng jié
是什么情节?
シー シェン モー チン ジエ

8 ― それを先に言うと楽しみが半減しますよ。

wǒ xiān gào sù nǐ nà bú jiù méi yì si le mā
我先告诉你那不就没意思了吗?
ウオ シエン ガオ スー ニー ナー ブー ジィウ メイ イー スー レェ マー

9 それは子供向けですか？　　　　　　　　　　　大人・ファミリー

shì hé xiǎo hái zi kàn mā　　　　dà rén quán jiā yì qǐ
适合小孩子看吗?　　　　大人、全家一起
シー ホー シアオ ハイ ズー カン マー　　ダー ルェン チュアン ジア イー チー

10 18才未満は観覧不可とありますね。

wèi mǎn shí bā suì bù néng rù chǎng
未满十八岁不能入场。
ウエイ マン シー バー スォイ ブー ノン ルー チャン

11 (映画の)最終回が終わるのは何時ですか？

zuì hòu yì chǎng shì jǐ diǎn
最后一场是几点?
ズォイ ホウ イー チャン シー ジー ディエン

12 上映は何時からですか？

jǐ diǎn kāi shǐ yǎn
几点开始演?
ジー ディエン カイ シー イェン

13 上映時間は何時間ぐらいでしょうか？

zhè bù diàn yǐng yǎn duō jiǔ
这部电影演多久?
ジョー ブー ディエン イン イェン ドゥオ ジィウ

14 ― 2時間ぐらいです。

liǎng ge xiǎo shí zuǒ yòu
两 个 小 时 左 右。
リァン ゴー シァオ シー ズオ イオウ

映画の感想

1 話題になった割にはあまり面白くありませんでしたね。

zhè bù diàn yǐng suī rán hěn shòu zhǔ mù dàn nèi róng hěn
这 部 电 影 虽 然 很 受 瞩 目, 但 内 容 很
ジョー ブー ディエン イン スオイ ルァン ヘン ショウ ジュー ムー ダン ネイ ルゥオン ヘン

píng dàn
平 淡。
ピン ダン

2 映画音楽がとてもよかったです。

diàn yǐng pèi yuè yě hěn bàng
电 影 配 乐 也 很 棒。
ディエン イン ペイ ユエ イエ ヘン バン

3 ラストがちょっと物足りませんでしたね。

jié jú yǒu diǎn měi zhōng bù zú
结 局 有 点 美 中 不 足。
ジエ ジュ イオウ ディエン メイ ジョン ブー ズー

4 最近のCGはすごいですね。

zuì jìn de diàn nǎo huì tú jì shù zhēn xiān jìn
最 近 的 电 脑 绘 图 技 术 真 先 进。
ズオイ ジン デェ ディエン ナオ ホイ トゥー ジー シュー ジェン シエン ジン

5 本当に涙なくしては観られない映画ですね。

zhè bù diàn yǐng zhēn shì cuī rén lèi xià ya
这 部 电 影 真 是 催 人 泪 下 呀。
ジョー ブー ディエン イン ジェン シー ツオイ ルェン レイ シア ヤー

観光と娯楽

6 主人公たちの切ない恋に、胸が痛かったです。

男女主角难分难解的恋情令人心痛。
nán nǚ zhǔ jué nán fēn nán jiě de liàn qíng lìng rén xīn tòng

7 久々に痛快に笑えました。

我好久没有笑得这么痛快了。
wǒ hǎo jiǔ méi yǒu xiào de zhè me tòng kuài le

8 フランス映画は難しいです。

法国电影很难理解。
Fǎ guó diàn yǐng hěn nán lǐ jiě

9 とても考えさせられる映画でしたね。

这部电影发人深省。
zhè bù diàn yǐng fā rén shēn xǐng

俳優についての感想

1 脇役で出ていた男の子がかわいかったですね。

我觉得演小配角的那个男孩很可爱耶。
wǒ jué dé yǎn xiǎo pèi jué de nà ge nán hái hěn kě ài ye

主演・助演 主角、配角
zhǔ jué pèi jué

2 この女優、顔はいいけど演技は下手ですね。

这个女主角长得很可爱，可演技很差劲。
zhè ge nǚ zhǔ jué zhǎng de hěn kě ài, kě yǎn jì hěn chà jìn

3 ひょうきんな役があんなにうまいとは思いませんでした。

我没想到他把那个诙谐的脚色演得那么出色。
wǒ méi xiǎng dào tā bǎ nà ge huī xié de jiǎo sè yǎn de nà me chū sè

4 あの歳で高校生はちょっと無理がありましたね。

他的年纪演高中生好像有点牵强。
tā de nián jì yǎn gāo zhōng shēng hǎo xiàng yǒu diǎn qiān qiáng

5 キャスティングがイマイチですね。

演员阵容好像一般。
yǎn yuán zhèn róng hǎo xiàng yì bān

芝居・京劇など

5

CD-2
[track2]

芝居（演劇）

1 私は映画より芝居の方が好きですね。

比起电影我还是比较喜欢看舞台剧。
bǐ qǐ diàn yǐng wǒ hái shì bǐ jiào xǐ huan kàn wǔ tái jù

2 観客も一緒に芝居に参加できるんです。

观众甚至可以加入戏中的演出。
guān zhòng shèn zhì kě yǐ jiā rù xì zhōng de yǎn chū

3 今話題の劇団の最新作を上演中ですよ。

这个最近很受瞩目的戏团正在演
zhè ge zuì jìn hěn shòu zhǔ mù de xì tuán zhèng zài yǎn

他们最新的戏哦。
tā men zuì xīn de xì o

4 芝居のチケットがあるんですが、一緒に行きませんか？

我有两张舞台剧的票，要不要一起
wǒ yǒu liǎng zhāng wǔ tái jù de piào yào bú yào yì qǐ

去看？
qù kàn

5 予約なしでも観られますか？

没有预约也可以入场吗？
méi yǒu yù yuē yě kě yǐ rù chǎng mā

京劇

1 京劇は中国の伝統芸能ですか？

京剧是中国的国粹吗？
Jīng jù shì zhōng guó de guó cuì mā

2 京劇の基本を説明していただけますか？

可以请你给我讲解一下京剧的常识吗？
kě yǐ qǐng nǐ gěi wǒ jiǎng jiě yí xià Jīng jù de cháng shí mā

3 京劇のセリフはうまく聞き取れません。

Jīng jù de tái cí hěn bù róng yì tīng dǒng
京剧的台词很不容易听懂。
ジン ジュ デェ タイ ツー ヘン ブー ルゥオン イー ティン ドン

4 この役者のしぐさはすばらしいですね。

zhè ge yǎn yuán de shēn duàn zhēn měi
这个演员的身段真美。
ジョー ゴー イェン ユアン デェ シェン ドアン ジェン メイ

ミュージカル

1 ミュージカルはうちの子供が大好きです。

wǒ jiā de hái zi fēi cháng xǐ huan kàn gē jù
我家的孩子非常喜欢看歌剧。
ウオ ジャ デェ ハイ ズー フェイ チャン シー ホアン カン ゴー ジュ

2 このミュージカル、ぜひ観たかったんですよ。

wǒ lǎo zǎo jiù xiǎng kàn zhè chū gē jù le
我老早就想看这出歌剧了。
ウオ ラオ ザァオ ジィウ シアン カン ジョー チュー ゴー ジュ リアオ

コンサート

1 コンサートの前売り券はどこで買えるんですか?

nǎ li kě yǐ mǎi dé dào yǎn chàng huì de yù shòu piào
哪里可以买得到演唱会的预售票?
ナー リー コー イー マイ デェ ダオ イェン チャン ホイ デェ ユィ ショウ ピアオ

2 コンサートのチケットが景品で当たったんです。

zhè zhāng yǎn chàng huì de piào shì chōu zhòng de
这张演唱会的票是抽中的。
ジョー ジャン イェン チャン ホイ デェ ピアオ シー チョウ ジョォン ディー

観光と娯楽

3 クラシックコンサートなんて何年ぶりかな。

wǒ hǎo jiǔ méi qù tīng gǔ diǎn yīn yuè de yǎn chàng huì le
我 好 久 没 去 听 古 典 音 乐 的 演 唱 会 了。

4 ジェイ（Jay）のコンサートのチケット、手に入りませんか？

néng bu néng nòng dào Zhōu jié lún yǎn chàng huì de piào a
能 不 能 弄 到 周 杰 伦 演 唱 会 的 票 啊?

5 ジェイは歌がうまいだけじゃなく、コンサートでのパフォーマンスもすばらしいですよ。

Zhōu jié lún bù jǐn gē hǎo tīng, yǎn chàng huì de biǎo yǎn
周 杰 伦 不 仅 歌 好 听, 演 唱 会 的 表 演

yě fēi cháng jīng cǎi
也 非 常 精 彩。

6 生のコンサートはやっぱり臨場感が違いますね。

xiàn chǎng yǎn chàng huì de lín cháng gǎn jiù shì bù yí yàng
现 场 演 唱 会 的 临 场 感 就 是 不 一 样。

7 わざわざ日本から飛んできた甲斐がありましたよ。

wǒ dà lǎo yuǎn cóng Rì běn zuò fēi jī lái zhēn shì zhí
我 大 老 远 从 日 本 坐 飞 机 来 真 是 值!

8 チケットは全部売り切れだそうですよ。

piào hǎo xiàng quán bù mài guāng le
票 好 像 全 部 卖 光 了。

9 最前列の席はありますか？

yǒu zuì qián pái de wèi zi mā
有 最 前 排 的 位 子 吗?

10 一番安い席はいくらですか？

zuì pián yi de wèi zi yào duō shǎo qián
最 便 宜 的 位 子 要 多 少 钱?
ズォイ ビエン イー デェ ウエイ ズー ヤオ ドゥオ シャオ チエン

11 高い席でもいいです。

guì yì diǎn de wèi zi yě wú suǒ wèi
贵 一 点 的 位 子 也 无 所 谓。
グォイ イー ティエン デェ ウエイ ズー イエ ウー スオ ウエイ

リゾート地・ロケ地
6

CD-2 [track3]

観光と娯楽

スキー場

1 中国にもスキーできるところがありますか？

Zhōng guó yě yǒu kě yǐ huá xuě de dì fāng mā
中 国 也 有 可 以 滑 雪 的 地 方 吗?
ジョォン グオ イエ イオウ コー イー ホア シュエ デェ ディー ファン マー

2 一番有名なスキー場はどこですか？

nǎ li de huá xuě chǎng zuì yǒu míng ne
哪 里 的 滑 雪 场 最 有 名 呢?
ナー リー デェ ホア シュエ チャン ツイ イオウ ミン ノー

3 スキー板のレンタルができますか？

chū zū huá xuě bǎn mā
出 租 滑 雪 板 吗?
チュー ズー ホア シュエ バン マー

4 スキーウェアもレンタルできます。

huá xuě fú yě chū zū
滑 雪 服 也 出 租。
ホア シュエ フー イエ チュー ズー

5 リフト券はどこで買えばいいですか？

zài nǎ er mǎi huá chē quàn
在 哪 儿 买 滑 车 券?
ザイ ナー アル マイ ホア チョー チュアン

| 6 | 子供たちはそり滑りが気に入ったみたいですね。

<ruby>小<rt>xiǎo</rt></ruby> <ruby>孩<rt>hái</rt></ruby> <ruby>子<rt>zi</rt></ruby> <ruby>好<rt>hǎo</rt></ruby> <ruby>像<rt>xiàng</rt></ruby> <ruby>喜<rt>xǐ</rt></ruby> <ruby>欢<rt>huan</rt></ruby> <ruby>玩<rt>wán</rt></ruby> <ruby>雪<rt>xuě</rt></ruby> <ruby>橇<rt>qiāo</rt></ruby>。
シアオ ハイ ズー ハオ シアン シー ホアン ワン シュエ チアオ

| 7 | そこは上級者用のコースですよ。

那(nà) 边(biān) 是(shì) 上(shàng) 一(yì) 级(jí) 的(de) 滑(huá) 雪(xuě) 道(dào)。
ナー ビエン シー シャン イー ジー デェ ホア シュエ ダオ

| 8 | スキーのレッスンを受けたいんですが。

我(wǒ) 想(xiǎng) 上(shàng) 滑(huá) 雪(xuě) 课(kè)。
ウオ シアン シャン ホア シュエ コー

| 9 | もっと滑りたいです。

我(wǒ) 想(xiǎng) 再(zài) 多(duō) 滑(huá) 一(yì) 会(huǐ) 儿(er)。
ウオ シアン ザイ ドゥオ ホア イー ホイ アル

| 10 | 今年は雪が多いですね。

今(jīn) 年(nián) 雪(xuě) 真(zhēn) 多(duō)。
ジン ニエン シュエ ジェン ドゥオ

温泉

| 1 | 中国人も温泉が好きですか？

中(Zhōng) 国(guó) 人(rén) 也(yě) 喜(xǐ) 欢(huan) 泡(pào) 温(wēn) 泉(quán) 吗(ma)？
ジョォン グオ ルェン イエ シー ホアン パオ ウエン チュアン マー

| 2 | みんなで一緒に温泉に入りますか？

大(dà) 家(jiā) 一(yì) 起(qǐ) 进(jìn) 去(qù) 泡(pào) 吗(ma)？
ダー ジャ イー チー ジン チュイ パオ マー

3 台湾の温泉は大浴場はなくて個室で温泉を楽しむタイプが多いです。

台湾的温泉没有大澡堂都是小房间个人洗个人的。
Tái wān de wēn quán méi yǒu dà zǎo táng dōu shì xiǎo fáng jiān gè rén xǐ gè rén de

4 この間、行ってきた温泉はとてもよかったですよ。

我前阵子去了一个很棒的温泉。
wǒ qián zhèn zi qù le yí ge hěn bàng de wēn quán

5 台湾の露天風呂は水着で入るのでびっくりしました。

台湾的露天温泉大家都穿着泳衣下去泡，吓我一跳。
Tái wān de lù tiān wēn quán dà jiā dōu chuān zhe yǒng yī xià qù pào xià wǒ yí tiào

6 中国には2700箇所の温泉地があります。なかでも陝西省の華清池の歴史がもっとも古いです。

中国现有温泉两千七百多处，而陕西省的华清池温泉历史最为久远。
Zhōng guó xiàn yǒu wēn quán liǎng qiān qī bǎi duō chù ér Shǎn xī shěng de Huá qīng chí wēn quán lì shǐ zuì wéi jiǔ yuǎn

観光と娯楽

7 吉林省長白山温泉は「神水」と言われています。血行を増進し、冷え性、リューマチ、皮膚病を直す効果があるようです。

吉林省长白山温泉有"神水"之称,可舒筋活血,驱寒除病,对关节炎、皮肤病疗效显著。

8 ここの温泉は硫黄成分が豊富ですね。

这里温泉的主要成分是硫黄。

9 ここの泉質は？

这个温泉的成分是什么?

10 単純ナトリウム泉って書いてありましたよ。

说是单纯的氯化物泉。

11 日本の温泉とずいぶんイメージが違いますね。

感觉和日本的温泉很不一样。

12 宿泊施設もありますか？

可以住宿吗?

13 家族風呂もありますか？

yǒu quán jiā rén yì qǐ pào de wēn quán mā
有 全 家 人 一 起 泡 的 温 泉 吗?

ロケ地

1 映画「悲情城市」の舞台になったところに行ってみたいです。

wǒ xiǎng qù cān guān diàn yǐng Bēi qíng chéng shì de pāi shè dì
我 想 去 参 观 电 影「悲 情 城 市」的 拍 摄 地。

ドラマ「流星花園」

lián xù jù Liú xīng huā yuán
连 续 剧「流 星 花 园」

2 最近ドラマのロケ地ツアーが流行ってますね。

zuì jìn hěn liú xíng wǔ tái xiàn chǎng
最 近 很 流 行 舞 台 现 场。

3 「悲情城市」のロケ地が観光地になったそうですね。

tīng shuō Bēi qíng chéng shì de pāi shè xiàn chǎng biàn chéng yǒu
听 说「悲 情 城 市」的 拍 摄 现 场 变 成 有

míng de guān guāng dì le
名 的 观 光 地 了。

4 町並みがそのままで面白いそうですよ。

jiē jǐng jiù gēn diàn yǐng lǐ miàn yì mó yí yàng hěn yǒu qù
街 景 就 跟 电 影 里 面 一 模 一 样 很 有 趣。

観光と娯楽

5 ロケ地は景観のすばらしい所が多いです。

拍摄现场有很多景色优美的地方。
pāi shè xiàn chǎng yǒu hěn duō jǐng sè yōu měi de dì fāng
パイ ショー シエン チャン イオウ ヘン ドゥオ ジン ソー イオウ メイ デェ ディ ファン

6 このドラマはどこで撮られたものですか？

这出戏是在哪里拍摄的?
zhè chū xì shì zài nǎ li pāi shè de
ジョー チュー シー シー ザイ ナー リー パイ ショー デェ

7 映像を通して観るのと実際行ってみるのとは違いますね。

看影像跟实际上去现场看的感觉不一样。
kàn yǐng xiàng gēn shí jì shang qù xiàn chǎng kàn de gǎn jué bù yí yàng
カン イン シアン ゲン シー ジー シャン チュイ シエン チャン カン デェ ガン ジュエ ブー イー ヤン

テーマパーク・遊園地
7

CD-2 [track4]

1 行き方を教えてください。

怎么去比较好?
zěn me qù bǐ jiào hǎo
ゼン モー チュイ ビー ジアオ ハオ

2 **子供連れ**なので車で行きます。

我带着小孩所以开车去。
wǒ dài zhe xiǎo hái suǒ yǐ kāi chē qù
ウオ ダイ ジュオ シアオ ハイ スオ イー カイ チョー チュイ

人数が多い

我们人多
wǒ men rén duō
ウオ メン ルェン ドゥオ

3 フリーパスはいくらですか？

zhōu yóu quàn yì zhāng duō shao qián
周游券一张多少钱?

4 乗り物はあまり好きじゃないので、入場券だけでいいです。

wǒ bú tài xǐ huan zuò, zhǐ yào rù chǎng quàn jiù hǎo le
我不太喜欢坐,只要入场券就好了。

5 夜間は何時からの入場ですか？

wǎn chǎng shì jǐ diǎn rù chǎng
晚场是几点入场?

6 団体割引は何名以上ですか？

jǐ ge rén yǐ shàng cái kě yǐ dǎ tuán tǐ zhé kòu
几个人以上才可以打团体折扣?

7 中国にはどんな有名テーマパークがありますか？

Zhōng guó yǒu shén me yǒu míng de zhǔ tí gōng yuán mā
中国有什么有名的主题公园吗?

8 兵馬俑ってテーマパークと言えるでしょうか。

Bīng mǎ yǒng suàn shì zhǔ tí gōng yuán mā
兵马俑算是主题公园吗?

⑦ どこかへ行く

待ち合わせをする 1

位置の説明

1 今、どこにいますか？

你 现 在 在 哪 里?
nǐ xiàn zài zài nǎ li

2 今飛行機から降りたばかりで、まだ空港です。

我 刚 下 飞 机，现 在 人 还 在 机 场。
wǒ gāng xià fēi jī xiàn zài rén hái zài jī chǎng

3 上海の錦江飯店にいます。

我 现 在 在 锦 江 饭 店。
wǒ xiàn zài zài Jǐn Jiāng fàn diàn

4 知人の家ですが、淮海路です。

我 在 淮 海 路 朋 友 家。
wǒ zài Huái hǎi lù péng yǒu jiā

5 日本大使館の近くにいます。

在 日 本 大 使 馆 附 近。
zài Rì běn dà shǐ guǎn fù jìn

6 ちょっと位置を説明しづらいんですが…。

这 个 地 方 有 点 不 好 说 明...
zhè ge dì fāng yǒu diǎn bù hǎo shuō míng

本章ではどこかに出かけるときの行き方や、方向、利用する乗り物にまつわる表現を紹介します。不慣れな土地に行けば道に迷うこともかいでしょう。その時こそ、本章で紹介しているフレーズの出番です。「这里是哪里?」（ここはどこですか?）、「我想去～」（私は～に行きたいのですが）などのフレーズを勇気を出して一度使ってみてはいかがでしょうか。

待ち合わせの約束

1 今日午後7時に会えますか？

我们今天晚上七点可以见面吗?
wǒ men jīn tiān wǎn shang qī diǎn kě yǐ jiàn miàn mā
ウオ メン ジン ティエン ワン シャン チー ディエン コー イー ジエン ミエン マー

2 水曜日の昼頃はいかがですか？

星期三中午怎么样?
xīng qī sān zhōng wǔ zěn me yàng
シン チー サン ジョゥン ウー ゼン マー ヤン

3 どこで会いましょうか？

在哪儿见?
zài nǎ er jiàn
ザァイ ナー アル ジエン

4 福州路にある「上海書店」でどうですか？

在福州路「上海书城」附近怎么样?
zài Fú zhōu lù Shàng hǎi shū chéng fù jìn zěn me yàng
ザァイ フー ジョウ ルー シャン ハイ シュー チョン フー ジン ゼン モー ヤン

5 復旦大学は知ってますか？

你知道复旦大学吗?
nǐ zhī dào Fù dàn dà xué mā
ニー ジー ダオ フー ダン ダー シュエ マー

行き方を聞く

1 ここからだと、どう行けばいいですか？

你知道从这里怎么去吗?
nǐ zhī dào cóng zhè li zěn me qù mā
ニー ジー ダオ ツォン ジョー リー ゼン マー チュイ マー

どこかへ行く

2 電車だと何駅ですか？

<small>zuò diàn chē yào jǐ zhàn ne</small>
坐 电 车 要 几 站 呢?
<small>ズオ ティエン ツェ ヤオ ジー ザン ノー</small>

3 何号線に乗ればいいですか？

<small>yào dā jǐ hào xiàn</small>
要 搭 几 号 线?
<small>ヤオ ダー ジー ハオ シエン</small>

4 明日の朝、そちらに迎えに行きます。

<small>míng tiān zǎo shang wǒ qù jiē nǐ</small>
明 天 早 上 我 去 接 你。
<small>ミン ティエン ザァオ シャン ウオ チュイ ジエ ニー</small>

5 駅まで迎えに行きます。

<small>wǒ qù chē zhàn jiē nǐ</small>
我 去 车 站 接 你。
<small>ウオ チュイ ツェ ザン ジエ ニー</small>

6 タクシーの運転手に言えばわかりますよ。

<small>nǐ gēn chū zū chē de sī jī yì shuō tā jiù huì zhī dào</small>
你 跟 出 租 车 的 司 机 一 说 他 就 会 知 道。
<small>ニー ゲン チュー ズー チョー デェ スー ジー イー ショイ ター ジィウ ホイ ジー ダオ</small>

道を聞く 2

[CD-2 track6]

1 すみません、ちょっとおうかがいしますが…。

<small>duì bu qǐ qǐng wèn</small>
对 不 起, 请 问...
<small>ドォイ ブー チー チン ウエン</small>

2 道に迷ってしまいました。

<small>wǒ mí lù le</small>
我 迷 路 了。
<small>ウオ ミー ルー レェ</small>

3 道を間違えたようなんですが。

wǒ bǎ lù gǎo cuò le
我把路搞错了。
ウオ バー ルー ガオ ツオ レェ

4 ここはどこですか？

zhè li shì nǎ li
这里是哪里?
ジョー リー シー ナー リー

5 この地図だと今どの辺りですか？

wǒ men xiàn zài zài dì tú shàng de nǎ li
我们现在在地图上的哪里?
ウオ メン シエン ザァイ ザァイ デェ トゥー シャン デェ ナー リー

6 ここをまっすぐ行くと、どこに出ますか？

cóng zhè li yì zhí zǒu de huà huì zǒu dào nǎ li
从这里一直走的话会走到哪里?
ツォン ジョー リー イー ジー ズォウ デェ ホア ホイ ズォウ ダオ ナー リー

7 タクシー乗り場はどこですか？

qǐng wèn chū zū chē chē zhàn zài nǎ li
请问出租车车站在哪里?
チン ウエン チュー ズー ツェ ツェ ザン ザァイ ナー リー

バス停・(地下鉄の)駅

gōng gòng qì chē zhàn dì xià tiě chē zhàn
公共汽车站、地下铁车站
ゴン ゴン チー ツェ ザン デェ シァ ティエ ツェ ザン

8 駅はどちらに行けばいいですか？

qǐng wèn qù chē zhàn zěn me zǒu
请问去车站怎么走?
チン ウエン チュイ ツェ ザン ゼン マー ズォウ

9 最寄りの駅は何駅ですか？

lí zhè li zuì jìn de chē zhàn shì shén me zhàn
离这里最近的车站是什么站?
リー ジョー リー ズォイ ジン デェ ツェ ザン シー シェン マー ザン

どこかへ行く

10 新天地に行くには、何で行くのが一番早いですか？

qù xīn tiān dì zuò shén me chē zuì kuài
去新天地坐什么车最快？
チュイ シン ティエン デェ ズウ シェン マー ツェ ズォイ クアイ

11 ヒルトンホテルに行くにはどうやって行けばいいですか？

Xī ěr dùn fàn diàn zěn me zǒu
希尔顿饭店怎么走？
シー アル ドゥー ファン ディエン ゼン マー ズォウ

12 日本大使館はどこかご存じですか？

qǐng wèn nǐ zhī dào Rì běn dà shǐ guǎn zài nǎ er mā
请问你知道日本大使馆在哪儿吗？
チン ウエン ニー ジー ダオ ルィ ベン ダー シー グァン ザァイ ナー アル マー

13 地図を描いていただけますか？

kě bu kě yǐ qǐng nǐ bāng wǒ huà yí xià dì tú
可不可以请你帮我画一下地图？
コー ブー コー イー チン ニー バン ウオ ホア イー シァ デェ トゥー

14 新世界はこの方向でいいですか？

Xīn shì jiè shì cháo zhè ge fāng xiàng zǒu méi cuò ba
新世界是朝这个方向走没错吧？
シン シー ジエ シー チャオ ジョー ゴー ファン シアン ズォウ メイ ツオ バー

15 歩いて行ける距離ですか？

zǒu zhe qù yuǎn mā
走着去远吗？
ズォウ ジャオ チュイ ユアン マー

16 ―ちょっと遠いかもしれません。

kě néng yǒu diǎn yuǎn
可能有点远。
コー ノン イオウ ティエン ユアン

17 ―歩いて5分ぐらいです。

dà gài zǒu wǔ fēn zhōng jiù huì dào
大概走五分种就会到。
ダー ガイ ズォウ ウー フェン チョン ジィウ ホイ ダオ

18 ここから**遠い**ですか？　　　　　　　　**近い**

lí zhè li yuǎn mā　　　　　　jìn
离 这 里 远 吗?　　　　　　**近**
リー ジョー リー ユアン マー　　　　　ジン

19 タクシーに乗った方がいいですか？

dá dī qù bǐ jiào hǎo mā
打 的 去 比 较 好 吗?
ダー ディー チュイ ビー ジアオ ハオ マー

20 ここから**歩いて**どれくらいですか？

cóng zhè li zǒu qù dà gài yào duō jiǔ
从 这 里 走 去 大 概 要 多 久?
ツォン ジョー リー ゾウ チュイ ダー ガイ ヤオ ドゥオ ジィウ

車で・バスで・タクシーで・電車で
kāi chē　zuò gōng chē　dá dī　dā diàn chē
开 车、坐 公 车、打 的、搭 电 车
カイ チョー　ズオ ゴン チョー　ダー ディー　ダー ディエン チョー

21 近くで何か目印になるものはありますか？

nà fù jìn yǒu shén me biāo zhì mā
那 附 近 有 什 么 标 志 吗?
ナー フー ジン イオウ シェン モー ビアオ ジー マー

22 すみません、もう一度言っていただけますか？

duì bù qǐ nǐ kě yǐ zài shuō yí cì mā
对 不 起, 你 可 以 再 说 一 次 吗?
ドォイ ブー チー ニー コー イー ザイ シュオ イー ツー マー

道を教える

3

CD-2 [track7]

1 すみません、私もよくわからないんですよ。

duì bù qǐ wǒ yě bú tài qīng chu
对 不 起, 我 也 不 太 清 楚。
ドォイ ブー チー ウオ イエ ブー タイ チン チュー

2 あそこに交番があるので、そこで聞いてみてください。

nà li yǒu pài chū suǒ, nǐ qù nà li wèn hǎo le
那里有派出所，你去那里问好了。
ナー リー イオウ パイ チュー スオ ニー チュイ ナー リー ウエン ハオ レェ

3 あ、あそこですよ。

jiù zài nà er
就在那儿。
ジィウ ザイ ナー アル

4 そこなら逆方向ですよ。

nǐ xiàn zài zài xiāng fǎn fāng xiàng
你现在在相反方向。
ニー シエン ザイ ザイ シアン ファン ファン シアン

5 ここをまっすぐ行くと、大通りに出ます。

nǐ cóng zhè li zhí zǒu huì dào yì tiáo dà lù
你从这里直走会到一条大路。
ニー ツォン ジョー リー ジー ズォウ ホイ ダオ イー ティアオ ダー ルー

6 ここからならバスに乗った方が早いですよ。

dā gōng chē qù huì bǐ jiào kuài
搭公车去会比较快。
ダー ゴン チョー チュイ ホイ ビー ジアオ クアイ

電車・タクシー

diàn chē　chū zū chē
电车、出租车
ディエン チョー チュー ズー チョー

7 歩いても5分くらいで行けますよ。

zǒu de huà wǔ fēn zhōng zuǒ yòu jiù néng dào
走的话，五分钟左右就能到。
ズォウ デェ ホア ウー フェン ジョン ズオ イオウ ジィウ ノン ダオ

8 路地を間違えて入りましたよ。

nǐ zǒu cuò le zǒu dào hú tòng lǐ lái le
你走错了，走到胡同里来了。
ニー ズォウ ツオ レェ ズォウ ダオ フー トン リー ライ レェ

9 一旦、大通りに出てください。

先从这条大道出去。
xiān cóng zhè tiáo dà dào chū qù

10 すぐそこの角を曲がったところです。

就在前面转弯的地方。
jiù zài qián miàn zhuǎn wān de dì fang

11 私も同じ方向なので、一緒に行きましょう。

我正好也是同一方向，一起去吧。
wǒ zhēng hǎo yě shì tóng yì fāng xiàng yì qǐ qù ba

12 あそこに青い看板が見えるでしょ？ その隣です。

你看到那边的那个蓝色招牌了吗?
nǐ kàn dào nà biān de nà ge lán sè zhāo pái le mā

就在那个招牌旁边。
jiù zài nà ge zhāo pái páng biān

大きな建物・銀行

高大的建筑物、银行
gāo dà de jiàn zhù wù yín háng

13 あの銀行の向かい側です。

那个银行的对面。
nà ge yín háng de duì miàn

郵便局・古いビル

邮局、旧的大楼
yóu jú jiù de dà lóu

どこかへ行く

14 消防署の前です。

在 消 防 局 的 前 面。
zài xiāo fáng jú de qián miàn
ザイ シアオ ファン ジュ デェ チエン ミエン

警察署・本屋

警 察 局、书 店
jǐng chá jú shū diàn
ジン チャー ジュ シュー ディエン

15 薬局の裏手にあります。

在 药 局 的 后 面。
zài yào jú de hòu mian
ザイ ヤオ ジュ デェ ホウ ミエン

スーパー・ホテル

超 市、酒 店
chāo shì jiǔ diàn
チャオ シー ジィウ ディエン

16 この道をまっすぐ行けばいいですよ。

顺 着 这 条 路 直 走 就 到 了。
shùn zhe zhè tiáo lù zhí zǒu jiù dào le
シュン ジョー ジョー ティアオ ルー ジー ズォウ ジィウ ダオ レェ

17 次の信号で左に曲がって、道なりに進んでください。

下 个 红 绿 灯 左 转 然 后 顺 着 路 一 直 走
xià ge hóng lǜ dēng zuǒ zhuǎn rán hòu shùn zhe lù yì zhí zǒu
シア ゴー ホン ルー ドン ズオ ジョアン ルァン ホウ シュン ジョー ルー イー ジー ズォウ

就 到 了。
jiù dào le
ジィウ ダオ レェ

右
右
yòu
イオウ

18 この塀に沿って5分ほど歩くと左手に見えます。

顺 着 这 座 墙 走 五 分 钟 左 右, 左 手 边
shùn zhe zhè zuò qiáng zǒu wǔ fēn zhōng zuǒ yòu zuǒ shǒu biān
シュン ジョー ジョー ズオ チアン ズォウ ウー フェン ジョォン ズオ イオウ ズオ ショウ ビエン

就 是 了。
jiù shì le
ジィウ シー レェ

右手
右 手
yòu shǒu
イオウ ショウ

19 あそこに見える映画館を左に曲がったところです。

那边那间电影院的地方左转就到了。
nà biān nà jiān diàn yǐng yuàn de dì fāng zuǒ zhuǎn jiù dào le
ナー ビエン ナー ジエン ティエン イン ユアン デェ ディー ファン ズオ ジョアン ジィウ ダオ レェ

20 銀行と本屋の間の路地を入ったところです。

银行和书店间的胡同入口处。
yín háng hé shū diàn jiān de hú tòng rù kǒu chù
イン ハン ホー シュー ティエン ジエン デェ フー トン ルー コウ チュー

21 そこの突き当たりです。

那边走到头就是了。
nà biān zǒu dào tóu jiù shì le
ナー ビエン ズォウ ダオ トウ ジィウ シー レェ

22 あそこの**信号**を渡って右に行けばいいですよ。

过了那个红绿灯往右走。
guò le nà ge hóng lǜ dēng wǎng yòu zǒu
グオ レェ ナー ゴー ホン リュイ ドン ワン イオウ ズォウ

横断歩道・歩道橋・踏切

斑马线、天桥、铁道
bān mǎ xiàn tiān qiáo tiě dào
バン マー シエン ティエン チアオ ティエ ダオ

どこかへ行く

タクシー

4

CD-2 [track8]

1 タクシーを呼んでいただけますか？

可以帮我叫台出租车吗?
kě yǐ bāng wǒ jiào tái chū zū chē ma
コー イー バン ウオ ジアオ タイ チュー ズー チョー マー

2 浦東空港**到着**ロビーまでお願いします。

到浦东机场抵达大厅。
dào pǔ dōng jī chǎng dǐ dá dà tīng
ダオ ブー ドン ジー チャン ティー ダー ダー ティン

出発

出发
chū fā
チュー ファー

3 荷物があるのでトランクを開けてもらえますか？

可以打开后车厢吗? 我要放行李。
kě yǐ dǎ kāi hòu chē xiāng mā wǒ yào fàng xíng li

4 ちょっと重いんですが、手伝ってもらえますか？

行李有点重，能帮我提一下吗?
xíng li yǒu diǎn zhòng néng bāng wǒ tí yí xià mā

5 料金はいくらくらいかかりますか？

要多少钱?
yào duō shao qián

6 時間はどれくらいかかりそうですか？

大概要多久?
dà gài yào duō jiǔ

7 この住所に行きたいんですが。

我想去这个住址。
wǒ xiǎng qù zhè ge zhù zhǐ

8 ちょっと急いでるんですが。

我赶时间。
wǒ gǎn shí jiān

9 通勤時間帯だから渋滞しますよ。

现在是上班时间会塞车哦。
xiàn zài shì shàng bān shí jiān huì sāi chē o

10 近道とかありませんか？

没有近路吗?
méi yǒu jìn lù mā

11 7時までに間に合うでしょうか？

qī diǎn néng gǎn dào mā
七点能赶到吗?
チー ディエン ノン ガン ダオ マー

12 高速に乗ってください。

zǒu gāo sù gōng lù
走高速公路。
ズォウ ガオ スー ゴン ルー

13 そこをまっすぐ行ってください。

nà biān zhí zǒu
那边直走。
ナー ビエン ジー ズォウ

14 次の信号を**右**に曲がってください。　　　　**左に**

xià ge hóng lǜ dēng yòu zhuǎn　　　zuǒ
下个红绿灯右转。　　　左
シア ゴー ホン リュイ ドン イオウ ジョアン　　ズオ

15 そこの郵便ポストのところで止めてください。

nà ge yóu tǒng qián miàn tíng
那个邮筒前面停。
ナー ゴー イオウ トン チエン ミエン ティン

16 あの入り口で降ろしてください。

zài nà ge dà mén kǒu tíng
在那个大门口停。
ザイ ナー ゴー ダー メン コウ ティン

17 おつりは要りません。

líng qián bú yòng zhǎo le
零钱不用找了。
リン チエン ブー ヨン ジャオ レェ

どこかへ行く

201

バス・高速バス

市内バス

1 この辺にバス停はありますか？

<small>zhè fù jìn yǒu qì chē zhàn mā</small>
这附近有汽车站吗?
<small>ジョー フー ジン イオウ チー チョー ジャン マー</small>

2 バス路線図の本はどこで買えますか？

<small>nǎ li yǒu mài qì chē lù xiàn tú de ne</small>
哪里有卖汽车路线图的呢?
<small>ナー リー イオウ マイ チー チョー ルー シエン トゥー デェ ノー</small>

3 虹橋空港に行くバス乗り場はどこですか？

<small>qù Hóng qiáo jī chǎng de bā shì zhàn zài nǎ er</small>
去虹桥机场的巴士站在哪儿?
<small>チュイ ホン チアオ ジー チャン デェ バー シー ジャン ザイ ナー アル</small>

4 このバスは故宮博物館に行きますか？

<small>zhè liàng gōng chē qù Gù gōng mā</small>
这辆公车去故宫吗?
<small>ジョー リアン ゴン チョー チュイ グー ゴン マー</small>

5 バス料金はいくらですか？

<small>gōng chē piào duō shao qián</small>
公车票多少钱?
<small>ゴン チョー ピアオ ドゥオ シャオ チエン</small>

6 料金は乗るときに払うんですか、降りるときに払うんですか？

<small>qián shì shàng chē shí fù hái shì xià chē shí fù</small>
钱是上车时付还是下车时付?
<small>チエン シー シャン チョー シー フー ハイ シー シア チョー シー フー</small>

7 復旦大学前で降りたいんですが。

<small>wǒ xiǎng zài Fù dàn dà xué qián xià chē</small>
我想在复旦大学前下车。
<small>ウオ シアン ザイ フー ダン ダー シュエ チエン シア チョー</small>

8 外灘で知らせていただけますか？

má fan nín dào Wài tān de shí hou gào sù wǒ yì shēng hǎo
麻 烦 您 到 外 滩 的 时 候 告 诉 我 一 声 好
マー ファン ニン ダオ ワイ タン デェ シー ホウ ガオ スー ウオ イー ション ハオ

mā
吗？
マー

9 貿易センターはあと何個目ですか？

Mào yì zhōng xīn hái yǒu jǐ zhàn
贸 易 中 心 还 有 几 站？
マオ イー ジョン シン ハイ イオウ ジー ジャン

高速バス

1 高速バスの切符売り場はどこですか？

gāo sù kè yùn de mài piào kǒu zài nǎ er
高 速 客 运 的 卖 票 口 在 哪 儿？
ガオ スー コー ユン デェ マイ ビアオ コウ ザイ ナー アル

2 南京まで大人3枚ください。

wǒ yào sān zhāng dào Nán jīng de chéng rén piào
我 要 三 张 到 南 京 的 成 人 票。
ウオ ヤオ サン ジャン ダオ ナン ジン デェ チョン ルェン ビアオ

3 杭州行きの乗り場は何番ですか？

dào Háng zhōu de gōng chē shì jǐ hào zhàn
到 杭 州 的 公 车 是 几 号 站？
ダオ ハン ジョウ デェ ゴン チョー シー ジー ハオ ジャン

4 次のバスは何時ですか？

xià yì bān gōng chē shì jǐ diǎn
下 一 班 公 车 是 几 点？
シア イー バン ゴン チョー シー ジー ティエン

どこかへ行く

5. 今、出たばかりだから30分後です。

chē gāng gāng kāi zǒu suǒ yǐ hái yào děng sān shí fēn zhōng
车 刚 刚 开 走，所 以 还 要 等 三 十 分 钟。
チョー ガン ガン カイ ゾウ スオ イー ハイ ヤオ ドン サン シー フェン ジョァン

地下鉄・列車

6

CD-2 [track10]

地下鉄

1. 市内地下鉄の線路図はどこで手に入りますか？

shì nèi dì tiě lù xiàn tú zài nǎ li kě yǐ mǎi de dào
市 内 地 铁 路 线 图 在 哪 里 可 以 买 得 到?
シー ネイ デェ ティエ ルー シエン トゥー ザイ ナー リー コー イー マイ デェ ダオ

2. すみません、切符を間違えて買ってしまいました。

duì bu qǐ wǒ mǎi cuò piào le
对 不 起，我 买 错 票 了。
ドォイ ブー チー ウオ マイ ツオ ピアオ レェ

3. 一乗り越しの精算は窓口でできますよ。

zuò guò tóu de huà kě yǐ zài guì tái jié suàn
坐 过 头 的 话 可 以 在 柜 台 结 算。
ズオ グオ トウ デェ ホア コー イー ザイ グォイ タイ ジエ スワン

4. 徐家匯に行くのはどちらのホームですか？

qù Xú jiā huì de yuè tái shì nǎ yì biān
去 徐 家 汇 的 月 台 是 哪 一 边?
チュイ シュイ ジア ホイ デェ ユエ タイ シー ナー イー ビエン

5. 2号線はどこで乗り換えればいいですか？

èr háo xiàn zài nǎ li zhuǎn chē
二 号 线 在 哪 里 转 车?
アル ハオ シエン ザイ ナー リー ジョァン チョー

6. 上海駅はこれ1本で行けますか？

qù Shàng hǎi huǒ chē zhàn zuò zhè tiáo xiàn néng dào mā
去 上 海 火 车 站 坐 这 条 线 能 到 吗?
チュイ シャン ハイ フオ チョー ジャン ズオ ジョー ティアオ シエン ノン ダオ マー

7 — これは２号線だから、１号線に乗り換えてください。

zhè shì èr hào xiàn， nǐ yào huàn dā yí hào xiàn。
这是二号线，你要换搭一号线。

8 次の駅はどこですか？

xià yí zhàn shì shén me dì fang
下一站是什么地方？

9 終電は何時ですか？　　　　　　　　　　　　始発

zuì hòu yì bān diàn chē shì jǐ diǎn？　　dì yī bān
最后一班电车是几点？　　　第一班

10 この電車は急行ですか？

zhè liàng huǒ chē shì kuài chē mā
这辆火车是快车吗？

11 — 急行は３番ホームに行かなきゃいけませんよ。

kuài chē yào qù sān hào yuè tái dā o
快车要去三号月台搭哦。

12 本屋街はどの出口から出ればいいですか？

shū diàn jiē shì jǐ hào chū kǒu
书店街是几号出口？

13 — この階段を上がって右側の出口ですよ。

zhè ge lóu tī zǒu shàng qù yòu biān de chū kǒu jiù shì le
这个楼梯走上去右边的出口就是了。

どこかへ行く

列車

1 北京からモスクワまで寝台列車1枚。

Běi jīng dào Mò sī kē wò pù yì zhāng
北 京 到 莫 斯 科, 卧 铺 一 张。
ベイ ジン ダオ モー スー コー ウオ プー イー ジャン

2 ― スプリングなしの硬い席ですか？ クッション付きの柔らかい席ですか？

ruǎn zuò hái shì yìng zuò
软 座 还 是 硬 座?
ルゥワン ズオ ハイ シー イン ズオ

3 北京からハルビンまで何時間かかりますか？

cóng Běi jīng dào Hā ěr bīn yào jǐ ge xiǎo shí
从 北 京 到 哈 尔 滨 要 几 个 小 时?
ツォン ベイ ジン ダオ ハー アル ビン ヤオ ジー ゴー シアオ シー

4 ― 12時間49分です。

yào shí èr ge xiǎo shí sì shí jiǔ fēn zhōng
要 十 二 个 小 时 四 十 九 分 钟。
ヤオ シー アル ゴー シアオ シー スー シー ジィウ フェン ジョン

飛行機・船

7 CD-2 [track11]

飛行機

1 飛行機の切符の予約をしたいんですが。

wǒ yào dìng fēi jī piào
我 要 订 飞 机 票。
ウオ ヤオ ディン フェイ ジー ピアオ

2 7月10日に大連まで1枚お願いします。

七月十号往大连一张。
qī yuè shí háo wǎng Dà lián yì zhāng
チー ユエ シー ハオ ワン ダー リエン イー ジャン

3 **往復**で1枚お願いします。　　　　　　　　　　　　片道

我要一张往返票。　　　　　　　　单程票
wǒ yào yì zhāng wǎng fǎn piào　　　dān chéng piào
ウオ ヤオ イー ジャン ワン ファン ピアオ　　ダン チョン ピアオ

4 —その日は空席がございませんが…。

这天已经没有空位了…
zhè tiān yǐ jīng méi yǒu kòng wèi le
ジョー ティエン イー ジン メイ イオウ コン ウエイ レ

5 —翌日の朝ならまだ空席があります。

隔天早上有位子。
gé tiān zǎo shang yǒu wèi zi
ゴー ティエン ザァオ シャン イオウ ウエイ ズー

6 じゃあ、それにしてください。

好，给我一张。
hǎo gěi wǒ yì zhāng
ハオ ゲイ ウオ イー ジャン

7 どうしてもその日に行かなきゃいけないんです。

我这天不去不行耶。
wǒ zhè tiān bú qù bù xíng ye
ウオ ジョー ティエン ブー チュイ ブー シン イエ

8 キャンセル待ちで入れてください。

那我等取消票。
nà wǒ děng qǔ xiāo piào
ナー ウオ ドン チュイ シアオ ピアオ

9 —帰りは何日になさいますか？

您回程预定几号？
nín huí chéng yù dìng jǐ hào
ニン ホイ チョン ユイ ディン ジー ハオ

どこかへ行く

10 まだ決まってないので、1年でオープンでお願いします。

还没有决定，帮我开年票。
hái méi yǒu jué dìng, bāng wǒ kāi nián piào
ハイ メイ イオウ ジュエ ディン バン ウオ カイ ニエン ピアオ

11 航空会社はどこでもいいです。

哪家航空公司都行。
nǎ jiā háng kōng gōng sī dōu xíng
ナー ジア ハン コン ゴン スー ドウ シン

12 日本アジア航空のをお願いします。

我要日亚航的。
wǒ yào Rì yà háng de
ウオ ヤオ ルィ ヤー ハン デェ

13 できれば午前中がいいんですが。

有没有上午的班机？
yǒu mei yǒu shàng wǔ de bān jī
イオウ メイ イオウ シャン ウー デェ バン ジー

14 ―72時間以内に予約の確認をお願いします。

请在七十二小时之内确认。
qǐng zài qī shí èr xiǎo shí zhī nèi què rèn
チン ザイ チー シー アル シアオ シー ジー ネイ チュエ ルェン

空港

1 ―パスポートとチケットをお願いします。

您的护照和机票。
nín de hù zhào hé jī piào
ニン デェ フー ジャオ ホー ジー ピアオ

2 ― 10時30分上海行の飛行機でよろしいですね。

您是搭十点三十分飞上海的班机没错吧。
nín shì dā shí diǎn sān shí fēn fēi Shàng hǎi de bān jī méi cuò ba

3 ― お荷物はこれだけでよろしいでしょうか？

您的行李只有这些吗?
nín de xíng li zhǐ yǒu zhè xiē mā

4 ― オーバーウェイトですが。

您的行李超重了。
nín de xíng li chāo zhòng le

5 ― 中身を少し出していただけませんか？

您可不可以拿一些东西出来?
nín kě bù kě yǐ ná yì xiē dōng xi chū lái

6 ― 手荷物は1つですか？

手提行李就一个吗?
shǒu tí xíng li jiù yí ge mā

7 ― これは大きすぎて機内には持ち込めません。

这个太大了没法带进机内。
zhè ge tài dà le méi fǎ dài jìn jī nèi

8 ― 前寄りの席です。

是靠近前面的座位。
shì kào jìn qián miàn de zuò wèi

どこかへ行く

9 ― 68番出国ゲートです。

liù shí bā hào dēng jī mén
六十八号登机门。
リョ シ バー ハオ ドン ジー メン

10 ― 13時30分までに出国ゲートまで行ってください。

qǐng zài shí sān diǎn sān shí fēn zhī qián jìn dēng jī mén
请在十三点三十分之前进登机门。
チン ザァイ シ サン ディエン サン シ フェン ジー チエン ジン ドン ジー メン

11 **窓際**の席をお願いします。　　　　　　　**通路側**

wǒ yào kào chuāng de wèi zi　　　　　　guò dào
我要靠窗的位子。　　　　　　过道
ウオ ヤオ カオ チョアン デェ ウエイ ズー　　　グオ ダオ

12 この荷物には壊れやすい物が入っています。

zhè li miàn zhuāng yǒu yì suì de dōng xi
这里面装有易碎的东西。
ジョー リー ミエン ジョアン イオウ イー スォイ デェ ドン シー

13 私の荷物がないんです。

wǒ de xíng li bú jiàn le
我的行李不见了。
ウオ デェ シン リー ブー ジエン レェ

船、フェリー

1 フェリーの旅客ターミナルはどこですか？

qǐng wèn dù lún zhàn zài nǎ li
请问渡轮站在哪里?
チン ウエン ドゥー ルン ジャン ザイ ナー リー

2 燕京号は、神戸市と天津市を結ぶ国際フェリー船です。

<ruby>燕<rt>Yān</rt></ruby> <ruby>京<rt>jīng</rt></ruby> <ruby>号<rt>hào</rt></ruby> <ruby>是<rt>shì</rt></ruby> <ruby>连<rt>lián</rt></ruby> <ruby>接<rt>jiē</rt></ruby> <ruby>天<rt>Tiān</rt></ruby> <ruby>津<rt>jīn</rt></ruby> <ruby>和<rt>hé</rt></ruby> <ruby>日<rt>Rì</rt></ruby> <ruby>本<rt>běn</rt></ruby> <ruby>神<rt>Shén</rt></ruby> <ruby>户<rt>hù</rt></ruby> <ruby>的<rt>de</rt></ruby> <ruby>国<rt>guó</rt></ruby> <ruby>际<rt>jì</rt></ruby> <ruby>客<rt>kè</rt></ruby> <ruby>轮<rt>lún</rt></ruby>。

3 天津から神戸まで燕京号で約50時間かかります。

<ruby>从<rt>cóng</rt></ruby> <ruby>天<rt>Tiān</rt></ruby> <ruby>津<rt>jīn</rt></ruby> <ruby>到<rt>dào</rt></ruby> <ruby>神<rt>Shén</rt></ruby> <ruby>户<rt>hù</rt></ruby> <ruby>搭<rt>dā</rt></ruby> <ruby>燕<rt>Yān</rt></ruby> <ruby>京<rt>jīng</rt></ruby> <ruby>号<rt>hào</rt></ruby> <ruby>大<rt>dà</rt></ruby> <ruby>约<rt>yuē</rt></ruby> <ruby>要<rt>yào</rt></ruby> <ruby>五<rt>wǔ</rt></ruby> <ruby>十<rt>shí</rt></ruby> <ruby>个<rt>ge</rt></ruby> <ruby>小<rt>xiǎo</rt></ruby> <ruby>时<rt>shí</rt></ruby>。

4 上海から日本に行く国際フェリーが出ていますか？

<ruby>有<rt>yǒu</rt></ruby> <ruby>上<rt>Shàng</rt></ruby> <ruby>海<rt>hǎi</rt></ruby> <ruby>到<rt>dào</rt></ruby> <ruby>日<rt>Rì</rt></ruby> <ruby>本<rt>běn</rt></ruby> <ruby>的<rt>de</rt></ruby> <ruby>国<rt>guó</rt></ruby> <ruby>际<rt>jì</rt></ruby> <ruby>客<rt>kè</rt></ruby> <ruby>轮<rt>lún</rt></ruby> <ruby>吗<rt>mā</rt></ruby>?

5 国際旅客船は必ず予約してください。

<ruby>搭<rt>dā</rt></ruby> <ruby>乘<rt>chéng</rt></ruby> <ruby>国<rt>guó</rt></ruby> <ruby>际<rt>jì</rt></ruby> <ruby>客<rt>kè</rt></ruby> <ruby>轮<rt>lún</rt></ruby> <ruby>请<rt>qǐng</rt></ruby> <ruby>事<rt>shì</rt></ruby> <ruby>先<rt>xiān</rt></ruby> <ruby>订<rt>dìng</rt></ruby> <ruby>位<rt>wèi</rt></ruby>。

6 天津から大連まで一番安いチケットでお願いします。

<ruby>天<rt>Tiān</rt></ruby> <ruby>津<rt>jīn</rt></ruby> <ruby>到<rt>dào</rt></ruby> <ruby>大<rt>Dà</rt></ruby> <ruby>连<rt>lián</rt></ruby> <ruby>最<rt>zuì</rt></ruby> <ruby>便<rt>pián</rt></ruby> <ruby>宜<rt>yi</rt></ruby> <ruby>的<rt>de</rt></ruby> <ruby>票<rt>piào</rt></ruby> <ruby>一<rt>yì</rt></ruby> <ruby>张<rt>zhāng</rt></ruby>。

どこかへ行く

遅れる・キャンセルする 8

1 すみません、ちょっと遅れます。

duì bu qǐ, wǒ huì chí yì diǎn
对不起，我会迟一点。
ドォイ ブー チー ウオ ホイ チー イー ディエン

2 朝、ちょっとアクシデントがあって出遅れました。

wǒ zǎo shang yǒu diǎn shì suǒ yǐ chí dào le
我早上有点事所以迟到了。
ウオ ザァオ シャン イオウ ディエン シー スオ イー チー ダオ レェ

3 バスに乗り遅れてしまいました。　　　　　　　　　　地下鉄

wǒ cuò guò le yì tái gōng chē　　　　yì bān dì tiě
我错过了一台公车。　　　　一班地铁
ウオ ツオ グオ レェ イー タイ ゴン チョー　　　イー バン ディー ティエ

4 次の電車で行くので30分ほど遅れると思います。

wǒ dā xià bān chē qù suǒ yǐ kě néng huì wǎn sān shí fēn
我搭下班车去所以可能会晚三十分
ウオ ダー シア バン チョー チュイ スオ イー コー ノン ホイ ワン サン シー フェン

zhōng
钟。
ジョォン

5 居眠りして、駅を乗り過ごしてしまいました。

wǒ dǎ kē shuì zuò guò tóu le
我打瞌睡坐过头了。
ウオ ダー コー ショイ ズオ グオ トウ レェ

6 地下鉄を乗り間違えちゃって。

wǒ dā cuò dì tiě le
我搭错地铁了。
ウオ ダー ツオ ディエ ティエ レェ

7 道路が混んでいて、ちょっと遅れそうです。

lù shang sāi chē wǒ kě néng huì chí yì diǎn dào
路上塞车，我可能会迟一点到。
ルー シャン サイ チョー ウオ コー ノン ホイ チー イー ティエン ダオ

8 飛行機のチケットが取れなかったので、今日は行けなくなりました。

wǒ dìng bú dào fēi jī piào suǒ yǐ jīn tiān bù néng qù le
我订不到飞机票所以今天不能去了。
ウオ ディン ブー ダオ フェイ ジー ピアオ スオ イー ジン ティエン ブー ノン チュイ レェ

9 体の具合が悪いので今日は行けなくなりました。

wǒ jīn tiān shēn tǐ bù shū fu suǒ yǐ jīn tiān bù néng qù le
我今天身体不舒服所以今天不能去了。
ウオ ジン ティエン シェン ティー ブー シュー フー スオ イー ジン ティエン ブー ノン チュイ レェ

10 急用ができてしまって今日は行けなくなりました。

wǒ tū rán yǒu jí shì suǒ yǐ jīn tiān bù néng qù le
我突然有急事所以今天不能去了。
ウオ トゥー ルァン イオウ ジー シー スオ イー ジン ティエン ブー ノン チュイ レェ

どこかへ行く

⑧ 食べる・飲む

食べに行く 1

1 どんな食べ物がお好きですか？

你 喜 欢 吃 什 么 东 西?
nǐ xǐ huan chī shén me dōng xi
ニー シー ホアン チー シェン モー ドン シー

2 何か召し上がりたいものがありますか？

你 想 吃 什 么 东 西?
nǐ xiǎng chī shén me dōng xi
ニー シアン チー シェン モー ドン シー

3 この辺にどこかおいしい店がありますか？

这 附 近 有 什 么 好 吃 的 店 吗?
zhè fù jìn yǒu shén me hǎo chī de diàn mā
ジョー フー ジン イオウ シェン モー ハオ チー デェ ディエン マー

4 **中華料理**はお好きですか？

你 喜 欢 吃 中 国 菜 吗?
nǐ xǐ huan chī Zhōng guó cài mā
ニー シー ホアン チー ジョォン グオ ツァイ マー

日本料理・イタリアン

日 本 菜、意 大 利 菜
Rì běn cài Yì dà lì cài
ルィ ベン ツァイ イー ダー リー ツァイ

5 **北京ダック**のうまい店があるんですよ。

我 知 道 一 间 好 吃 的 北 京 烤
wǒ zhī dào yì jiān hǎo chī de Běi jīng kǎo
ウオ ジー ダオ イー ジエン ハオ チー デェ ベイ ジン カオ

鸭 店。
yā diàn
ヤー ディエン

円卓を囲み、杯を交わし、笑い声をあげるなど、中国流の宴会のやり方というと、「大口喝酒、大口吃肉」〈豪快にお酒を飲み、料理をむさぼる〉のイメージが強いですよね。中国では宴会というと、大皿で次から次へと食べきれない大量の料理が運ばれてきます。もう1つ、日本人のビジネスマンがよく遭遇するのは「乾杯攻撃」でしょう。しつこく飲み干すように乾杯を勧めてきますので、お酒のあまり強くない人は「随意」〈適当に飲みます〉と言ってうまくかわしましょう。

小籠包・上海ガニ

xiǎo lóng bāo　dà zhá xiè
小 笼 包、大 闸 蟹
シアオ ロン バオ　ダー ジャー シエ

6　辛いものは大丈夫ですか？

nǐ néng chī là de mā
你 能 吃 辣 的 吗?
ニー ノン チー ラー デェ マー

7　安くておいしい店、知ってるところないですか？

nǐ zhī bù zhī dào yòu pián yi yòu hǎo chī de diàn
你 知 不 知 道 又 便 宜 又 好 吃 的 店?
ニー ジー ブー ジー ダオ イオウ ピエン イー イオウ ハオ チー デェ ディエン

8　何食べに行く？

qù chī shén me
去 吃 什 么?
チュイ チー シェン モー

9　好き嫌いある？

nǐ yǒu shén me bù néng chī de dōng xi mā
你 有 什 么 不 能 吃 的 东 西 吗?
ニー イオウ シェン モー ブー ノン チー デェ ドン シー マー

10　学生食堂はボリュームもあって安いですよ。

xué sheng cān tīng dōng xī pián yi liàng yòu duō
学 生 餐 厅 东 西 便 宜 量 又 多。
シュエ ション ツァン ティン ドン シー ビエン イー リアン イオウ ドゥオ

11　温かい麺類が食べたいですね。　　　　　　　鍋もの

wǒ xiǎng chī rè tēng tēng de miàn　　huǒ guō
我 想 吃 热 腾 腾 的 面。　　　火 锅
ウオ シアン チー ルォ トン トン デェ ミエン　　フオ グオ

12　四川料理が食べてみたいです。

wǒ xiǎng chī Sì chuān cài
我 想 吃 四 川 菜。
ウオ シアン チー スー チョアン ツァイ

食べる・飲む

13 満漢全席はどんな料理ですか？

Mǎn hàn quán xí shì shén me cài ya
满汉全席是什么菜呀？
マン ハン チュアン シー シー シェン モー ツァイ ヤー

14 何かさっぱりしたものが食べたいです。

wǒ xiǎng chī bǐ jiào qīng dàn yì diǎn de dōng xī
我想吃比较清淡一点的东西。
ウオ シアン チー ビー ジアオ チン ダン イー ティエン デェ ドン シー

15 夜市（よいち）みたいな所に行ってみたいんです。

wǒ xiǎng qù yè shì kàn kan
我想去夜市看看。
ウオ シアン チュイ イエ シー カン カン

16 あんまり脂っこいのはダメなんです。

wǒ bù xǐ huan tài yóu nì de dōng xi
我不喜欢太油腻的东西。
ウオ ブー シー ホアン タイ イオウ ニー デェ ドン シー

17 臭豆腐以外なら何でも食べられますよ。

chú le chòu dòu fu wǒ shén me dōu néng chī
除了臭豆腐我什么都能吃。
チュー レェ チョウ ドウ フー ウオ シェン モー ドウ ノン チー

18 洋食はどんなのがありますか？

yǒu shén me yàng de xī cān ne
有什么样的西餐呢？
イオウ シェン モー ヤン デェ シー ツァン ノー

19 彼はグルメなんですよ。

tā shì měi shí jiā
他是美食家。
ター シー メイ シー ジャ

20 私はベジタリアンです。

wǒ chī sù
我吃素。
ウオ チー スー

21. 水餃子ならこの店が一番ですよ。

这 间 店 的 **水饺** 最 好 吃。
zhè jiān diàn de shuǐ jiǎo zuì hǎo chī

すし・溶岩ステーキ・ジンギスカン

寿 司、熔 岩 牛 排、蒙 古 烤 肉
shòu sī, róng yán niú pái, měng gǔ kǎo ròu

22. 本場の中華は日本で食べる中華の味とやっぱり違いますね。

地 道 的 中 国 菜 果 然 和 在 日 本 吃 的
dì dào de Zhōng guó cài guǒ rán hé zài Rì běn chī de

中 国 菜 味 道 不 同。
Zhōng guó cài wèi dao bù tóng

23. あまりお腹はすいてないので軽く食べましょう。

我 肚 子 不 太 饿 就 随 便 吃 一 点 吧。
wǒ dǔ zi bú tài è jiù suí biàn chī yì diǎn ba

飲食店で 2

注文する

1. 禁煙席はありますか？

有 禁 烟 席 吗?
yǒu jìn yān xí mā

2. ― この時間帯は全席禁煙です。

这 个 时 间 全 席 禁 烟。
zhè ge shí jiān quán xí jìn yān

3 — 禁煙席は特にありません。

wǒ men méi yǒu jìn yān xí
我们没有禁烟席。
ウオ メン メイ イオウ ジン イェン シー

4 — ご注文なさいますか？

nín yào diǎn cài mā
您要点菜吗?
ニン ヤオ ディエン ツァイ マー

5 メニューを見せてください。

yǒu méi yǒu cài dān
有没有菜单?
イオウ メイ イオウ ツァイ ダン

6 何を召し上がりますか？

nǐ chī shén me
你吃什么?
ニー チー シェン モー

7 読めても何の料理かさっぱりわかりません。

xiě de shì shén me cài yì diǎn yě kàn bù dǒng
写的是什么菜一点也看不懂。
シエ デェ シー シェン モー ツァイ イー ディエン イエ カン ブー ドン

8 お任せします。

nǐ diǎn ba
你点吧。
ニー ディエン バー

9 適当に頼んでください。

suí biàn jiào liǎng ge ba
随便叫两个吧。
スォイ ビエン ジアオ リアン ゴー バー

10 早くできるのは何ですか？

shén me dōng xi zuì kuài shàng lái
什么东西最快上来?
シェン モー ドン シー ズォイ クアイ シャン ライ

11 お店のお勧め料理は何ですか？

nǐ men diàn de zhāo pái cài shì shén me
你们店的招牌菜是什么?
ニー メン ティエン デェ ジャオ パイ ツァイ シー シェン モー

12 何種類か頼んで一緒に食べましょう。

duō jiào jǐ yàng cài dà jiā yì qǐ chī
多叫几样菜大家一起吃。
ドゥオ ジアオ ジー ヤン ツァイ ダー ジア イー チー チー

13 これは量が多いですか？

zhè dào cài de liàng duō mā
这道菜的量多吗?
ジョー ダオ ツァイ デェ リアン ドゥオ マー

14 かけそば、並1つと大盛り1つください。

píng wǎn de hé dà wǎn de yáng chūn miàn gè yì wǎn
平碗的和大碗的阳春面各一碗。
ピン ワン デェ ホー ダー ワン デェ ヤン チュン ミエン ゴー イー ワン

15 焼きそば1つ、辛めでお願いします。

chǎo miàn yí ge chǎo là diǎn a
炒面一个,炒辣点啊。
チャオ ミエン イー ゴー チャオ ラー ティエン アー

16 辛さ控えめにしてください。

bú yào tài là
不要太辣。
ブー ヤオ タイ ラー

17 定食というのがあるから、これにします。

yǒu tào cān mā nà jiù tào cān ba
有套餐吗,那就套餐吧。
イオウ タオ ツァン マー ナー ジィウ タオ ツァン バー

18 ここは餃子もおいしいですよ。

zhè li de shuǐ jiǎo yě hěn hǎo chī de
这里的水饺也很好吃的。
ジョー リー デェ スョイ ジアオ イエ ヘン ハオ チー デェ

食べる・飲む

19 ここはフカヒレスープが特にうまいですよ。

这里的鱼翅汤很好喝哦。
zhè li de yú chì tāng hěn hǎo hē o
ジョー リー デェ ユィ チー タン ヘン ハオ ホー オー

20 あれと同じものをください。

我要一份跟那个一样的。
wǒ yào yí fèn gēn nà ge yí yàng de
ウオ ヤオ イー フェン ゲン ナー ゴー イー ヤン デェ

21 麻辣火鍋(マーラーホーコー)は1人前でも頼めますか？

麻辣火锅有一人份的吗?
má là huǒ guō yǒu yì rén fèn de mā
マー ラー フオ グオ イオウ イー ルェン フェン デェ マー

22 肉はしっかり火を通してください。

肉要煮熟一点。
ròu yào zhǔ shóu yì diǎn
ルゥォ ヤオ ジュー ショウ イー ディエン

23 肉はレアでお願いします。

肉半生就好了。
ròu bàn shēng jiù hǎo le
ルゥォ バン ション ジィウ ハオ レェ

24 飲み物は何にしますか？

你要喝什么?
nǐ yào hē shén me
ニー ヤオ ホー シェン モー

25 私はビール党です。

我只喝啤酒。
wǒ zhī hē pí jiǔ
ウオ ジー ホー ピー ジィウ

26 ビールは何がありますか？

你们有什么牌子的啤酒?
nǐ men yǒu shén me pái zi de pí jiǔ
ニー メン イオウ シェン モー パイ ズー デェ ピー ジィウ

27 中国の女児紅を飲んでみたいですね。

＊「女児紅」は、昔、家に女児が生まれた時に酒を仕込み、婚礼の時に開けて飲む習慣からその名がついた縁起の良いお酒。

wǒ xiǎng cháng chang Nǚ ér hóng
我 想 尝 尝 女 儿 红。
ウオ シアン チャン チャン ニュイ アル ホン

28 お茶で結構です。

chá jiù xíng
茶 就 行。
チャー ジィウ シン

29 — ご注文を確認させていただきます。

wǒ zài gēn nín què rèn yí xià nín diǎn de dōng xi
我 再 跟 您 确 认 一 下 您 点 的 东 西。
ウオ ザイ ゲン ニン チュエ ルェン イー シア ニン ディエン デェ ドン シー

30 持ち帰りはできますか？

kě yǐ wài dài mā
可 以 外 带 吗?
コー イー ワイ ダイ マー

料理が来てから

1 これは何の料理ですか？

zhè shì shén me cài
这 是 什 么 菜?
ジョー シー シェン モー ツァイ

2 — これは**腸詰め**です。

zhè shì xiāng cháng
这 是 香 肠。
ジョー シー シアン チャン

羊肉の串焼き・仏跳墙

yáng ròu chuàn Fó tiào qiáng
羊 肉 串、佛 跳 墙
ヤン ルゥオ チョアン フォー ティアオ チアン

3 これはどういう料理ですか？

zhè dào cài jiào shén me
这道菜叫什么?

4 — 鳥の手羽先の和え物です。

liáng bàn fèng zhǎo
凉拌凤爪。

5 — これは日本でもおなじみの回鍋肉(ホイコーロー)です。

zhè ge jiù shì zài Rì běn yě hěn yǒu míng de huí guō ròu
这个就是在日本也很有名的回锅肉。

6 — いかとにんにくの芽を炒めたものです。

zhè shì yóu yú chǎo suàn miáo
这是鱿鱼炒蒜苗。

7 — 魚の醤油煮込みです。

zhè shì hóng shāo yú
这是红烧鱼。

8 — スペアリブと大根スープです。

zhè shì pái gǔ tāng
这是排骨汤。

9 — 紹興酒に梅干しを入れて飲むとおいしいですよ。

bǎ suān méi fàng jìn shào xīng jiǔ lǐ hē hěn hǎo hē o
把酸梅放进绍兴酒里喝很好喝哦。

10 これはどうやって食べるんですか？

zhè ge zěn me chī a
这个怎么吃啊?

11 ― ニンニク醤油をつけて食べます。

zhàn suàn jiàng chī
蘸 蒜 酱 吃。
ジャン スワン ジァン チー

12 ― かき混ぜてから食べてください。

bàn yí bàn zài chī
拌 一 拌 再 吃。
バン イー バン ザァイ チー

13 ― 熱いうちに召し上がって。

chèn rè chī
趁 热 吃。
チェン ルォ チー

食べる・飲む

14 ― 黒酢を少したらすとおいしいですよ。

dī yì diǎn hēi cù gèng hǎo chī
滴 一 点 黑 醋 更 好 吃。
ディー イー ディエン ヘイ ツー ゴン ハオ チー

15 すみません、割り箸をください。

qǐng gěi shuāng fāng biàn kuài
请 给 双 方 便 筷。
チン ゲイ ショアン ファン ビエン クアイ

16 灰皿をください。

yǒu méi yǒu yān huī gāng
有 没 有 烟 灰 缸?
イオウ メイ イオウ イェン ホイ ガン

17 お箸の新しいのをもらえますか？

kě bu kě yǐ gěi yì shuāng xīn kuài zi
可 不 可 以 给 一 双 新 筷 子?
コー ブー コー イー ゲイ イー ショアン シン クアイ ズー

18 おしぼりをください。   爪楊枝

yǒu méi yǒu shī máo jīn a　　yá qiān
有 没 有 湿 毛 巾 啊?　　**牙 签**
イオウ メイ イオウ シー マオ ジン アー　　ヤー チエン

223

19 取り皿を3枚ください。

gěi wǒ sān ge xiǎo dié zi
给我三个小碟子。
ゲイ ウオ サン ゴー シアオ ディエ ズー

20 残りの料理は持って帰れますか？

chī shèng de kě yǐ dài zǒu mā
吃剩的可以带走吗?
チー ション デ コー イー ダイ ズォウ マー

苦情

1 この皿、何かついてますよ。

zhè ge pán zi yǒu diǎn zāng zāng de
这个盘子有点脏脏的。
ジョー ゴー パン ズー イオウ ディエン ザン ザン デ

2 お料理がひとつまだ来てないんですが。

wǒ jiào de cài hái yǒu yí dào méi shàng
我叫的菜还有一道没上。
ウオ ジアオ デ ツァイ ハイ イオウ イー ダオ メイ シャン

3 （私たちは）これは頼んでないんですが。

wǒ men méi diǎn zhè ge
我们没点这个。
ウオ メン メイ ディエン ジョー ゴー

4 — これはお通しでサービスです。

zhè ge shì xiǎo cài bú yào qián de
这个是小菜不要钱的。
ジョー ゴー シー シアオ ツァイ ブー ヤオ チエン デ

食後

1 デザートは何にしましょうか？

你 要 什 么 甜 点?
nǐ yào shén me tián diǎn
ニー ヤオ シェン モー ティエン ティエン

2 たくさん召し上がってください。

多 吃 一 点 啊。
duō chī yì diǎn a
ドゥオ チー イー ティエン アー

3 もう一品頼みましょうか？

再 叫 一 道 菜 吧。
zài jiào yí dào cài ba
ザァイ ジアオ イー ダオ ツァイ バー

4 ご飯のおかわりをどうぞ。

再 来 一 碗 饭。
zài lái yì wǎn fàn
ザァイ ライ イー ワン ファン

5 もっと食べる？

还 要 吗?
hái yào mā
ハイ ヤオ マー

6 私は結構です。

我 不 要 了。
wǒ bú yào le
ウオ ブー ヤオ レェ

7 十分食べました。

我 吃 好 了。
wǒ chī hǎo le
ウオ チー ハオ レェ

食べる・飲む

8　もうお腹一杯だよ。

dù zi hǎo bǎo
肚子好饱。
ドゥー ズー ハオ バオ

9　― 空いたお皿をお下げします。

wǒ bǎ kōng pán zi shōu zǒu
我把空盘子收走。
ウオ バー コン パン ズー ショウ ズォウ

10　― デザートをお持ちしてよろしいでしょうか？

kě yǐ shàng tián diǎn le mā
可以上甜点了吗?
コー イー シャン ティエン ディエン レェ マー

ファーストフード・喫茶店 3

CD-2 [track15]

1　**チーズバーガー**とポテト、コーラを１つください。

wǒ yào yí fèn Qǐ sī hàn bǎo　Shǔ tiáo　hái yǒu Kě lè
我要一份起司汉堡，薯条，还有可乐。
ウオ ヤオ イー フェン チー スー ハン バオ　シュー ティアオ　ハイ イオウ コー レェ

チキンサンド
jī ròu sān míng zhì
鸡肉三明治
ジー ルゥォ サン ミン ジー

2　― こちらでお召し上がりになりますか？

zài diàn nèi chī mā
在店内吃吗?
ザイ ディエン ネイ チー マー

3　持ち帰りにします。

dài zǒu
带走。
ダイ ズォウ

4 ― コーラのサイズはLになさいますか、Mになさいますか？

你 要 大 可 还 是 小 可?
nǐ yào dà kě hái shì xiǎo kě
ニー ヤオ ダー コー ハイ シー シアオ コー

（ポテトの）L
大 薯
dà shǔ
ダー シュー

（ポテトの）M
小 薯
xiǎo shǔ
シアオ シュー

5 ― サイドオーダーはいかがですか？

您 要 点 副 餐 吗?
nín yào diǎn fù cān mā
ニン ヤオ ディエン フー ツァン マー

6 コーンサラダも（1つ）ください。

还 要 一 份 玉 米 沙 拉。
hái yào yí fèn yù mǐ shā lā
ハイ ヤオ イー フェン ユィ ミー シャー ラー

7 このジュースは果汁100％ですか？

这 是 百 分 之 百 原 汁 的 吗?
zhè shì bǎi fēn zhī bǎi yuán zhī de mā
ジョー シー バイ フェン ジー バイ ユアン ジー デェ マー

8 サンドイッチとコーヒーをください。

我 要 一 份 三 明 治 和 一 杯 咖 啡。
wǒ yào yí fèn sān míng zhì hé yì bēi kā fēi
ウオ ヤオ イー フェン サン ミン ジー ホー イー ベイ カー フェイ

9 アイスコーヒーを2つください。

我 要 两 杯 冰 咖 啡。
wǒ yào liǎng bēi bīng kā fēi
ウオ ヤオ リアン ベイ ビン カー フェイ

10 ミルクは要りません。

不 要 加 奶 精。
bú yào jiā nǎi jīng
ブー ヤオ ジア ナイ ジン

食べる・飲む

11 シロップは2つください。

wǒ yào liǎng ge táng zhī
我 要 两 个 糖 汁。
ウオ ヤオ リアン ゴー タン ジー

12 コーヒーのおかわりはできますか？

kě yǐ zài lái yì bēi mā
可 以 再 来 一 杯 吗?
コー イー ザイ ライ イー ベイ マー

13 冷たい飲み物は何がありますか？　　　　　　　　　　　　温かい

nǐ men yǒu shén me liáng yǐn liào　　　　　　rè
你 们 有 什 么 凉 饮 料?　　　　　　# 热
ニー メン イオウ シェン モー リアン イン リアオ　　　　ルォ

14 福建の一番有名なお茶は何がありますか？

Fú jiàn zuì yǒu míng de shì shén me chá
福 建 最 有 名 的 是 什 么 茶?
フー ジエン ズォイ イオウ ミン デェ シー シェン モー チャー

15 これは何が入ってるんですか？

zhè lǐ miàn yǒu shén me
这 里 面 有 什 么?
ジョー リー ミエン イオウ シェン モー

16 これはどんなお茶ですか？

zhè shì shén me chá
这 是 什 么 茶?
ジョー シー シェン モー チャー

味を評価する
4

CD-2 [track16]

1 味はどうですか？

wèi dao zěn me yàng
味 道 怎 么 样?
ウエイ ダオ ゼン モー ヤン

2 (食べ物が) お口に合いますか？

还 吃 得 惯 吗?
hái chī de guàn mā
ハイ チー デェ グアン マー

3 この匂いがたまりませんね。

我 特 喜 欢 这 味 道。
wǒ tè xǐ huan zhè wèi dào
ウオ トー シー ホアン ジョー ウエイ ダオ

4 (食べ物が) おいしいですね。

真 好 吃。
zhēn hǎo chī
ジェン ハオ チー

5 上品な味です。

上 等 味 道。
shàng děng wèi dào
シャン ドン ウエイ ダオ

6 ニンニクがきいてますね。

大 蒜 好 够 味 哦。
dà suàn hǎo gòu wèi o
ダー スワン ハオ ゴウ ウエイ オー

7 香ばしいです。

好 香 啊。
hǎo xiāng a
ハオ シアン アー

8 さっぱりして食べやすいです。

清 淡 爽 口。
qīng dàn shuǎng kǒu
チン ダン ショアン コウ

9 ちょっと辛いです。

有 点 辣。
yǒu diǎn là
イオウ ティエン ラー

苦い・酸っぱい

苦、酸
kǔ suān
クー スワン

10 甘すぎます。

太甜了。
tài tián le

11 辛すぎます。

太辣了。
tài là le

12 しょっぱすぎます。

太咸了。
tài xián le

13 酸っぱすぎます。

太酸了。
tài suān le

14 辛い！

好辣。
hǎo là

15 こちらの方が私の口に合うみたいです。

这个比较合我的口味。
zhè ge bǐ jiào hé wǒ de kǒu wèi

16 ちょっと変わった味ですね。

味道有点怪。
wèi dao yǒu diǎn guài

17 慣れていない味です。

我不习惯这个味道。
wǒ bù xí guàn zhè ge wèi dào

18 正直言うと、ちょっとまずい。

老实说，不太好吃。
lǎo shi shuō, bú tài hǎo chī

19 思ったより味が薄いですね。

比我想的味道要淡。
bǐ wǒ xiǎng de wèi dào yào dàn

20 北京で食べたトマトと卵の炒め物がおいしかったです。

我在北京吃的那个番茄炒蛋好好吃哦。
wǒ zài Běi jīng chī de nà ge fān qié chǎo dàn hǎo hǎo chī o

21 肉が**柔らかい**です。　　　　**堅い**

这肉好软。　　　硬
zhè ròu hǎo ruǎn　　　yìng

22 スープに塩を入れすぎてしまってしょっぱいです。

这汤盐加多了，好咸。
zhè tāng yán jiā duō le, hǎo xián

23 けっこう脂っぽいです。

油太大。
yóu tài dà

24 お腹にずっしりきますね。

肚子很容易饱。
dù zi hěn róng yì bǎo

食べる・飲む

飲みに行く 5

飲みに誘う

1 (久しぶりに) 一杯いかがですか？

很 久 没 去 喝 一 杯 了，走 吧。
hěn jiǔ méi qù hē yì bēi le zǒu ba
ヘン ジィウ メイ チュイ ホー イー ベイ レェ ズォウ バー

2 今日は飲みに行きましょう。

今 天 去 喝 一 杯 吧。
jīn tiān qù hē yì bēi ba
ジン ティエン チュイ ホー イー ベイ バー

3 打ち上げをしよう。

去 庆 祝 一 下。
qù qìng zhù yí xià
チュイ チン ジュー イー シア

4 祝杯を挙げなくちゃ。

得 庆 祝 一 下。
děi qìng zhù yí xià
デイ チン ジュー イー シア

5 今日は忘年会ですよ。

今 天 有 尾 牙 晚 会。
jīn tiān yǒu wěi yá wǎn huì
ジン ティエン イオウ ウエイ ヤー ワン ホイ

6 そんな時はお酒が一番だよ。

这 种 时 候 喝 酒 是 最 好 的。
zhèi zhǒng shí hou hē jiǔ shì zuì hǎo de
ジョー ジョォン シー ホウ ホー ジィウ シー ズォイ ハオ デェ

7 予約を入れておきましたよ。

我 已 经 预 约 了。
wǒ yǐ jīng yù yuē le
ウオ イー ジン ュィ ユエ レェ

お酒の量

1 お酒はどのぐらい飲めますか？

nǐ jiǔ liàng rú hé
你酒量如何？
ニー ジィウ リアン ルー ホー

2 かなり飲めそうですね。

nǐ hěn xiàng tǐng néng hē de
你很像挺能喝的。
ニー ヘン シアン ティン ノン ホー デェ

3 彼は底なしですよ。

tā shì wú dǐ dòng ne
他是无底洞呢。
ター シー ウー ディー ドン ノー

4 私は結構飲める方ですよ。

wǒ jiǔ liáng hái suàn kě yǐ ba
我酒量还算可以吧。
ウオ ジィウ リアン ハイ スワン コー イー バー

5 私はあまり飲めません。

wǒ bú tài néng hē
我不太能喝。
ウオ ブー タイ ノン ホー

6 ビールなら3本が限度です。

pí jiǔ zuì duō néng hē sān píng
啤酒最多能喝三瓶。
ピー ジィウ ズォイ ドゥオ ノン ホー サン ピン

7 すぐ酔うんです。

wǒ yì hē jiù zuì
我一喝就醉。
ウオ イー ホー ジィウ ズォイ

食べる・飲む

8 アルコール類は一滴も飲めません。

<small>wǒ dī jiǔ bù zhān</small>
我 滴 酒 不 沾。
<small>ウオ ディー ジィウ ブー ジャン</small>

9 どんなお酒が好きですか？

<small>nǐ xǐ huan hē shén me jiǔ</small>
你 喜 欢 喝 什 么 酒？
<small>ニー シー ホアン ホー シェン モー ジィウ</small>

10 強いお酒はあまり好きじゃありません。

<small>wǒ bù xǐ huān tài liè de jiǔ</small>
我 不 喜 欢 太 烈 的 酒。
<small>ウオ ブー シー ホアン タイ リエ デェ ジィウ</small>

11 このお酒は弱いですよ。

<small>zhè ge jiǔ bú liè a</small>
这 个 酒 不 烈 啊。
<small>ジョー ゴー ジィウ ブー リエ アー</small>

12 すぐ顔が赤くなるんです。

<small>wǒ yì hē jiǔ liǎn jiù huì hóng</small>
我 一 喝 酒 脸 就 会 红。
<small>ウオ イー ホー ジィウ リエン ジィウ ホイ ホン</small>

飲み屋で

1 これはアルコール度数が低いです。

<small>zhè ge jiǔ dù shù bù gāo</small>
这 个 酒 度 数 不 高。
<small>ジョー ゴー ジィウ ドゥー シュー ブー ガオ</small>

2 赤ワインに凝ってるんです。

<small>wǒ duì hóng jiǔ hěn jiǎng jiu</small>
我 对 红 酒 很 讲 究。
<small>ウオ ドォイ ホン ジィウ ヘン ジァン ジィウ</small>

3 お酒なら何でも好きですよ。

是酒我都喜欢。
shì jiǔ wǒ dōu xǐ huān

4 中国人はどんなお酒が好きですか？

中国人喜欢喝什么酒?
Zhōng guó rén xǐ huan hē shén me jiǔ

5 これは口当たりはいいけど翌日がつらいですよ。

这个酒喝起来很顺口但后劲很强。
zhè ge jiǔ hē qǐ lái hěn shùn kǒu dàn hòu jìn hěn qiáng

6 とりあえずビールにしましょう。

先喝啤酒吧。
xiān hē pí jiǔ ba

7 生ビールにしますか、瓶ビールにしますか？

你喝生啤酒呢，还是瓶啤酒?
nǐ hē shēng pí jiǔ ne hái shi píng pí jiǔ

8 ビールはどの銘柄がありますか？

你们都有什么啤酒?
nǐ men dōu yǒu shén me pí jiǔ

白酒・ウィスキー

白酒、威士忌
bái jiǔ wēi shì jì

9 生ビール、中ジョッキ2つください。

我要两杯中杯的生啤酒。
wǒ yào liǎng bēi zhōng bēi de shēng pí jiǔ

10 私がお注ぎします。

wǒ lái gěi nǐ dào
我 来 给 你 倒。
ウオ ライ ゲイ ニー ダオ

11 お酒は飲み干してから注ぐものですよ。

jiǔ yào hē guāng hòu zài dào
酒 要 喝 光 后 再 倒。
ジィウ ヤオ ホー グアン ホウ ザイ ダオ

12 おつまみは何にしますか？

nǐ yào shén me xià jiǔ cài
你 要 什 么 下 酒 菜？
ニー ヤオ シェン モー シア ジィウ ツァイ

13 おつまみばかり食べるなよ。

nǐ bú yào guāng chī cài
你 不 要 光 吃 菜。
ニー ブー ヤオ グアン チー ツァイ

14 乾杯！

gān bēi
干 杯！
ガン ベイ

15 さあ、一気！

yì kǒu qì gān
一 口 气 干！
イー コウ チー ガン

16 もう1軒（2次会）行きましょう。

zǒu zài qù yì jiān
走，再 去 一 间。
ズォウ ザイ チュイ イー ジエン

17 昨日、3軒もはしごしたんだよ。

wǒ zuó tiān lián xù qù hē le sān jiān
我 昨 天 连 续 去 喝 了 三 间。
ウオ ズオ ティエン リエン シュイ チュイ ホー レェ サン ジエン

18 酔ってませんよ。

wǒ méi yǒu zuì
我没有醉。
ウオ メイ イオウ ズォイ

19 空腹に飲んだせいか、くらっとします。

kōng fù hē jiǔ jiǔ jìng lái de kuài
空腹喝酒酒劲来得快。
コン フー ホー ジィウ ジィウ ジン ライ デェ クアイ

20 まだ酔いが覚めていません。

wǒ jiǔ hái méi xǐng
我酒还没醒。
ウオ ジィウ ハイ メイ シン

21 まだ飲むの？

nǐ hái yào hē ya
你还要喝呀？
ニー ハイ ヤオ ホー ヤー

22 飲み過ぎたかな？

wǒ shì bu shì hē duō le
我是不是喝多了？
ウオ シー ブー シー ホー ドゥオ レェ

23 ピッチが早すぎない？

nǐ hē de tài jí le
你喝得太急了。
ニー ホー デェ タイ ジー レェ

24 ゆっくり飲もうよ。

màn man hē ba
慢慢喝吧。
マン マン ホー バー

25 酔いが回ってきました。

wǒ jiǔ yì shàng lái le
我酒意上来了。
ウオ ジィウ イー シャン ライ レェ

26 飲み過ぎて気持ち悪いです。

wǒ hē duō le yǒu diǎn ě xīn
我 喝 多 了 有 点 恶 心。
ウオ ホー ドゥオ レェ イオウ ディエン オー シン

27 もう飲めないよ！

wǒ bù néng zài hē le
我 不 能 再 喝 了。
ウオ ブー ノン ザイ ホー レェ

28 やけ酒は体に毒だよ。

hē mèn jiǔ duì shēn tǐ bù hǎo
喝 闷 酒 对 身 体 不 好。
ホー メン ジィウ ドォイ シェン ティー ブー ハオ

29 酔っぱらわないでね。

nǐ bié hē zuì a
你 别 喝 醉 啊。
ニー ビエ ホー ズォイ アー

30 酔い覚ましにコーヒーでも飲む？

yào bu yào hē diǎn kā fēi jiě jiǔ
要 不 要 喝 点 咖 啡 解 酒?
ヤオ ブー ヤオ ホー ディエン カー フェイ ジエ ジィウ

お勘定

6

1 お勘定お願いします。

mǎi dān
买 单。
マイ ダン

2 カードは使えますか？

kě yǐ shuā kǎ mā
可 以 刷 卡 吗?
コー イー ショア カー マー

3 別々に計算してください。

fēn kāi suàn
分开算。
フェン カイ スワン

4 ここは私が払います。

wǒ lái fù
我来付。
ウオ ライ フー

5 私が誘ったから私が払います。

wǒ jiào nǐ chū lái de wǒ qǐng kè
我叫你出来的,我请客。
ウオ ジアオ ニー チュー ライ デ ウオ チン コー

6 年長者が払うものですよ。

wǒ bǐ nǐ dà wǒ lái fù
我比你大我来付。
ウオ ビー ニー ダー ウオ ライ フー

7 経費で落としますから、いいですよ。

néng bào xiāo de méi guān xì
能报销的,没关系。
ノン バオ シアオ デ メイ グアン シー

8 領収書をください。

wǒ yào shōu jù
我要收据。
ウオ ヤオ ショウ ジュ

9 ごちそうさまでした。

xiè xie nǐ de zhāo dài
谢谢你的招待。
シエ シエ ニー デ ジャオ ダイ

10 次回は私におごらせてください。

xià cì wǒ lái qǐng
下次我来请。
シア ツー ウオ ライ チン

食べる・飲む

⑨ ショッピング

品物を買う
1

店に入る

1 ─ いらっしゃいませ。

huān yíng guāng lín
欢 迎 光 临。
ホアン イン グアン リン

2 ─ 何をお探しですか？

qǐng wèn nín zài zhǎo shén me mā
请 问 您 在 找 什 么 吗?
チン ウエン ニン ザァイ ジャオ シェン モー マー

3 見ているだけです。

suí biàn kàn kan
随 便 看 看。
スォイ ビエン カン カン

4 (女性の店員に) すみません、ちょっといいですか？

*ちなみに、男性の場合は「先生」と呼びかけます。日本のように「すみません」(対不起)と呼び寄せることはしません。

xiǎo jie kě yǐ qǐng nǐ guō lái yí xià mā
小 姐。可 以 请 你 过 来 一 下 吗?
シアオ ジエ コー イー チン ニー グオ ライ イー シア マー

5 ─ はい、ただいま。

hǎo de mǎ shang lái
好 的, 马 上 来。
ハオ デェ マー シャン ライ

6 こちらのものも見せてください。

kě yǐ ràng wǒ kàn yí xià zhè ge mā
可 以 让 我 看 一 下 这 个 吗?
コー イー ルァン ウオ カン イー シア ジョー ゴー マー

中国でも「超市」(スーパー)や「百货公司」(デパート)などきちんと定価が表示されているお店に行けば、特に会話をしなくても買い物をすることができます。しかし、まだまだ古くからの市場や定価を表示していない雑貨屋さんが多い中国では、お店の人と会話をしながら値段の交渉をして買い物をすることも多いのです。そういうところに行って、自分の中国語能力を試すのも楽しいですよ。

*中国語では「あちら」も「そちら」も「那个」です。

あちら・そちら

nà ge
那个
ナー ゴー

7 あそこに飾ってあるのを見せてください。

kě yǐ gěi wǒ kàn yí xià guà zài nà biān de nà ge
可以给我看一下挂在那边的那个
コー イー ゲイ ウオ カン イー シア グア ザイ ナー ビエン デェ ナー ゴー

dōng xi ma
东西吗?
ドン シー マー

8 その**右側**のです。

yòu biān de nà ge
右边的那个。
イオウ ビエン デェ ナー ゴー

左側・上・下・真ん中

zuǒ bian shàng miàn xià miàn zhōng jiān
左边、上面、下面、中间
ズオ ビエン シャン ミエン シア ミエン ジョォン ジエン

9 **下**から3段目のです。

cóng xià miàn shǔ dì sān céng
从下面数第三层。
ツォン シア ミエン シュー ディー サン ツォン

上から・右から・左から

shàng mian yòu bian zuǒ bian
上面、右边、左边
シャン ミエン イオウ ビエン ズオ ビエン

10 いくらですか？

duō shao qián
多少钱?
ドゥオ シャオ チエン

ショッピング

11 少し高いですね。

yǒu diǎn guì
有点贵。
イオウ ティエン グォイ

12 — ご予算はいくらくらいでしょうか？

qǐng wèn nín yù suàn shì duō shǎo
请问您预算是多少?
チン ウエン ニン ユィ スワン シー ドゥオ シャオ

13 — うちはどこよりも安いですよ。

wǒ men diàn de dōng xi bǐ nǎ yì jiā dōu pián yi
我们店的东西比哪一家都便宜。
ウオ メン ティエン デェ ドン シー ビー ナー イー ジャ ドゥ ピエン イー

14 少し安くなりませんか？

néng bu néng pián yi yì diǎn
能不能便宜一点?
ノン ブー ノン ピエン イー イー ティエン

15 — 今はちょうどバーゲンセール中なので、お安くなってます。

xiàn zài zhèng zài dá zhé suǒ yǐ bǐ jiào pián yi
现在正在打折,所以比较便宜。
シエン ザァイ ジォン ザァイ ダー ショー スオ イー ビー ジアオ ピエン イー

16 — 申し訳ございませんが、定価制です。

duì bu qǐ wǒ men bù dǎ zhé
对不起,我们不打折。
ドォイ ブー チー ウオ メン ブー ダー ジョー

17 — 代わりにサービスしますよ。

bú guò wǒ kě yǐ sòng nǐ xiē dōng xi
不过,我可以送你些东西。
ブー グオ ウオ コー イー ソン ニー シエ ドン シー

18 — 少しお安くします。

wǒ suàn nǐ pián yi yì diǎn
我算你便宜一点。
ウオ スワン ニー ピエン イー イー ティエン

品物を選ぶ

1 － こんなのはどうですか？

zhè ge ne　zěn me yàng
这 个 呢? 怎 么 样?
ジョー ゴー ノー　ゼン モー ヤン

2 これの色違いはありませんか？

yǒu méi yǒu qí tā yán sè de
有 没 有 其 他 颜 色 的?
イオウ モー イオウ チー ター イェン ソー デェ

3 もう少し**大きい**のはないですか？
　＊「服」や「靴」に限っては「大号」「小号」をよく使います。
　　たとえば、「もっと大きいテレビ」の場合は「大一点的电视」
　　と言います。

小さい

yǒu méi yǒu dà hào de　　　　　xiǎo hào
有 没 有 大 号 的?　　　　　小 号
イオウ メイ イオウ ダー ハオ デェ　　　シアオ ハオ

4 もう少し**小さければ**いいんだけど…。

大きければ

zài xiǎo yì diǎn jiù hǎo le　　　　dà
再 小 一 点 就 好 了...　　　　大
ザイ シアオ イー ディエン ジィウ ハオ レェ　　ダー

買う

1 これをください。
　＊「给我这个」や「我要这个」も通じますが、一般的には「包起来」を使うことが多いです。
　　直訳すると「包んでください」になります。

lǎo bǎn　bāo qǐ lái
老 板, 包 起 来。
ラオ バン　バオ チー ライ

ショッピング

2 それを2つ、別々に包んでください。

wǒ yào liǎng ge　fēn kāi bāo
我要两个,分开包。
ウオ ヤオ リアン ゴー フェン カイ バオ

3 カタログはありませんか?

yǒu méi yǒu shāng pǐn mù lù
有没有商品目录?
イオウ メイ イオウ シャン ピン ムー ルー

4 これを取り寄せできますか?

zhè ge kě yǐ dìng gòu mā
这个可以订购吗?
ジョー ゴー コー イー ディン ゴウ マー

5 送ってもらえますか?

＊大型の家具や電気製品を配達してもらう場合は「送」で、小型のものを郵送してもらう場合は「寄」を使います。

kě yǐ bāng wǒ sòng　jì　mā
可以帮我送(寄)吗?
コー イー バン ウオ ソン ジー マー

6 ― 送料がお客様のご負担になります。

yùn fèi yào yóu nín fù
运费要由您付。
ユン フェイ ヤオ イオウ ニン フー

7 ― 送料は私どもの負担になります。

yùn fèi yóu wǒ men fù dān
运费由我们负担。
ユン フェイ イオウ ウオ メン フー ダン

8 送料はいくらですか?

yùn fèi shì duō shǎo
运费是多少?
ユン フェイ シー ドゥオ シャオ

9 何日くらいかかりますか？

jǐ tiān néng dào
几天能到？
ジー ティエン ノン ダオ

10 アフターサービスは受けられますか？

yǒu shòu hòu fú wù mā
有售后服务吗？
イオウ ショウ ホウ フー ウー マー

11 これを2パックください。
＊「盒」は菓子折などに用い、スイーツバンケットの場合は「篮」です。中国語の場合は物によって使う量詞が違います。

zhè ge gěi wǒ liǎng hé
这个给我两盒。
ジョー ゴー ゲイ ウオ リアン ホー

12 ― 全部で1万8千元になります。

zǒng gòng shì yí wàn bā qiān kuài
总共是一万八千块。
ズォン ゴン シー イー ワン バー チエン クアイ

13 カードは使えますか？

kě yǐ shuā kǎ mā
可以刷卡吗？
コー イー ショア カー マー

14 ― お支払いは現金になさいますか、カードになさいますか？

nǐ fù xiàn jīn hái shì shuā kǎ
你付现金还是刷卡？
ニー フー シエン ジン ハイ シー ショア カー

15 ― ご一括でしょうか、分割でしょうか？

yí cì fù qīng hái shì fēn qī fù
一次付清还是分期付？
イー ツー フー チン ハイ シー フェン チー フー

ショッピング

16 3回払いにしてください。

<ruby>分<rt>fēn</rt></ruby> <ruby>三<rt>sān</rt></ruby> <ruby>次<rt>cì</rt></ruby> <ruby>付<rt>fù</rt></ruby>。
フェン サン ツー フー

返品・交換

1 後で取り替えできますか？

<ruby>买<rt>mǎi</rt></ruby> <ruby>后<rt>hòu</rt></ruby> <ruby>可<rt>kě</rt></ruby> <ruby>以<rt>yǐ</rt></ruby> <ruby>退<rt>tuì</rt></ruby> <ruby>换<rt>huàn</rt></ruby> <ruby>吗<rt>mā</rt></ruby>?
マイ ホウ コー イー トォイ ホアン マー

2 ― 1週間以内で、領収書をお持ちいただければ大丈夫です。

<ruby>一<rt>yì</rt></ruby> <ruby>星<rt>xīng</rt></ruby> <ruby>期<rt>qī</rt></ruby> <ruby>之<rt>zhī</rt></ruby> <ruby>内<rt>nèi</rt></ruby> <ruby>拿<rt>ná</rt></ruby> <ruby>收<rt>shōu</rt></ruby> <ruby>据<rt>jù</rt></ruby> <ruby>来<rt>lái</rt></ruby> <ruby>就<rt>jiù</rt></ruby> <ruby>可<rt>kě</rt></ruby> <ruby>以<rt>yǐ</rt></ruby> <ruby>退<rt>tuì</rt></ruby> <ruby>换<rt>huàn</rt></ruby>。
イー シン チー ジー ネイ ナー ショウ ジュ ライ ジィウ コー イー トォイ ホアン

3 ― 1度使われた物はお取り替えできないんです。

<ruby>用<rt>yòng</rt></ruby> <ruby>过<rt>guò</rt></ruby> <ruby>了<rt>le</rt></ruby> <ruby>的<rt>de</rt></ruby> <ruby>话<rt>huà</rt></ruby> <ruby>就<rt>jiù</rt></ruby> <ruby>不<rt>bù</rt></ruby> <ruby>能<rt>néng</rt></ruby> <ruby>退<rt>tuì</rt></ruby> <ruby>换<rt>huàn</rt></ruby> <ruby>了<rt>le</rt></ruby>。
ヨン グオ レェ デェ ホア ジィウ ブー ノン トォイ ホアン レェ

着られた物

<ruby>穿<rt>chuān</rt></ruby> <ruby>过<rt>guò</rt></ruby> <ruby>了<rt>le</rt></ruby>
チョアン グオ レェ

4 これ、昨日買ったんですけど、レシートをなくしたんです。

<ruby>这<rt>zhè</rt></ruby> <ruby>是<rt>shì</rt></ruby> <ruby>我<rt>wǒ</rt></ruby> <ruby>昨<rt>zuó</rt></ruby> <ruby>天<rt>tiān</rt></ruby> <ruby>买<rt>mǎi</rt></ruby> <ruby>的<rt>de</rt></ruby>, <ruby>可<rt>kě</rt></ruby> <ruby>是<rt>shì</rt></ruby> <ruby>收<rt>shōu</rt></ruby> <ruby>据<rt>jù</rt></ruby> <ruby>弄<rt>nòng</rt></ruby> <ruby>丢<rt>diū</rt></ruby> <ruby>了<rt>le</rt></ruby>。
ジョー シー ウオ ズオ ティエン マイ デェ コー シー ショウ ジュ ノン ディウ レェ

5 これ、返品したいんですが。   **交換**

<ruby>我<rt>wǒ</rt></ruby> <ruby>想<rt>xiǎng</rt></ruby> <ruby>退<rt>tuì</rt></ruby> <ruby>货<rt>huò</rt></ruby>。   <ruby>交<rt>jiāo</rt></ruby> <ruby>换<rt>huàn</rt></ruby>
ウオ シアン トォイ フオ   ジアオ ホアン

6 — 代金払い戻しでよろしいでしょうか？

tuì qián kě yǐ ma
退钱可以吗?
トォイ チエン コー イー マー

7 他のものと交換してもいいですか？

kě yǐ huàn qí tā de dōng xi ma
可以换其他的东西吗?
コー イー ホアン チー ター デェ ドン シー マー

返品交換の理由

1 サイズが合わなかったので…。

chǐ cun bù hé
尺寸不合…
チョー ツン ブー ホー

2 うちの子がこの色は嫌だって言うんです。
*「うちの子」は「我儿子」(うちの息子) と「我女儿」(うちの娘) を使い分けるのが普通です。

wǒ ér zi shuō bù xǐ huān zhè ge yán sè
我儿子说不喜欢这个颜色。
ウオ アル ズー シュオ ブー シー ホアン ジョー ゴー イェン ソー

3 ちょっと傷があったんです。

zhè li yǒu diǎn xiá cī
这里有点瑕疵。
ジョー リー イオウ ディエン シア ツー

4 機械が作動しないんですよ。

jī qi bú dòng le
机器不动了。
ジー チー ブー ドン レェ

5 ここのところが壊れたようです。

zhè li hǎo xiàng huài le
这 里 好 像 坏 了。
ジョー リー ハオ シアン ホアイ レェ

6 (通信販売で) 注文したものと違うのが届いたんですが。

jì lái de dōng xi gēn wǒ dìng de dōng xi bù yí yàng
寄 来 的 东 西 跟 我 订 的 东 西 不 一 样。
ジー ライ デェ ドン シー ゲン ウオ ディン デェ ドン シー ブー イー ヤン

7 同じ物をプレゼントにもらったんです。

bié rén gěi le wǒ yí ge yì mó yí yàng de
别 人 给 了 我 一 个 一 模 一 样 的。
ビエ ルェン ゲイ レェ ウオ イー ゴー イー モー イー ヤン デェ

洋服を買う
2

CD-2 [track20]

1 長めの**ジャケット**がほしいんですが。

wǒ xiǎng mǎi yí jiàn cháng yì diǎn de dà yī
我 想 买 一 件 长 一 点 的 **大 衣**。
ウオ シアン マイ イー ジエン チャン イー ディエン デェ ダー イー

スカート
qún zi
裙 子
チュン ズー

2 試着してもいいですか？

kě yǐ shì chuān mā
可 以 试 穿 吗?
コー イー シー チョアン マー

3 ― はい、こちらへどうぞ。

kě yǐ qǐng zhè biān lái
可 以，请 这 边 来。
コー イー チン ジョー ビエン ライ

4 ― 申し訳ございませんが、これは試着できません。

duì bu qǐ, zhè ge bù néng shì chuān
对不起，这个不能试穿。

5 この服の素材は何ですか？

zhè jiàn yī fu de cái liào shì shén me
这件衣服的材料是什么?

6 ― 綿です。

mián
棉。

ウール・シルク

yáng máo zhēn sī
羊毛、真丝

7 化学繊維が入ってないのがいいんですが。

yǒu méi yǒu bù hán huà xué xiān wéi de
有没有不含化学纤维的?

8 小さすぎて入りません。

tài xiǎo le chuān bú xià
太小了穿不下。

9 ― このスラックスのデザインはちょっと**細め**なんです。

zhè jiàn kù zi de kuǎn shì shè jì de bǐ jiào tiē shēn
这件裤子的款式设计地比较贴身。

ゆったりめ

kuān dà
宽大

10 胸のあたりがきついです。

xiōng kǒu zhè er yǒu diǎn jǐn
胸口这儿有点紧。

ウエスト

yāo de dì fang
腰的地方

11 1つ上のサイズはありませんか?　　　下

yǒu méi yǒu dà yí hào de　　　xiǎo
有 没 有 大 一 号 的?　　　小
イオウ メイ イオウ ダー イー ハオ デェ　　　シアオ

12 — これはワンサイズのみです。

zhè jiàn zhǐ yǒu yì zhǒng chǐ cùn
这 件 只 有 一 种 尺 寸。
ジョー ジエン ジー イオウ イー ジョォン チョー ツン

13 ちょっと色が派手ですね。

yán sè yǒu diǎn tài xiān yàn le
颜 色 有 点 太 鲜 艳 了。
イェン ソー イオウ ディエン タイ シエン イェン レェ

14 デザインがちょっと派手すぎです。

kuǎn shì yǒu diǎn tài huā shào le
款 式 有 点 太 花 哨 了。
クアン シー イオウ ディエン タイ ホア シャオ レェ

15 色がちょっと地味すぎじゃないですか?　　　派手

yán sè shì bú shì tài sù le　　　yàn
颜 色 是 不 是 太 素 了?　　　艳
イェン ソー シー ブー シー タイ スウ レェ　　　イェン

16 もっと明るい色はありませんか?　　　落ち着いた

yǒu méi yǒu liàng yì diǎn de yán sè　　　sù
有 没 有 亮 一 点 的 颜 色?　　　素
イオウ メイ イオウ リアン イー ディエン デェ イェン ソー　　　スウ

17 — 大変お似合いです。

nǐ chuān qǐ lái zhēn hǎo kàn
你 穿 起 来 真 好 看。
ニー チョアン チー ライ ジェン ハオ カン

18 そで丈がちょっと長いですが。　　　ズボン

xiù zi yǒu diǎn cháng　　　kù jiǎo
袖 子 有 点 长。　　　裤 脚
ショー ズ イオウ ディエン チャン　　　クー ジアオ

250

19 丈を詰めることはできますか？

cháng dù néng gǎi mā
长度能改吗?
チャン ドゥー ノン ガイ マー

20 ― お直し代を別途いただきます。

xiū gǎi de huà yào é wài jiā qián
修改的话要额外加钱。
シウ ガイ デェ ホア ヤオ オー ワイ ジャ チエン

21 お直しはどれくらいかかりますか？

xiū gǎi yào huā duō cháng shí jiān
修改要花多长时间?
シウ ガイ ヤオ ホア ドゥオ チャン シー ジエン

22 ― 20分くらいでできます。

èr shí fēn zhōng zuǒ yòu jiù néng gǎi hǎo
二十分种左右就能改好。
アル シー フェン チョン ズオ イオウ ジィウ ノン ガイ ハオ

23 ― 1週間かかります。

yào yí ge xīng qī cái néng hǎo
要一个星期才能好。
ヤオ イー ゴー シン チー ツァイ ノン ハオ

プレゼントを買う

3

CD-2 [track21]

1 プレゼント用なんですが。

yào sòng rén yòng de
要送人用的。
ヤオ ソン ルェン ヨン デェ

2 身長はどれくらいですか？

shēn gāo dà gài duō shǎo
身高大概多少?
シェン ガオ ダー ガイ ドゥオ シャオ

251

3 160センチくらいです。

yì mǐ liù zuǒ yòu
一米六左右。
イー ミー リウ ズオ イオウ

4 ぽっちゃり型です。

yǒu diǎn piān shòu
有点偏瘦。
イオウ ディエン ピエン ショウ

5 お歳はおいくつくらいでしょうか？

nián líng ne
年龄呢？
ニエン リン ノー

6 ― 年配の方ならこういったものが喜ばれます。

zhè yang de dōng xi nián jì dà de rén dōu hěn xǐ huan
这样的东西年纪大的人都很喜欢。
ジョー ヤン デェ ドン シー ニエン ジー ダー デェ ルェン ドウ ヘン シー ホアン

若い
nián qīng
年轻
ニエン チン

7 ― こちらも売れ筋ですよ。

zhè ge zuì jìn yě mài de hěn hǎo
这个最近也卖得很好。
ジョー ゴー ズオイ ジン イエ マイ デェ ヘン ハオ

8 何がいいかな…。

mǎi shén me hǎo ne
买什么好呢…
マイ シェン マー ハオ ノー

9 ― 包装はどうなさいますか？

yào bāo zhuāng mā
要包装吗？
ヤオ バオ ジョアン マー

10 贈り物用にお願いします。

要 送 人 用 的。
yào sòng rén yòng de
ヤオ ソン ルェン ヨン デェ

11 きれいに包んでください。

帮 我 包 漂 亮 点。
bāng wǒ bāo piào liang diǎn
バン ウオ バオ ピアオ リアン ディエン

12 箱に入れてください。

帮 我 用 盒 子 装 起 来。
bāng wǒ yòng hé zi zhuāng qǐ lái
バン ウオ ヨン ホー ズー ジョアン チー ライ

13 リボンをかけてください。

帮 我 用 丝 带 绑 起 来。
bāng wǒ yòng sī dài bǎng qǐ lái
バン ウオ ヨン スー ダイ バン チー ライ

14 簡単に包んでいただければ結構です。

随 便 包 一 下 就 好 了。
suí biàn bāo yí xià jiù hǎo le
スォイ ビェン バオ イー シア ジィウ ハオ レェ

化粧品

4

CD-2 [track22]

1 化粧水とローションがほしいんですが。

我 想 买 化 妆 水 和 乳 液。
wǒ xiǎng mǎi huà zhuāng shuǐ hé rǔ yè
ウオ シアン マイ ホア ジョアン ショイ ホー ルー イエ

2 乾燥肌なんです。

我 是 干 性 肌 肤。
wǒ shì gān xìng jī fū
ウオ シー ガン シン ジー フー

オイリー・混合

油 性、 混 合 性
yóu xìng hùn hé xìng
イオウ シン フン ホー シン

3 よく吹き出物ができるんです。

我很容易长青春痘。
wǒ hěn róng yì zhǎng qīng chūn dòu

4 アルコールが入っているのはダメなんです。

我不能用含有酒精的化妆品。
wǒ bù néng yòng hán yǒu jiǔ jīng de huà zhuāng pǐn

5 このルージュは色が濃すぎるわ。

这个口红颜色太艳了。
zhè ge kǒu hóng yán sè tài yàn le

6 テカテカし過ぎるのは好きじゃありません。

我不喜欢油油亮亮的。
wǒ bù xǐ huān yóu yóu liàng liàng de

7 ― このファンデーションは美白効果があります。

这个粉底有美白效果哦。
zhè ge fěn dǐ yǒu měi bái xiào guǒ o

8 ― これをつけると日焼け防止になります。

擦这个可以防晒。
cā zhè ge kě yǐ fáng shài

9 もう少し薄めの色はありませんか？

有没有淡一点的颜色?
yǒu méi yǒu dàn yì diǎn de yán sè

濃いめ・明るめ

深、亮
shēn　liàng

10 このシミをカバーできるファンデーションはありませんか？

yǒu méi yǒu kě yǐ bǎ què bān zhē zhù de fěn dǐ
有 没 有 可 以 把 雀 斑 遮 住 的 粉 底?
イオウ メイ イオウ コー イー バー チュエ バン ジョー ジュー デェ フェン ディー

11 ― 肌がくすんでますね。

nǐ de pí fū quē fá guāng zé
你 的 皮 肤 缺 乏 光 泽。
ニー デェ ピー フー チュエ ファー グアン ゼォー

12 ― 明るめの色を使うといいですよ。

suǒ yǐ yòng liàng yì diǎn de yán sè huì bǐ jiào hǎo
所 以 用 亮 一 点 的 颜 色 会 比 较 好。
スオ イー ヨン リアン イー ディエン デェ イェン ソー ホイ ビー ジアオ ハオ

13 ― 化粧コットンをサービスします。

zhè ge huà zhuāng mián sòng nǐ
这 个 化 妆 棉 送 你。
ジョー ゴー ホア ジョアン ミエン ソン ニー

靴

5 [CD-2 track23]

1 ― どんな靴をお探しですか？

nǐ zài zhǎo shén me yàng de xié
你 在 找 什 么 样 的 鞋?
ニー ザイ ジャオ シェン モー ヤン デェ シエ

2 ショートブーツを見たいんですけど。

wǒ xiǎng kàn kan duǎn xuē
我 想 看 看 短 靴。
ウオ シアン カン カン ドアン シュエ

ハイヒール、サンダル、スニーカー、革靴

gāo gēn xié liáng xié qiú xié pí xié
高 跟 鞋、凉 鞋、球 鞋、皮 鞋
ガオ ゲン シエ リアン シエ チウ シエ ピー シエ

3 これを履いてみたいんですが。

wǒ xiǎng shì chuān yí xià
我 想 试 穿 一 下。
ウオ シアン シー チョアン イー シア

4 ーサイズはいくつでしょうか。

qǐng wèn nǐ chuān jǐ hào
请 问 你 穿 几 号?
チン ウエン ニー チョアン ジー ハオ

5 これの24センチはありますか？

yǒu mei yǒu èr shí sì hào de
有 没 有 二 十 四 号 的?
イオウ メイ イオウ アル シー スー ハオ デェ

6 ー24は今切らしてるんですよ。

èr shí sì hào dōu mài guāng le
二 十 四 号 都 卖 光 了。
アル シー スー ハオ ドウ マイ グアン レェ

7 ーサイズは出ているだけになります。

chǐ cun zhǐ yǒu bǎi chū lái de zhè xiē le
尺 寸 只 有 摆 出 来 的 这 些 了。
チョー ツン ジー イオウ バイ チュー ライ デェ ジョー シエ レェ

8 扁平足なので、幅広なものを見せてください。

wǒ shì biǎn píng zú suǒ yǐ xiǎng kàn kuān diǎn de xié zi
我 是 扁 平 足, 所 以 想 看 宽 点 的 鞋 子。
ウオ シー ビエン ピン ズー スオ イー シアン カン クアン ディエン デェ シエ ズー

9 茶系のを探してるんですが。　　　　　　　　　　　　　　黒系

wǒ zài zhǎo kā fēi sè de xié zi　　　　　　　hēi sè
我 在 找 咖 啡 色 的 鞋 子。　　　　　　**黑 色**
ウオ ザイ ジャオ カー フェイ ソー デェ シエ ズー　　　　ヘイ ソー

10 これの材質は何ですか？

zhè shuāng xié shì shén me zuò de
这 双 鞋 是 什 么 做 的?
ジョー ショアン シエ シー シェン モー ズオ デェ

11 ― 純牛革です。　　　　　　　　　　合成革、ゴム

chún niú pí zuò de
纯 牛 皮 做 的。
チュン ニウ ピー ズオ デェ

hé chéng pí sù jiāo
合 成 皮、塑 胶
ホー チョン ピー スー ジアオ

12 ヒールが高すぎます。

xié gēn tài gāo le
鞋 跟 太 高 了。
シエ ゲン タイ ガオ レェ

13 ヒールは5センチくらいがいいです。

xié gēn wǔ gōng fēn zuǒ yòu de bǐ jiào hǎo
鞋 跟 五 公 分 左 右 的 比 较 好。
シエ ゲン ウー ゴン フェン ズオ イオウ デェ ビー ジアオ ハオ

14 もう少しスマートなのがいいな。

yǒu mei yǒu gèng xiù qì yì diǎn de
有 没 有 更 秀 气 一 点 的?
イオウ メイ イオウ ゴン シウ チー イー ディエン デェ

15 ぴったりです。

gāng gāng hǎo
刚 刚 好。
ガン ガン ハオ

16 デザインは気に入ってるんですが。

kuǎn shì wǒ hěn xǐ huan
款 式 我 很 喜 欢。
クアン シー ウオ ヘン シー ホアン

17 つま先あたりが窮屈です。

jiǎo zhǐ tou de dì fang yǒu diǎn jǐn
脚 指 头 的 地 方 有 点 紧。
ジアオ ジー トウ デェ デェ ファン イオウ ディエン ジン

18 かかとが固いです。

jiǎo hòu gen de dì fang yǒu diǎn yìng
脚 后 跟 的 地 方 有 点 硬。
ジアオ ホウ ゲン デェ デェ ファン イオウ ディエン イン

ショッピング

19 ちょっと幅が狭い感じです。

yǒu diǎn zhǎi
有点窄。
イオウ ディエン ジャイ

20 ちょっときついです。

yǒu diǎn jǐn
有点紧。
イオウ ディエン ジン

21 指が中で遊んでます。

qián mian kōng dàng dàng de
前面空荡荡的。
チエン ミエン コン ダン ダン デェ

22 ― 革ですから履いているうちに伸びてきますよ。

zhè ge shì pí zuò de huì yuè chuān yuè sōng
这个是皮做的会越穿越松。
ジョー ゴー シー ピー ズオ デェ ホイ ユエ チョアン ユエ ソン

23 ― 少しなら伸ばすこともできます。

néng shāo wēi chēng dà diǎn
能稍微撑大点。
ノン シャオ ウエイ チョン ダー ディエン

24 ― 中敷きを1枚敷きますか？

yào bú yào diàn kuài xié diàn
要不要垫块鞋垫?
ヤオ ブー ヤオ ディエン クアイ シエ ディエン

25 靴の修繕もやってますか？

nǐ men zhè er gěi bù gěi xiū xié
你们这儿给不给修鞋?
ニー メン ジョー アル ゲイ ブー ゲイ シウ シエ

26 ― 当店の靴ならいつでも承ります。

shì wǒ men zhè er de xié de huà gěi xiū
是我们这儿的鞋的话给修。
シー ウオ メン ジョー アル デェ シエ デェ ホア ゲイ シウ

27 ここの修理をお願いします。

qǐng bāng wǒ xiū yí xià zhè er
请 帮 我 修 一 下 这 儿。
チン バン ウオ シウ イー シア ジョー アル

28 —1週間ほどお時間戴きますが、よろしいでしょうか？

dà gài yào yí ge xīng qī zuǒ yòu kě yǐ mā
大 概 要 一 个 星 期 左 右, 可 以 吗?
ダー ガイ ヤオ イー ゴー シン チー ズオ イオウ コー イー マー

鞄

1 — どんなものをお探しですか？

qǐng wèn nǐ zài zhǎo shén me yàng de bāo
请 问 你 在 找 什 么 样 的 包?
チン ウエン ニー ザイ ジャオ シェン モー ヤン デェ バオ

2 通勤用に使えるバッグを探してるんです。

wǒ xiǎng mǎi shàng bān shí tí de bāo
我 想 买 上 班 时 提 的 包。
ウオ シアン マイ シャン バン シー ティー デェ バオ

3 長持ちしてしっかりしたものがほしいんです。

wǒ xiǎng yào jiān gù nài yòng diǎn de bāo
我 想 要 坚 固 耐 用 点 的 包。
ウオ シアン ヤオ ジエン グー ナイ ヨン ディエン デェ バオ

4 旅行鞄を見せてください。

yǒu lǚ xíng yòng de bāo mā
有 旅 行 用 的 包 吗。
イオウ リュイ シン ヨン デェ バオ マー

5 軽くて丈夫なものがいいな。

wǒ xiǎng yào yòu qīng yòu nài yòng de
我 想 要 又 轻 又 耐 用 的。
ウオ シアン ヤオ イオウ チン イオウ ナイ ヨン デェ

6 旅行用のスーツケースを見せてください。

yǒu mei yǒu lǚ xíng yòng de xiāng zi
有没有旅行用的箱子?
イオウ メイ イオウ リュイ シン ヨン デェ シアン ズー

7 車輪がついているものがいいです。

wǒ xiǎng yào yǒu lún zi de
我想要有轮子的。
ウオ シアン ヤオ イオウ ルン ズー デェ

8 もう少し軽いのはありませんか？

yǒu mei yǒu zài qīng yì diǎn de
有没有再轻一点的?
イオウ メイ イオウ ザイ チン イー ティエン デェ

9 小ぶりのものはありませんか？

yǒu zài xiǎo yì diǎn de mā
有再小一点的吗?
イオウ ザイ シアオ イー ティエン デェ マー

10 ハンドバッグは出ているだけですか？

shǒu tí bāo zhǐ yǒu zhè xiē mā
手提包只有这些吗?
ショウ ティー バオ ジー イオウ ジョー シエ マー

11 このバッグは何の革でできてるんですか？

zhè ge bāo shì shén me pí zuò de
这个包是什么皮做的?
ジョー ゴー バオ シー シェン モー ピー ズオ デェ

12 ― 子牛の革です。　　　　　　　　　羊の革

shì xiǎo niú pí zuò de　　　　　yáng pí
是小牛皮做的。　　　　　　　羊皮
シー シアオ ニウ ピー ズオ デェ　　　ヤン ピー

家具

1 子供の学習机を見たいんですが。

我 想 看 看 小 孩 做 功 课 的 桌 子。
wǒ xiǎng kàn kan xiǎo hái zuò gōng kè de zhuō zi

ベッド・洋服ダンス・本棚

床 铺、衣 橱、书 架
chuáng pù yī chú shū jià

2 ― お子様のでしょうか？

是 小 孩 子 用 的 吗?
shì xiǎo hái zi yòng de mā

3 ― こちらは机や椅子の高さが調節できます。

这 边 桌 椅 的 高 度 可 以 调 整。
zhè bian zhuō yǐ de gāo dù kě yǐ tiáo zhěng

4 大人用です。

大 人 用 的。
dà rén yòng de

5 引き出しが浅いですね。

抽 屉 有 点 浅。
chōu ti yǒu diǎn qiǎn

6 引き出しがもう少しいっぱいあった方がいいんだけど。

我 想 要 抽 屉 多 的。
wǒ xiǎng yào chōu ti duō de

7 ここ、ちょっと傷があるんだけど安くなりませんか？

zhè li yǒu diǎn xiá cī kě yǐ suàn pián yi diǎn mā
这里有点瑕疵，可以算便宜点吗？

8 材質は何ですか？

zhè shì shén me zuò de
这是什么做的?

9 一籐です。

téng zi zuò de
藤子做的。

10 この食卓は何人用ですか？

zhè zhāng zhuō zi néng zuò jǐ ge rén
这张桌子能坐几个人?

11 円形の食卓はありませんか？

yǒu mei yǒu yuán zhuō
有没有圆桌?

12 食卓と椅子はセットですか？

zhuō zi hé yǐ zi shì yí tào de mā
桌子和椅子是一套的吗?

13 ソファーの布は変えられますか？

shā fā tào néng huàn mā
沙发套能换吗?

14 ―こちらからお好みの柄をお選びください。

nín kě yǐ cóng zhè lǐ miàn xuǎn zé nín xǐ huan de huā sè
您可以从这里面选择您喜欢的花色。

15 もっと本がたくさん入る本棚はないですか？

wǒ xiǎng yào néng fàng hěn duō shū de shū jià
我想要能放很多书的书架。
ウオ シアン ヤオ ノン ファン ヘン ドゥオ シュー デェ シュー ジャ

16 ― ガラス戸付きがいいですか？

yào yǒu bō lí chuāng de mā
要有玻璃窗的吗?
ヤオ イオウ ボー リー チョアン デェ マー

17 クラシックなデザインが好きなんですよ。

wǒ xǐ huan gǔ diǎn shì de zào xíng
我喜欢古典式的造型。
ウオ シー ホアン グー ティエン シー デェ ザァオ シン

18 シックな色合いの家具を探しています。

wǒ xiǎng yào diǎn yǎ diǎn de jiā jù
我想要典雅点的家具。
ウオ シアン ヤオ ティエン ヤー ティエン デェ ジャ ジュ

明るい色
liàng sè
亮色
リアン ソー

寝具 8

CD-2 [track26]

1 これは掛け布団と敷き布団がセットですか？

bèi gēn rù zi shì yí tào de mā
被跟褥子是一套的吗?
ベイ ゲン ルー ズー シー イー タオ デェ マー

2 ― 別々でもご購入いただけます。

kě yǐ fēn kāi mǎi
可以分开买。
コー イー フェン カイ マイ

3 ― セットなのでお安くなっています。

yí tào bǐ jiào pián yi
一套比较便宜。
イー タオ ビー ジアオ ピエン イー

4 枕カバーはついていますか？

dài zhěn tào mā
带 枕 套 吗?
ダイ ジェン タオ マー

5 羽毛布団がほしいのですが。

wǒ xiǎng mǎi yǔ róng bèi
我 想 买 羽 绒 被。
ウオ シアン マイ ユィ ルゥアン ベイ

6 もう少し薄い掛け布団はありませんか？

yǒu mei yǒu zài báo yì diǎn de bèi zi
有 没 有 再 薄 一 点 的 被 子?
イオウ メイ イオウ ザイ バオ イー ディエン デェ ベイ ズー

7 ダブルサイズの掛け布団を見せてください。

kě yǐ ràng wǒ kàn yí xià shuāng rén bèi mā
可 以 让 我 看 一 下 双 人 被 吗?
コー イー ルァン ウオ カン イー シア シュアン ルェン ベイ マー

8 カバーは変えられますか？

bèi dān kě yǐ huàn mā
被 单 可 以 换 吗?
ベイ ダン コー イー ホアン マー

9 ベッドのマットは他のものに変えられますか？

chuáng diàn kě yǐ huàn mā
床 垫 可 以 换 吗?
チョアン ディエン コー イー ホアン マー

10 ─ はい、自由に組み合わせできます。

dāng rán kě yǐ nín kě yǐ zì yóu pèi huàn
当 然 可 以, 您 可 以 自 由 配 换。
ダン ルァン コー イー ニン コー イー ズー イオウ ペイ ホアン

11 ベッドシーツはどちらに置いてありますか？

chuáng dān zài nǎ li
床 单 在 哪 里?
チョアン ダン ザイ ナー リー

家電

1 この**冷蔵庫**、在庫はありますか？

zhè tái bīng xiāng hái yǒu cún huò mā
这 台 冰 箱 还 有 存 货 吗?

洗濯機・テレビ

xǐ yī jī diàn shì jī
洗 衣 机, 电 视 机

2 もう少し容量の大きいものを探しています。

wǒ xiǎng mǎi róng liàng dà yì diǎn de
我 想 买 容 量 大 一 点 的。

3 コンパクトなものがいいんだけど。

wǒ xiǎng mǎi xiǎo xíng de
我 想 买 小 型 的。

4 他の色は取り寄せとなります。

qí tā yán sè děi dìng gòu
其 他 颜 色 得 订 购。

5 メーカーに問い合わせてみます。

wǒ wèn yí xià chǎng jiā
我 问 一 下 厂 家。

6 どちらの方が省電力型ですか？

nǎ yì tái bǐ jiào shěng diàn
哪 一 台 比 较 省 电?

7 旧型だし、もう少し安くなりませんか？

这台是旧型的，可以算便宜点吗?
zhè tái shì jiù xíng de, kě yǐ suàn pián yi diǎn ma

8 こちらのオーディオを試聴できますか？

这台音响可以试听吗?
zhè tái yīn xiǎng kě yǐ shì tīng ma

9 このテレビは何インチですか？　　　　　　モニタ

这台电视是几寸的?　　荧幕
zhè tái diàn shì shì jǐ cùn de　　yíng mù

10 こちらのものとどう違うんですか？

和这个有什么不一样?
hé zhè ge yǒu shén me bù yí yàng

11 こちらは去年のモデルで、あちらが新型です。

这个是去年的机种，那个是新机种。
zhè ge shì qù nián de jī zhǒng, nà ge shì xīn jī zhǒng

12 配送料金がかかりますか？　　　　設置料金

运费要钱吗?　　装
yùn fèi yào qián ma　　zhuāng

13 電子手帳を見せてください。

我要看电子记事本。
wǒ yào kàn diàn zi jì shì běn

14 これが一番新しい機種ですか？

这是最新的机种吗?
zhè shì zuì xīn de jī zhǒng ma

15 何年保証ですか？

bǎo zhèng qī jǐ nián
保 证 期 几 年?
バオ ジォン チー ジー ニエン

食料品
10

CD-2
[track28]

肉・魚

1 これ、200グラムください。

zhè ge gěi wǒ èr bǎi kè
这 个 给 我 二 百 克。
ジョー ゴー ゲイ ウオ アル バイ コー

＊「二百克」の「二」は、地方によって「两」(liǎng)と発音したり「二」(èr)と発音したりします。特に上海では「二」(èr)と発音する傾向があるようです。

2 牛肉をください。　　　　　　　　豚肉・鶏肉

wǒ yào niú ròu　　　　　　zhū ròu jī ròu
我 要 牛 肉。　　　　　猪 肉、鸡 肉
ウオ ヤオ ニウ ルゥォ　　　ジュー ルゥォ ジー ルゥォ

3 この牛肉を挽肉にしてください。

zhè kuài niú ròu gěi wǒ jiǎo yí xià
这 块 牛 肉 给 我 绞 一 下。
ジョー クアイ ニウ ルゥォ ゲイ ウオ ジアオ イー シア

4 薄切りにしてください。

bāng wǒ qiē chéng piàn
帮 我 切 成 片。
バン ウオ チエ チョン ピエン

5 この肉を100元分ください。

gěi wǒ yì bǎi kuài qián de ròu
给 我 一 百 块 钱 的 肉。
ゲイ ウオ イー バイ クアイ チエン デェ ルゥォ

ショッピング

6 アサリを600グラムください。

gěi wǒ yì jīn gé lì
给我一斤蛤蜊。
ゲイ ウオ イー ジン ゴー リー

7 このアサリは砂抜きですか？

zhè ge gé lì qù shā le mā
这个蛤蜊去沙了吗?
ジョー ゴー ゴー リー チュイ シャー レェ マー

8 これは一尾いくらですか？

yì tiáo yú duō shao qián
一条(鱼)多少钱?
イー ティアオ ユィ ドゥオ シャオ チエン

たら・太刀魚・さば・さんま・鯛

xuě yú dài yú shā dīng yú qiū dāo yú diāo yú
鳕鱼、带鱼、沙丁鱼、秋刀鱼、鲷鱼
シュエ ユィ ダイ ユィ シャー ディン ユィ チウ ダオ ユィ ティアオ ユィ

9 鱗と内臓を取ってください。

qǐng bǎ lín hé nèi zàng qù diào
请把鳞和内脏去掉。
チン バー リン ホー ネイ ザン チュイ ティアオ

10 刺身用にしてください。

bāng wǒ nòng chéng shēng yú piàn
帮我弄成生鱼片。
バン ウオ ノン チョン ション ユィ ピエン

11 3枚におろしてください。

bāng wǒ bǎ yú qiē chéng sān piàn
帮我把鱼切成三片。
バン ウオ バー ユィ チエ チョン サン ピエン

12 ぶつ切りにしてください。

bāng wǒ duò yí xià
帮我剁一下。
バン ウオ ドゥオ イー シア

13 そのままでいいです。

zhè yàng jiù xíng
这样就行。
ジョー ヤン ジィウ シン

果物

1 贈り物用に詰め合わせてください。

bāng wǒ bāo qǐ lái wǒ yào sòng rén
帮我包起来，我要送人。
バン ウオ バオ チー ライ ウオ ヤオ ソン ルェン

2 箱に入れますか？

yào zhuāng xiāng mā
要装箱吗?
ヤオ ジョアン シアン マー

3 箱にしますか？ かごにしますか？

yào zhuāng xiāng ne hái shì yào zhuāng zài lán zi lǐ ne
要装箱呢? 还是要装在蓝子里呢?
ヤオ ジョアン シアン ノー ハイ シー ヤオ ジョアン ザイ ラン ズー リー ノー

4 イチゴ1ケースとリンゴを3つください。

wǒ yào yì hé cǎo méi hé sān ge píng guǒ
我要一盒草莓和三个苹果。
ウオ ヤオ イー ホー ツァオ メイ ホー サン ゴー ピン グオ

5 甘いのを選んでください。

wǒ yào tián yì diǎn de
我要甜一点的。
ウオ ヤオ ティエン イー ディエン デェ

6 どれがよく熟れていますか？

nǎ ge bǐ jiào shóu
哪个比较熟?
ナー ゴー ビー ジアオ ショウ

＊「熟」の発音も地方によって「shú」とするものと「shóu」とするものがあります。

7 この間買ったすいかは熟れすぎてましたよ。

wǒ shàng cì mǎi de xī guā yǒu diǎn shóu guò tóu le
我 上 次 买 的 西 瓜 有 点 熟 过 头 了。
ウオ シャン ツー マイ デェ シー グア イオウ ディエン ショウ グオ トオ レェ

その他

1 この野菜を一束ください。

zhè ge cài gěi wǒ yì bǎ
这 个 菜 给 我 一 把。
ジョー ゴー ツァイ ゲイ ウオ イー バー

2 豆腐を一丁ください。

gěi wǒ yí kuài dòu fu
给 我 一 块 豆 腐。
ゲイ ウオ イー クアイ ドウ フー

3 賞味期限はいつまでですか？

bǎo cún qī dào shén me shí hou
保 存 期 到 什 么 时 候?
バオ ツン チー ダオ シェン マー シー ホウ

4 これはどうやって食べるんですか？

zhè ge zěn me chī
这 个 怎 么 吃?
ジョー ゴー ゼン モー チー

5 ―みそ汁に入れるとおいしいですよ。

zhè ge fàng zài wèi cēng tāng lǐ hěn hǎo hē o
这 个 放 在 味 噌 汤 里 很 好 喝 哦。
ジョー ゴー ファン ザイ ウエイ ツォン タン リー ヘン ハオ ホー オー

6 ―湯がいて和え物にするといいですよ。

zhǔ hòu bàn yí xià jì kě
煮 后 拌 一 下 即 可。
ジュー ホウ バン イー シア ジー コー

7 揚げてもいいし、鍋物にもいいですよ。

可以炸也可以涮火锅。
kě yǐ zhá yě kě yǐ shuàn huǒ guō
コー イー ジャー イエ コー イー ショアン フオ グオ

8 この牛乳、賞味期限が過ぎてますよ。

这个牛奶过期了。
zhè ge niú nǎi guò qī le
ジョー ゴー ニウ ナイ グオ チー レェ

9 食パンを6枚切りにしてください。

这条面包帮我切成六片。
zhè tiáo miàn bāo bāng wǒ qiē chéng liù piàn
ジョー ティアオ ミエン バオ バン ウオ チエ チョン リウ ピエン

10 無糖のヨーグルトは置いていませんか？

＊台湾では「ヨーグルト」のことを「優酪乳」と言います。

有没加糖的酸奶吗?
yǒu méi jiā táng de suān nǎi mā
イオウ メイ ジア タン デェ スワン ナイ マー

11 挽いたコーヒー豆はありますか？

有磨好的咖啡吗?
yǒu mó hǎo de kā fēi mā
イオウ モー ハオ デェ カー フェイ マー

12 カフェイン抜きのコーヒーはありませんか？

有不含咖啡因的咖啡吗?
yǒu bù hán kā fēi yīn de kā fēi mā
イオウ ブー ハン カー フェイ イン デェ カー フェイ マー

13 冷えたビールはありませんか？

有冰啤酒吗?
yǒu bīng pí jiǔ mā
イオウ ビン ピー ジゥ マー

14 今、ちょっと切らしています。

刚好没了。
gāng hǎo méi le
ガン ハオ メイ レェ

ショッピング

15 日本酒と清酒のどちらが口当たりがいいですか？

Rì běn jiǔ hé qīng jiǔ nǎ ge róng yì hē
日 本 酒 和 清 酒 那 个 容 易 喝?
ルィ ベン ジィウ ホー チン ジィウ ナー ゴー ルゥォン イー ホー

生活雑貨・台所用品
11

CD-2 [track29]

---

1 食器洗浄機用の洗剤はありますか？

yǒu xǐ wǎn jī zhuān yòng de xǐ jì ma
有 洗 碗 机 专 用 的 洗 剂 吗?
イオウ シー ワン ジー ジョアン ヨン デェ シー ジー マー

---

2 この漂白剤は柄物に使えますか？

zhè ge piǎo bái jì kě yǐ xǐ huā bù ma
这 个 漂 白 剂 可 以 洗 花 布 吗?
ジョー ゴー ピアオ バイ ジー コー イー シー ホア ブー マー

---

3 シルクやウール用の専用洗剤はどこにありますか？

yǒu zhēn sī huò yáng máo zhuān yòng de xǐ jié jīng ma
有 真 丝 或 羊 毛 专 用 的 洗 洁 精 吗?
イオウ ジェン スー フォ ヤン マオ ジョアン ヨン デェ シー ジエ ジン マー

---

4 電動歯ブラシのスペアはどこで売っていますか？

diàn dòng yá shuā de bèi yòng yá shuā zài nǎ er mài
电 动 牙 刷 的 备 用 牙 刷 在 哪 儿 卖?
ディエン ドン ヤー ショア デェ ベイ ヨン ヤー ショア ザイ ナー アル マイ

---

5 一家電売り場です。

zài mài jiā diàn de dì fang
在 卖 家 电 的 地 方。
ザイ マイ ジャ ディエン デェ ディー ファン

---

6 この石けんはマイルドですか？

zhè kuài féi zào de chéng fēn shì wēn hé xìng de ma
这 块 肥 皂 的 成 分 是 温 和 性 的 吗?
ジョー クアイ フェイ ザァオ デェ チョン フェン シー ウエン ホー シン デェ マー

7 このセットの包丁をバラで買えますか？

zhè zǔ cài dāo kě yǐ fēn kāi mǎi mā
这 组 菜 刀 可 以 分 开 买 吗?

8 もっと底の深い鍋があればいいんだけど。　　底の浅い

wǒ xiǎng yào shēn yì diǎn de guō　　qiǎn
我 想 要 深 一 点 的 锅。　　浅

9 鍋の蓋だけ買えますか？

zhǐ mǎi guō gài xíng mā
只 买 锅 盖 行 吗?

10 蓋のつまみが壊れたんですよ。

guō gài de zhuā shǒu huài le
锅 盖 的 抓 手 坏 了。

11 この皿は電子レンジで使えますよね？

zhè ge pán zi kě yǐ fàng zài wēi bō lú li yòng mā
这 个 盘 子 可 以 放 在 微 波 炉 里 用 吗?

12 これとセットになっているのはありませんか？

yǒu mei yǒu hé zhè ge chéng tào de
有 没 有 和 这 个 成 套 的?

13 この圧力鍋は取り扱いが簡単ですか？

zhè ge yā lì guō hěn róng yì shǐ yòng mā
这 个 压 力 锅 很 容 易 使 用 吗?

14 この土鍋は直火でも大丈夫？

zhè ge shā guō kě yǐ zhí jiē fàng zài huǒ shang shāo mā
这 个 沙 锅 可 以 直 接 放 在 火 上 烧 吗?

ショッピング

15 フッ素樹脂加工の鍋はありますか？

有 氟 素 加 工 过 的 锅 吗?
yǒu fú sù jiā gōng guò de guō mā

書店・CD・DVD
12

CD-2 [track30]

1 探している**本**があるんですが…。

我 在 找 本 书 ...
wǒ zài zhǎo běn shū

CD・DVD・ビデオ

盘 CD、张 DVD、录 像 带
pán CD zhāng DVD lù xiàng dài

2 『ハリー・ポッター』というタイトルの本はありますか？

有 卖 哈 利 波 特 的 书 吗?
yǒu mài hā lì bō tè de shū mā

3 ― 品切れですので、取り寄せになります。

现 在 没 有 货, 需 要 定 购。
xiàn zài méi yǒu huò xū yào dìng gòu

4 ― 絶版なので今は手に入らないんです。

早 就 绝 版 了, 现 在 买 不 到 了。
zǎo jiù jué bǎn le xiàn zài mǎi bú dào le

5 ― 著者名か出版社名はおわかりになりますか？

知 道 作 者 和 出 版 社 的 名 字 吗?
zhī dào zuò zhě hé chū bǎn shè de míng zi mā

6 この本を予約したいんですが…。

zhè běn shū wǒ yù yuē le
这 本 书 我 预 约 了...
ジョー ベン シュー ウオ ユィ ユエ レェ

7 本が届いたら連絡ください。

shū dào le gào sù wǒ yì shēng
书 到 了 告 诉 我 一 声。
シュー ダオ レェ ガオ スー ウオ イー ション

8 この雑誌を定期購読したいんですが。

wǒ xiǎng dìng qī dìng gòu zhè běn zá zhì
我 想 定 期 订 购 这 本 杂 志。
ウオ シアン ディン チー ディン ゴウ ジョー ベン ザァー ジー

9 **辞書**の棚はどこですか？

fàng zì diǎn de shū jià zài nǎ li
放 字 典 的 书 架 在 哪 里?
ファン ズー ディエン デェ シュー ジャ ザイ ナー リー

参考書・絵本・漫画・実用書

cān kǎo shū tú huà shū màn huà shū shí yòng shū
参 考 书、图 画 书、漫 画 书、实 用 书
ツァン カオ シュー トゥー ホア シュー マン ホア シュー シー ヨン シュー

文具

13

CD-2 [track31]

1 その万年筆を見せてください。

gěi wǒ kàn yí xià nà zhī gāng bǐ
给 我 看 一 下 那 支 钢 笔。
ゲイ ウオ カン イー シア ナー ジー ガン ビー

2 インク式ですか？

shì yòng mò shuǐ de mā
是 用 墨 水 的 吗?
シー ヨン モー ショイ デェ マー

275

3 ── はい、専用インクが必要です。

对，要用专用的墨水。
duì, yào yòng zhuān yòng de mò shuǐ

4 ── いえ、カートリッジ式です。

不，是用墨水管。
bù, shì yòng mò shuǐ guǎn

5 ── どちらも使えます。

两种都可以。
liǎng zhǒng dōu kè yǐ

6 このボールペンの替え芯がほしいんですが。

我要这个圆珠笔的芯。
wǒ yào zhè ge yuán zhū bǐ de xīn

7 ── それはうちでは扱ってないんですよ。

我们这里没有卖的。
wǒ men zhè li méi yǒu mài de

8 幅の広いセロテープはありませんか？

有没有宽一点的胶布？
yǒu mei yǒu kuān yì diǎn de jiāo bù

9 どの接着剤が強力ですか？

哪种强力胶粘得住？
nǎ chǒng qiáng lì jiāo zhān de zhù

10 ── 用途によって違いますが、何に使うんですか？

看用在什么地方，你要做什么用？
kàn yòng zài shén me dì fang, nǐ yào zuò shén me yòng

11 芯が柔らかい鉛筆を探しているんですが。

wǒ xiǎng yào ruǎn xīn qiān bǐ
我想要软芯铅笔。
ウオ シアン ヤオ ルゥワン シン チエン ビー

12 色つきの紙粘土を置いていますか？

yǒu cǎi sè de zhǐ nián tǔ mā
有彩色的纸黏土吗？
イオウ ツァイ ソー デェ ジー ニエン トゥー マー

13 ― それでしたら、3階のおもちゃ売り場にあります。

zhǐ nián tǔ mā zài sān lóu mài wán jù de dì fang
纸黏土吗？在三楼卖玩具的地方。
ジー ニエン トゥー マー ザイ サン ロウ マイ ワン ジュ デェ ディー ファン

手芸
14

CD-2 [track32]

1 カーテンの布地を見せてください。

wǒ xiǎng kàn yí xià chuāng lián de bù liào
我想看一下窗帘的布料。
ウオ シアン カン イー シア チョアン リエン デェ ブー リアオ

2 何センチ幅ですか？

kuān duō cháng
宽多长？
クアン ドゥオ チャン

3 1メートルいくらですか？

yì mǐ duō shǎo qián
一米多少钱？
イー ミー ドゥオ シャオ チエン

4 ― お客様のご要望に応じてカーテンのオーダーもできます。

wǒ men kě yǐ àn gù kè de yì si dìng zuò chuāng lián
我们可以按顾客的意思定做窗帘。
ウオ メン コー イー アン グー コー デェ イー スー ディン ズオ チョアン リエン

ショッピング

5 これを10メートルください。

bāng wǒ cái shí mǐ
帮 我 裁 十 米。
バン ウオ ツァイ シー ミー

6 ちょっと薄手の生地はありませんか？

yǒu méi yǒu báo diǎn de bù liào
有 没 有 薄 点 的 布 料?
イオウ メイ イオウ バオ ディエン デェ ブー リアオ

厚手

hòu diǎn
厚 点
ホウ ディエン

7 パッチワーク用の端切れはありますか？

yǒu pīn còu shǒu gōng yòng de bù tóu mā
有 拼 凑 手 工 用 的 布 头 吗?
イオウ ピン ツォウ ショウ ゴン ヨン デェ ブー トウ マー

8 教材も置いていますか？

yǒu jiào cái mā
有 教 材 吗?
イオウ ジアオ ツァイ マー

9 編み針を見せてください。

wǒ xiǎng kàn yí xià zhī zhēn
我 想 看 一 下 织 针。
ウオ シアン カン イー シア ジー ジェン

大工用具
15

CD-2 [track33]

1 これと全く同じネジを10本ください。

wǒ yào shí gēn gēn zhè ge yí yàng de luó sī dīng
我 要 十 根 跟 这 个 一 样 的 螺 丝 钉。
ウオ ヤオ シー ゲン ゲン ジョー ゴー イー ヤン デェ ルオ スー ディン

2 このボルトに合うナットをください。

yǒu mei yǒu hé zhè ge luó sī de luó mào ne
有 没 有 合 这 个 螺 丝 的 螺 帽 呢?
イオウ メイ イオウ ホー ジョー ゴー ルオ スー デェ ルオ マオ ノー

3 この釘はコンクリートでも打てますか？

zhè ge dīng zi kě yǐ dìng de dòng shuǐ ní mā
这个钉子可以钉得动水泥吗?
ジョー ゴー ディン ズー コー イー ディン デェ ドン ショイ ニー マー

4 もっと大きい金槌はありませんか？

yǒu mei yǒu gèng dà de tiě chuí
有没有更大的铁槌?
イオウ メイ イオウ ゴン ダー デェ ティエ チョイ

5 これは水性ペイントですか？

zhè shì shuǐ xìng yóu qī mā
这是水性油漆吗?
ジョー シー ショイ シン イオウ チー マー

6 ペイント塗り一式お願いします。

gěi wǒ yí tào shuā yóu qī de gōng jù
给我一套刷油漆的工具。
ゲイ ウオ イー タオ ショア イオウ チー デェ ゴン ジュ

花屋

1 花束の配達もできますか？

gěi sòng mā
给送吗?
ゲイ ソン マー

2 今日中に届きますか？

jīn tiān kě yǐ sòng dào mā
今天可以送到吗?
ジン ティエン コー イー ソン ダオ マー

3 黄色系で花束を作ってください。

bāng wǒ shè jì yì bǎ yǐ huáng sè wéi zhǔ de huā shù
帮我设计一把以黄色为主的花束。
バン ウオ ショー ジー イー バー イー ホアン ソー ウエイ ジュー デェ ホア シュー

4 予算は50元です。

yù suàn zài wǔ shí kuài zhī nèi
预算在五十块之内。
ユィ スワン ザァイ ウー シー クアイ ジー ネイ

5 バラを必ず入れてくださいね。

méi gui yí dìng yào jiā jìn qù
玫瑰一定要加进去。
メイ グォイ イー ディン ヤオ ジア ジン チュイ

6 これはドライフラワーにできますか？

zhè ge kě yǐ zuò chéng gān zào huā mā
这个可以做成干燥花吗?
ジョー ゴー コー イー ズオ チョン ガン ザァオ ホア マー

7 病院のお見舞い用なんですが。

yào kàn wàng bìng rén yòng de
要看望病人用的。
ヤオ カン ワン ビン ルェン ヨン デェ

8 あまり手がかからない観葉植物はありますか？

yǒu zhòng qǐ lái bú fèi jìn de shǎng yè zhí wù mā
有种起来不费劲的赏叶植物吗?
イオウ ジョァン チー ライ ブー フェイ ジン デェ シャン イエ ジー ウー マー

9 他の鉢に植え替えてもらえますか？

kě yǐ bāng wǒ huàn ge pén mā
可以帮我换个盆吗?
コー イー バン ウオ ホアン ゴー ペン マー

ペットショップ 17

CD-2 [track35]

1 この猫は何という種類ですか？

zhè zhī māo shì shén me pǐn zhǒng
这只猫是什么品种?
ジョー ジー マオ シー シェン モー ピン チョン

犬・鳥

gǒu niǎo
狗、鸟
ゴウ ニアオ

2 血統書付きです。

附 有 血 统 书。
fù yǒu xuè tǒng shū
フー イオウ シエ トン シュー

3 抱いてみてもいいですか？

可 以 抱 它 吗?
kě yǐ bào tā mā
コー イー バオ ター マー

4 性格は温和ですか？

个 性 温 驯 吗?
gè xìng wēn xùn mā
ゴー シン ウエン シュン マー

5 予防接種はすべて済んでいますか？

预 防 接 种 了 吗?
yù fáng jiē zhǒng le mā
ユィ ファン ジエ ジョォン レェ マー

6 ハムスターの餌をください。

＊「ハムスター」は本来ならば、「楓葉鼠」という正式な名称がありますが、「ハム太郎」の流行りによって、「汉姆太郎」の名称が定着するようになりました。

我 要 汉 姆 太 郎 的 饵。
wǒ yào hàn mǔ tài làng de ěr
ウオ ヤオ ハン ムー タイ ラン デェ アル

7 初めてでも飼いやすい熱帯魚にはどんなものがありますか？

有 没 有 第 一 次 养 也 很 容 易 养 的 热 带
yǒu mei yǒu dì yí cì yǎng yě hěn róng yì yǎng de rè dài
イオウ メイ イオウ ディー イー ツー ヤン イエ ヘン ルゥォン イー ヤン デェ ルォ ダイ

鱼?
yú
ユィ

8 海水魚は難しいですか？

海 水 鱼 不 容 易 养 吗?
hǎi shuǐ yú bù róng yì yǎng mā
ハイ ショイ ユィ ブー ルゥォン イー ヤン マー

ショッピング

9 水槽の掃除は大変ですか？

shuǐ zú xiāng qīng lǐ qǐ lái hěn má fan mā
水 族 箱 清 理 起 来 很 麻 烦 吗？
ショイ ズー シアン チン リー チー ライ ヘン マー ファン マー

10 水替えは週1回、4分の1ずつしてください。

shuǐ yì xīng qī huàn yí cì yí cì huàn sì fēn zhī yī
水 一 星 期 换 一 次, 一 次 换 四 分 之 一。
ショイ イー シン ジー ホアン イー ツー イー ツー ホアン スー フェン ジー イー

乳幼児用品
18

CD-2
[track36]

1 産着は何枚くらい必要ですか？

yīng ér de yī fu xū yào zhǔn bèi jǐ jiàn
婴 儿 的 衣 服 需 要 准 备 几 件？
イン アル デェ イー フー シュイ ヤオ ジュン ベイ ジー ジエン

2 新生児用の紙おむつはどれですか？

yīng ér yòng de zhǐ niào bù zài nǎ er
婴 儿 用 的 纸 尿 布 在 哪 儿？
イン アル ヨン デェ ジー ニアオ ブー ザイ ナー アル

3 布のおむつはどんなものがありますか？

bù niào bù dōu yǒu shén me yàng de
布 尿 布 都 有 什 么 样 的？
ブー ニアオ ブー ドウ イオウ シー モー ヤン デェ

4 ガラスの哺乳瓶はありませんか？

yǒu bō lí de nǎi píng mā
有 玻 璃 的 奶 瓶 吗？
イオウ ボー リー デェ ナイ ピン マー

5 この粉ミルクは離乳期のものですか？

zhè ge nǎi fěn shì duàn nǎi shí hē de mā
这 个 奶 粉 是 断 奶 时 喝 的 吗？
ジョー ゴー ナイ フェン シー ドアン ナイ シー ホー デェ マー

6 ― このベビーカーは小さく折りたためて場所を取りませんよ。

这台婴儿车可以折起来所以不占空间。
zhè tái yīng ér chē kě yǐ zhé qǐ lái suǒ yǐ bú zhàn kōng jiān

7 （彼女の）出産祝いに何がいいですか？

她生小孩了，买什么送她好呢？
tā shēng xiǎo hái le, mǎi shén me sòng tā hǎo ne

8 よだれかけがほしいのですが。　　　　　お尻ふき

我要买围兜。　　　擦屁股的湿巾
wǒ yào mǎi wéi dōu　　　cā pì gu de shī jīn

9 ― ベビーローションやシャンプーもそろえた方がいいですよ。

婴儿用的乳液和洗发精最好都准备好。
yīng ér yòng de rǔ yè hé xǐ fà jīng zuì hǎo dōu zhǔn bèi hǎo

ショッピング

⑩ 緊急事態

助けを求める 1

言葉が通じないのは もちろん辛いのですが、困った時の辛さはなおさらですね。本章は、いざという時にあなたの力になりそうなものばかり集めてみました。困った時の神頼みならぬ、「困った時のワンフレーズ」も大事ですね。

1 助けて！

jiù mìng
救 命！
ジィウ ミン

2 誰か日本語が話せる人はいませんか？

yǒu mei yǒu huì shuō Rì yǔ de rén
有 没 有 会 说 日 语 的 人？
イオウ メイ イオウ ホイ シュオ ルィ ユィ デェ ルェン

3 警察を呼んでください！　　　　　　　　　　　救急車

bāng wǒ jiào jǐng chá　　　　　　　　　jiù hù chē
帮 我 叫 警 察！　　　　　　　　　救 护 车
バン ウオ ジアオ ジン チャー　　　　　　ジィウ フー チョー

4 交番はどこですか？

pài chū suǒ zài nǎ li
派 出 所 在 哪 里？
パイ チュー スオ ザイ ナー リー

5 助けが必要です。

wǒ xū yào bāng zhù
我 需 要 帮 助。
ウオ シュイ ヤオ バン ジュー

6 携帯電話を貸していただけますか？

kě yǐ bǎ nǐ de shǒu jī jiè wǒ yí xià
可 以 把 你 的 手 机 借 我 一 下
コー イー バー ニー デェ ショウ ジー ジエ ウオ イー シア

mā
吗？
マー

284

7 電話をかけたいので小銭を貸していただけますか？

我想打电话，可不可以借我点零钱?
wǒ xiǎng dǎ diàn huà, kě bu kě yǐ jiè wǒ diǎn líng qián
ウオ シアン ダー ディエン ホア コー ブー コー イー ジエ ウオ ディエン リン チエン

8 すみません、先に行かせてもらえませんか？

对不起，让我先过一下好吗?
duì bu qǐ, ràng wǒ xiān guò yí xià hǎo mā
ドォイ ブー チー ルァン ウオ シエン グオ イー シア ハオ マー

9 急いでるんです。

我赶时间。
wǒ gǎn shí jiān
ウオ ガン シー ジエン

10 急いでください。

快一点。
kuài yì diǎn
クアイ イー ディエン

11 この近くにトイレはありませんか？

这附近有厕所吗?
zhè fù jìn yǒu cè suǒ mā
ジョー フー ジン イオウ ツォー スオ マー

12 子供とはぐれてしまいました。

我小孩走丢了。
wǒ xiǎo hái zǒu diū le
ウオ シアオ ハイ ズォウ ディウ レェ

13 館内放送をお願いします。

可以帮我广播一下吗?
kě yǐ bāng wǒ guǎng bō yí xià mā
コー イー バン ウオ グアン ボー イー シア マー

14 この人、痴漢です。

这个人是色狼。
zhè ge rén shì sè láng
ジェイ ゴー ルェン シー ソー ラン

緊急事態

15 私のスカートに手を入れたんです。

他把手伸进我裙子里去了。
tā bǎ shǒu shēn jìn wǒ qún zi lǐ qù le
ター バー ショウ シェン ジン ウオ チュン ズー リー チュイ レェ

16 お尻を触ったんです。

他摸我的屁股。
tā mō wǒ de pì gǔ
ター モー ウオ デェ ピー グー

17 誰か私をつけてるんです。

有人跟踪我。
yǒu rén gēn zōng wǒ
イオウ ルェン ゲン ズォン ウオ

紛失 2

CD-2 [track38]

1 **パスポート**をなくしました。

我护照丢了。
wǒ hù zhào diū le
ウオ フー ジャオ ディウ レェ

クレジットカード・キャッシュカード

信用卡、银行卡
xìn yòng kǎ yín háng kǎ
シン ヨン カー イン ハン カー

2 ― どこでなくしたか心当たりはありませんか？

你觉得你是在哪里弄丢的?
nǐ jué de nǐ shì zài nǎ li nòng diū de
ニー ジュエ デェ ニー シー ザイ ナー リー ノン ディウ デェ

3 ― **カード会社**にすぐ連絡して止めてもらった方がいいですね。

你应该尽快跟卡片公司联系把卡停
nǐ yīng gāi jìn kuài gēn kǎ piàn gōng sī lián xì bǎ kǎ tíng
ニー イン ガイ ジン クアイ ゲン カー ピェン ゴン スー リエン シー バー カー ティン

diào
掉。
ディアオ

銀行
yín háng
银 行
イン ハン

4 不正使用された場合はどうなりますか？

wàn yī bèi rén dào yòng de huà zěn me bàn
万 一 被 人 盗 用 的 话 怎 么 办?
ワン イー ベイ ルェン ダオ ヨン デ ホア ゼン モー バン

5 ここに置いてあった傘がなくなりました。

wǒ fàng zài zhè lǐ de sǎn bú jiàn le
我 放 在 这 里 的 伞 不 见 了。
ウオ ファン ザイ ジェイ リー デ サン ブー ジェン レェ

6 レジの横に財布を置いたはずなんですが、見かけませんでしたか？

wǒ qián bāo fàng zài shōu yín tái páng biān nǐ yǒu mei yǒu
我 钱 包 放 在 收 银 台 旁 边，你 有 没 有
ウオ チエン バオ ファン ザイ ショウ イン タイ パン ビエン ニー イオウ メイ イオウ

kàn dào
看 到?
カン ダオ

7 **タクシー**の中に紙袋を置き忘れたんですが。　　　　　　　　　　　**バス**

wǒ zhǐ dài wàng zài chū zū chē li le　　　　　　gōng chē
我 纸 袋 忘 在 出 租 车 里 了。　　　　　公 车
ウオ ジー ダイ ワン ザイ チュー ズー チョー リー レェ　　　　ゴン チョー

8 どこからどこまで乗っていたんですか？

nǐ cóng nǎ lǐ shàng chē de zài nǎ lǐ xià chē de
你 从 哪 里 上 车 的? 在 哪 里 下 车 的?
ニー ツォン ナー リー シャン チョー デ ザイ ナー リー シア チョー デ

9 タクシー会社はわかりますか？

nǐ zhī dào shì nǎ jiā chū zū chē gōng sī ma
你 知 道 是 哪 家 出 租 车 公 司 吗?
ニー ジー ダオ シー ナー ジャ チュー ズー チョー ゴン スー マー

緊急事態

10 ― タクシーの車体の色は覚えていますか？

nǐ jì de chū zū chē de yán sè mā
你记得出租车的颜色吗?
ニー ジー デェ チュー ズー チョー デェ イェン ソー マー

11 ― 何番のバスですか？

jǐ hào gōng chē
几号公车?
ジー ハオ ゴン チョー

12 ― 何時頃にどこで降りましたか？

nǐ jǐ diǎn zài nǎ li xià chē de
你几点在哪里下车的?
ニー ジー ティエン ザイ ナー リー シア チョー デェ

13 飛行機の中に子供の上着を置き忘れました。

wǒ bǎ xiǎo hái de shàng yī fàng zài fēi jī lǐ wàng ná le
我把小孩的上衣放在飞机里忘拿了。
ウオ バー シアオ ハイ デェ シャン イー ファン ザイ フェイ ジー リー ワン ナー レェ

14 今日、成田から上海に11時に到着した便です。

jīn tiān cóng chéng tián qǐ fēi shí yī diǎn dào shàng hǎi de fēi
今天从成田起飞十一点到上海的飞
ジン ティエン ツォン チョン ティエン チー フェイ シー イー ティエン ダオ シャン ハイ デェ フェイ

jī
机。
ジー

15 地下鉄でバッグを網棚の上に置き忘れて降りちゃったんです。

wǒ bǎ bāo wàng zài dì xià tiě de jià zi shàng le
我把包忘在地下铁的架子上了。
ウオ バー バオ ワン ザイ ディー シア ティエ デェ ジア ズー シャン レェ

16 誰か私の傘を間違えて持って行ったんです。

bù zhī dào shì shuí bǎ wǒ de sǎn ná zǒu le
不知道是谁把我的伞拿走了。
ブー ジー ダオ シー シェイ バー ウオ デェ サン ナー ズォウ レェ

17 ここに停めてあった自転車が見当たらないんです。

wǒ tíng zài zhè biān de zì xíng chē bú jiàn le
我停在这边的自行车不见了。
ウオ ティン ザイ ジョー ビエン デェ ズー シン チョー ブー ジェン レェ

18 — カギがかかっていましたか？

nǐ shàng suǒ le mā
你上锁了吗?
ニー シャン スオ レェ マー

19 — 盗難届けを出した方がいいですね。

qù bào yí xià yí shī bǐ jiào hǎo o
去报一下遗失比较好哦。
チュイ バオ イー シア イー シー ビー ジアオ ハオ オー

20 — ここは駐輪禁止ですから移動させられたかもしれませんね。

zhè li jìn zhǐ tíng fàng zì xíng chē suǒ yi kě néng bèi
这里禁止停放自行车,所以可能被
ジョー リー ジン ジー ティン ファン ズー シン チョー スオ イー コー ノン ベイ

tuō zǒu le
拖走了。
トゥオ ズォウ レェ

21 — 駅員に聞いてみてください。　　　店員・お巡りさん

qù wèn yí xià zhàn yuán ba　　　diàn yuán jǐng chá
去问一下站员吧。　　　店员、警察
チュイ ウエン イー シア ジャン ユアン バー　　　ディエン ユアン ジン チャー

22 レストランにコートを忘れてきました。

wǒ bǎ wài tào wàng zài cān tīng lǐ le
我把外套忘在餐厅里了。
ウオ バー ワイ タオ ワン ザイ ツァン ティン リー レェ

23 （電話で）そちらの店に白っぽいコートを置き忘れてきたんですが。

wǒ bǎ yí jiàn bái sè de wài tào wàng zài nǐ men diàn li le
我把一件白色的外套忘在你们店里了。
ウオ バー イー ジェン バイ ソー デェ ワイ タオ ワン ザイ ニー メン ディエン リー レェ

緊急事態

24 （電話で）窓側の席だったんですが、確認していただけますか？

我是坐在靠窗的位子，麻烦你去帮我看一下，好吗？

25 （電話で）ありました？ すぐに取りに行きます。

有吗? 我马上去取。

26 （電話で）明日取りに行きますので預かっていただけますか？

我明天去取，可以先帮我保管一下吗?

27 （電話で）それではお名前をおっしゃってください。

好的，请问您尊姓大名。

28 （電話で）ないですか？ もし見つかったら連絡いただけますか？

没看到吗? 如果看到的话可以跟我联系一下吗?

盗難

1 泥棒！

xiǎo tōu
小 偷！
シアオ トウ

2 スリだ！

pá shǒu
扒 手！
パー ショウ

3 誰かあの人をつかまえて！

bāng wǒ zhuā zhù tā
帮 我 抓 住 他！
バン ウオ ジョア ジュー ター

4 あの人が私のカメラをひったくったんです！

tā bǎ wǒ de xiàng jī qiǎng zǒu le
他 把 我 的 相 机 抢 走 了！
ター バー ウオ デェ シアン ジー チアン ズォウ レェ

5 私のバッグに手を入れたんです。

tā de shǒu shēn jìn wǒ de bāo lǐ
他 的 手 伸 进 我 的 包 里。
ター デェ ショウ シェン ジン ウオ デェ バオ リー

6 財布を盗られました。

wǒ qián bāo bèi tōu le
我 钱 包 被 偷 了。
ウオ チエン バオ ベイ トウ レェ

7 キップを買っている隙にトランクを持って行かれちゃったんです。

yǒu rén chèn wǒ mǎi piào de shí hou bǎ wǒ de xíng lǐ
有 人 趁 我 买 票 的 时 候 把 我 的 行 李
イオウ ルェン チェン ウオ マイ ピアオ デェ シー ホウ バー ウオ デェ シン リー

xiāng ná zǒu le
箱 拿 走 了。
シアン ナー ズォウ レェ

8 この子がうちの店の商品を万引きしたんですよ。

tā tōu le wǒ men diàn de dōng xi
他 偷 了 我 们 店 的 东 西。
ター トゥ レェ ウオ メン ティエン デェ ドン シー

9 強盗に遭いました。

wǒ bèi qiǎng le
我 被 抢 了。
ウオ ベイ チアン レェ

10 後ろからいきなり襲われたんです。

wǒ bèi rén tū rán cóng bèi hòu xí jī le
我 被 人 突 然 从 背 后 袭 击 了。
ウオ ベイ ルェン トゥー ルァン ツォン ベイ ホウ シー ジー レェ

11 鞄を盗られました。

wǒ de bāo bèi tōu le
我 的 包 被 偷 了。
ウオ デェ バオ ベイ トゥ レェ

12 重要な書類が入ってるんです。

lǐ miàn zhuāng le hěn duō zhòng yào de zī liào
里 面 装 了 很 多 重 要 的 资 料。
リー ミエン ジョアン レェ ヘン ドゥオ ジョン ヤオ デェ ズー リアオ

交通事故

4

1 ここは見通しが悪くて事故が多発してるんですよ。

zhè li shì yě bú tài hǎo suǒ yǐ cháng cháng fā shēng jiāo
这 里 视 野 不 太 好, 所 以 常 常 发 生 交
ジェイ リー シー イエ ブー タイ ハオ スオ イー チャン チャン ファー ション ジアオ

<ruby>通<rt>tōng</rt></ruby> <ruby>事<rt>shì</rt></ruby> <ruby>故<rt>gù</rt></ruby>。
トン シー グー

2 よそ見運転は危ないよ。

<ruby>开<rt>kāi</rt></ruby> <ruby>车<rt>chē</rt></ruby> <ruby>时<rt>shí</rt></ruby> <ruby>东<rt>dōng</rt></ruby> <ruby>张<rt>zhāng</rt></ruby> <ruby>西<rt>xī</rt></ruby> <ruby>望<rt>wàng</rt></ruby> <ruby>很<rt>hěn</rt></ruby> <ruby>危<rt>wēi</rt></ruby> <ruby>险<rt>xiǎn</rt></ruby> <ruby>哦<rt>o</rt></ruby>。
カイ チョー シー ドン ジャン シー ワン ヘン ウエイ シエン オー

3 飲酒運転は絶対にだめですよ。

<ruby>酒<rt>jiǔ</rt></ruby> <ruby>后<rt>hòu</rt></ruby> <ruby>绝<rt>jué</rt></ruby> <ruby>对<rt>duì</rt></ruby> <ruby>不<rt>bù</rt></ruby> <ruby>可<rt>kě</rt></ruby> <ruby>以<rt>yǐ</rt></ruby> <ruby>驾<rt>jià</rt></ruby> <ruby>车<rt>chē</rt></ruby>。
ジィウ ホウ ジュエ ドォイ ブー コー イー ジア チョー

4 車がレッカー移動されてしまいました。

<ruby>我<rt>wǒ</rt></ruby> <ruby>车<rt>chē</rt></ruby> <ruby>子<rt>zi</rt></ruby> <ruby>被<rt>bèi</rt></ruby> <ruby>拖<rt>tuō</rt></ruby> <ruby>走<rt>zǒu</rt></ruby> <ruby>了<rt>le</rt></ruby>。
ウオ チョー ズー ベイ トゥオ ズォウ レェ

5 子供が車に跳ねられました。

<ruby>小<rt>xiǎo</rt></ruby> <ruby>孩<rt>hái</rt></ruby> <ruby>被<rt>bèi</rt></ruby> <ruby>车<rt>chē</rt></ruby> <ruby>撞<rt>zhuàng</rt></ruby> <ruby>了<rt>le</rt></ruby>。
シアオ ハイ ベイ チョー ジョアン レェ

6 ひき逃げです。

<ruby>撞<rt>zhuàng</rt></ruby> <ruby>了<rt>le</rt></ruby> <ruby>人<rt>rén</rt></ruby> <ruby>后<rt>hòu</rt></ruby> <ruby>跑<rt>pǎo</rt></ruby> <ruby>了<rt>le</rt></ruby>。
ジョアン レェ ルェン ホウ パオ レェ

7 車のナンバーは覚えていません。

<ruby>我<rt>wǒ</rt></ruby> <ruby>不<rt>bú</rt></ruby> <ruby>记<rt>jì</rt></ruby> <ruby>得<rt>de</rt></ruby> <ruby>车<rt>chē</rt></ruby> <ruby>牌<rt>pái</rt></ruby> <ruby>号<rt>hào</rt></ruby> <ruby>码<rt>mǎ</rt></ruby>。
ウオ ブー ジー デェ チョー パイ ハオ マー

8 交通事故が起きました。

<ruby>发<rt>fā</rt></ruby> <ruby>生<rt>shēng</rt></ruby> <ruby>交<rt>jiāo</rt></ruby> <ruby>通<rt>tōng</rt></ruby> <ruby>意<rt>yì</rt></ruby> <ruby>外<rt>wài</rt></ruby> <ruby>了<rt>le</rt></ruby>。
ファー ション ジアオ トン イー ワイ レェ

緊急事態

9 玉突き事故でけが人がいます。

发生连环撞事故，有人受伤。
fā shēng lián huán zhuàng shì gù, yǒu rén shòu shāng

10 トラックが分岐台に乗り上げています。

卡车撞上安全岛。
kǎ chē zhuàng shàng ān quán dǎo

11 車が電信柱にぶつかったんです。

车子撞上了电线杆。
chē zi zhuàng shàng le diàn xiàn gān

12 自転車と車がぶつかったんです。

自行车跟汽车相撞了。
zì xíng chē gēn qì chē xiāng zhuàng le

13 バイクが横転しています。

摩托车横躺在马路上。
mó tuō chē héng tǎng zài mǎ lù shang

交通違反 5 CD-2 [track41]

1 運転免許を見せてください。

让我看一下你的驾证。
ràng wǒ kàn yí xià nǐ de jià zhèng

2 運転をしていたのはあなたですね？

开车的是你?
kāi chē de shì nǐ

3 この免許証は期限が切れていますよ。

这个驾证已经过期了。
zhè ge jià zhèng yǐ jīng guò qī le

4 国際免許の期限は入国してから１年間ですよ。

国际驾证的有效期限是入境后一年。
guó jì jià zhèng de yǒu xiào qī xiàn shì rù jìng hòu yì nián

5 <mark>無免許運転</mark>ですね。　　　　　<mark>信号無視</mark>

你无照开车。　　　　　闯红灯
nǐ wú zhào kāi chē　　　chuǎng hóng dēng

6 免許証を照会します。

我要查询一下你的驾证。
wǒ yào chá xún yí xià nǐ de jià zhèng

7 今免停中じゃないですか？

你驾证是不是被吊销中?
nǐ jià zhèng shì bú shì bèi diào xiāo zhōng

8 署まで一緒に来てください。

跟我到警察局去一下。
gēn wǒ dào jǐng chá jú qù yí xià

9 一時停止していませんでしたね？

你没有放慢速度哦?
nǐ méi yǒu fàng màn sù dù o

緊急事態

10 右のサイドミラーが壊れていますよ。

你右边的后视镜坏了。
nǐ yòu biān de hòu shì jìng huài le

11 テールランプが点灯していませんよ。

你后车灯没有亮哦。
nǐ hòu chē dēng méi yǒu liàng o

12 制限速度を20キロもオーバーしていますよ。

你超过了规定时速二十公里。
nǐ chāo guò le guī dìng shí sù èr shí gōng lǐ

13 ここは駐車禁止エリアですよ。

这里是禁止停车区域哦。
zhè li shì jìn zhǐ tíng chē qū yù o

14 ここはUターン禁止なんですよ。

这里禁止汽车调头。
zhè li jìn zhǐ qì chē diào tóu

追い越し

超车
chāo chē

15 車間距離は十分に保っていましたか？

你有没有保持一定的车距?
nǐ yǒu mei yǒu bǎo chí yí dìng de chē jù

状況の説明

1 状況を説明してください。

请说明一下这里的状况。
qǐng shuō míng yí xià zhè lǐ de zhuàng kuàng

2 信号待ちをしていたら車が後ろからぶつかってきたんです。

我在等红灯的时候，他车从后面撞上来。
wǒ zài děng hóng dēng de shí hou, tā chē cóng hòu miàn zhuàng shàng lái

3 一瞬居眠り運転をしていたみたいです。

我开车时好像打了一下瞌睡。
wǒ kāi chē shí hǎo xiàng dǎ le yí xià kē shuì

4 ここが時速40キロだって知らなかったんです。

我不知道这里的时速规定是四十公里。
wǒ bù zhī dào zhè li de shí sù guī dìng shì sì shí gōng lǐ

5 道路が凍結していてスリップしたんです。

道路结冰所以车子打滑了。
dào lù jié bīng suǒ yǐ chē zi dǎ huá le

6 タイヤがパンクしちゃって…。

车轮爆胎了。
chē lún bào tāi le

7 前の車が急に車線変更をしたもんだから。

因为前面那辆车突然变换车道了。
yīn wèi qián miàn nà liàng chē tū rán biàn huàn chē dào le

緊急事態

8 横の車線からいきなり割り込んできたんですよ。

他 突 然 从 旁 边 的 车 道 插 了 进 来。
tā tū rán cóng páng biān de chē dào chā le jìn lái
ター トゥー ルァン ツォン パン ビエン デェ チョー ダォ チャー レェ ジン ライ

9 急に自転車が飛び出してきたんです。

他 自 行 车 突 然 冲 了 出 来。
tā zì xíng chē tū rán chōng le chū lái
ター ズー シン チョー トゥー ルァン チョン レェ チュー ライ

10 出会い頭の接触事故です。

两 辆 车 迎 头 碰 上 的 事 故。
liǎng liàng chē yíng tóu pèng shàng de shì gù
リアン リアン チョー イン トウ ポン シャン デェ シー グー

11 道路標識を見落としてしまいました。

我 没 看 到 路 标。
wǒ méi kàn dào lù biāo
ウオ メイ カン ダオ ルー ビアオ

12 通い慣れた道なので油断していました。

因 为 是 常 走 的 路 有 点 疏 忽 大 意 了。
yīn wèi shì cháng zǒu de lù yǒu diǎn shū hū dà yì le
イン ウエイ シー チャン ズォウ デェ ルー イオウ ディエン シュー フー ダー イー レェ

保険会社に連絡する
7
CD-2 [track43]

1 交通事故を起こしました。

我 发 生 交 通 意 外 了。
wǒ fā shēng jiāo tōng yì wài le
ウオ ファー ション ジアオ トン イー ワイ レェ

2 事故に巻き込まれました。

我 被 卷 入 交 通 事 故 了。
wǒ bèi juǎn rù jiāo tōng shì gù le
ウオ ベイ ジュアン ルー ジアオ トン シー グー レェ

3 こちらの過失はないと思いますが。

wǒ jué de guò shī bú zài wǒ
我觉得过失不在我。
ウオ ジュエ デェ グオ シー ブー ザイ ウオ

4 車はレッカー車で修理工場に運ばれました。

wǒ chē zi bèi tuō diào qù gōng chǎng xiū lǐ le
我车子被拖吊去工场修理了。
ウオ チョー ズー ベイ トゥオ ディアオ チュイ ゴン チャン シウ リー レェ

5 保険の支払い請求をしたいんですが。

wǒ xiǎng yāo qiú bǎo xiǎn péi cháng
我想要求保险赔偿。
ウオ シアン ヤオ チウ バオ シエン ベイ チャン

6 ―保険証番号を教えてください。

nǐ de bǎo xiǎn zhèng hào mǎ
你的保险证号码?
ニー デェ バオ シエン ジォン ハオ マー

7 ―事故はいつ起きましたか？

shì gù shì shén me shí hou fā shēng de
事故是什么时候发生的?
シー グー シー シェン モー シー ホウ ファー ションデェ

8 ―警察には通報されましたか？

tōng zhī jǐng chá le mā
通知警察了吗?
トン ジー ジン チャー レェ マー

9 ―損害の程度はどのくらいですか？

sǔn shāng de chéng dù rú hé
损伤的程度如何?
スン シャン デェ チョン ドゥー ルー ホー

10 車のドアが少しへこんだだけです。

chē mén āo le yí kuài
车门凹了一块。
チョー メン アオ レェ イー クアイ

緊急事態

11 車が動きません。

chē zi dòng bù liǎo le
车子动不了了。
チョー ズー ドン ブー リアオ レェ

12 誰も怪我はしていません。

méi yǒu rén shòu shāng
没有人受伤。
メイ イオウ ルェン ショウ シャン

13 係の者がおうかがいします。

fù zé rén huì shàng mén qù bài fǎng
负责人会上门去拜访。
フー ゼォー ルェン ホイ シャン メン チュイ バイ ファン

14 保険の支払い請求書をお送りします。

wǒ bǎ bǎo xiǎn fèi de shēn qǐng shū jì gěi nǐ
我把保险费的申请书寄给你。
ウォ バー バオ シエン フェイ デェ シェン チン シュー ジー ゲイ ニー

15 事故証明のコピーを送っていただけますか？

kě yǐ qǐng nǐ bǎ shì gù zhèng míng kǎo bèi yí fèn jì gěi
可以请你把事故证明拷贝一份寄给
コー イー チン ニー バー シー グー ジォン ミン カオ ベイ イー フェン ジー ゲイ

wǒ mā
我吗?
ウォ マー

誤認逮捕
8　　　　　　　　　　　　　　　　　　CD-2 [track44]

1 何かの間違いでしょう？

nǐ shì bu shì gǎo cuò le
你是不是搞错了?
ニー シー ブー シー ガオ ツオ レェ

2 私はやってません。

wǒ méi yǒu zuò
我 没 有 做。
ウオ メイ イオウ ズオ

3 人違いです。

nǐ nòng cuò rén le ba
你 弄 错 人 了 吧。
ニー ロン ツオ ルェン レェ バー

4 外国人登録証なら持っています。

wài guó rén dēng lù zhèng dài le
外 国 人 登 录 证 带 了。
ワイ グオ ルェン ドン ルー ジォン ダイ レェ

5 パスポートは本物です。

wǒ de hù zhào shì zhēn de
我 的 护 照 是 真 的。
ウオ デェ フー ジァオ シー ジェン デェ

6 弁護士を呼んでください。

wǒ yào qǐng lǜ shī
我 要 请 律 师。
ウオ ヤオ チン リュイ シー

7 通訳をつけてください。

bāng wǒ jiào fān yì
帮 我 叫 翻 译。
バン ウオ ジアオ ファン イー

8 黙秘権を行使します。

wǒ bǎo chí chén mò
我 保 持 沉 默。
ウオ バオ チー チェン モー

9 領事館に通報してください。

qǐng tōng zhī lǐng shì guǎn
请 通 知 领 事 馆。
チン トン ジー リン シー グアン

緊急事態

⑪ 学校

保育園・幼稚園
1

保育園

1 この辺にいい保育園はありますか？

这 附 近 有 没 有 好 的 托 儿 所?
zhè fù jìn yǒu mei yǒu hǎo de tuō ér suǒ

2 そちらの保育園に子供を入園させたいのですが。

我 想 让 我 的 小 孩 进 你 们 的 托 儿 所。
wǒ xiǎng ràng wǒ de xiǎo hái jìn nǐ men de tuō ér suǒ

3 見学に行ってもいいですか？

可 以 去 参 观 一 下 你 们 的 托 儿 所 吗?
kě yǐ qù cān guān yí xià nǐ men de tuō ér suǒ mā

4 昼はお弁当が必要ですか？

中 午 要 自 己 准 备 盒 饭 吗?
zhōng wǔ yào zì jǐ zhǔn bèi hé fàn mā

5 送迎車がありますか？

有 专 车 接 送 吗?
yǒu zhuān chē jiē sòng mā

本章では、幼稚園から、中学校、高校、大学、中国へ留学する、または学校を卒業して中国で就職活動をする際に必要と思われるフレーズを紹介します。中国に進出する日本企業が増えるにつれて、中国で子供の教育を受けさせる場面も増えるでしょうし、実際中国に留学してみたいと思う人も増加するでしょう。その時に本章で紹介しているフレーズをフルに活用してみてください。

幼稚園

1 うちの子をそちらの幼稚園に入れたいんですが。

我 想 让 我 家 小 孩 上 你 们 的 幼 儿 园。
wǒ xiǎng ràng wǒ jiā xiǎo hái shàng nǐ men de yòu ér yuán

2 クラスの定員は何名ですか？

你 们 一 个 班 有 多 少 人?
nǐ men yí ge bān yǒu duō shao rén

3 1クラスを何人の先生が担当なさるんですか？

一 个 班 有 几 个 老 师?
yí ge bān yǒu jǐ ge lǎo shī

4 授業時間はどうなりますか？

上 课 时 间 从 几 点 到 几 点?
shàng kè shí jiān cóng jǐ diǎn dào jǐ diǎn

5 授業料は？

学 费 怎 么 算?
xué fèi zěn me suàn

6 給食費と学習材料費は別ですね？

伙 食 费 跟 教 材 费 是 分 开 算 的 吗?
huǒ shi fèi gēn jiào cái fèi shì fēn kāi suàn de mā

7 授業料と諸費用は毎月払うんですか？

学 费 跟 杂 费 要 每 个 月 交 吗?
xué fèi gēn zá fèi yào měi ge yuè jiāo mā

学校

8 ― 3ヵ月ずつお支払いいただきます。

不，是 每 三 个 月 交 一 次。
bù shì měi sān ge yuè jiāo yí cì

小学校・中学校・高校 2

CD-2 [track46]

学校について

1 この地区の子供たちはどの小学校に通っていますか？

这 里 是 哪 所 小 学 的 学 区 呢?
zhè li shì nǎ suǒ xiǎo xué de xué qū ne

2 **入学**手続きに関してはどなたと相談すればいいですか？

有 关 入 学 手 续 的 事 要 找 哪 位 负 责 人?
yǒu guān rù xué shǒu xù de shì yào zhǎo nǎ wèi fù zé rén

転入

转 学
zhuǎn xué

3 中学までは義務教育ですね？

义 务 教 育 是 到 中 学 吗?
yì wù jiào yù shì dào zhōng xué mā

4 **学校**は何月から始まりますか？

学 校 是 从 几 月 开 始?
xué xiào shì cóng jǐ yuè kāi shǐ

夏休み・冬休み

暑 假、寒 假
shǔ jià hán jià

5 ― 9月から始まります。

从 九 月 开 始。
cóng jiǔ yuè kāi shǐ

6 学校は給食がありますか？

xué xiào tí gong huǒ shí mā
学 校 提 供 伙 食 吗?
シュエ シアオ ティー ゴン フオ シー マー

7 生徒はどのように通学しますか？

yì bān xué sheng dōu shì zěn me shàng xué de ne
一 般 学 生 都 是 怎 么 上 学 的 呢?
イー バン シュエ ション ドウ シー ゼン モー シャン シュエ デェ ナー

8 制服がありますか？

yǒu xiào fú mā
有 校 服 吗?
イオウ シアオ フー マー

連絡

1 娘が**風邪を引いた**ので今日はお休みします。

wǒ nǚ ér gǎn mào le suǒ yǐ jīn tiān xiǎng qǐng jià
我 女 儿 感 冒 了 所 以 今 天 想 请 假。
ウオ ニュイ アル ガン マオ レェ スオ イー ジン ティエン シアン チン ジャ

熱がある
fā shāo
发 烧
ファー シャオ

2 病院の検査があるので明日は午後から早退させていただきます。

wǒ yào shàng yī yuàn qù suǒ yǐ míng tiān xià wǔ xiǎng zǎo
我 要 上 医 院 去, 所 以 明 天 下 午 想 早
ウオ ヤオ シャン イー ユアン チュイ スオ イー ミン ティエン シア ウー シアン ザオ

tuì
退。
トォイ

3 12時に学校へ迎えに行きます。

我 十 二 点 去 学 校 接 你。
wǒ shí èr diǎn qù xué xiào jiē nǐ
ウオ シー アル ディエン チュイ シュエ シアオ ジエ ニー

4 息子は今日微熱があるので、体育の授業は休ませてください。

我 儿 子 有 点 发 烧, 可 以 不 去 上 体 育
wǒ ér zǐ yǒu diǎn fā shāo kě yǐ bú qù shàng tǐ yù
ウオ アル ズー イオウ ディエン ファー シャオ コー イー ブー チュイ シャン ティー ユイ

课 吗?
kè mā
コー マー

学校からの連絡

1 最近忘れ物が多いようなので、声をかけてあげてください。

他 最 近 老 是 忘 东 西, 请 你 们 提 醒 他
tā zuì jìn lǎo shì wàng dōng xi qǐng nǐ men tí xǐng tā
ター ズォイ ジン ラオ シー ワン ドン シー チン ニー メン ティー シン ター

一 下。
yí xià
イー シア

2 風邪はもう大丈夫ですか？

他 感 冒 好 了 吗?
tā gǎn mào hǎo le mā
ター ガン マオ ハオ レェ マー

3 いつ頃から登校できそうですか？

他 什 么 时 候 可 以 开 始 上 学?
tā shén me shí hou kě yǐ kāi shǐ shàng xué
ター シェン モー シー ホウ コー イー カイ シー シャン シュエ

4 今日学校で陳小明とケンカをしまして…。

他 今 天 在 学 校 和 陈 小 明 打 架。
tā jīn tiān zài xué xiào hé chén xiǎo míng dǎ jià
ター ジン ティエン ザイ シュエ シアオ ホー チェン シアオ ミン ダー ジャ

小学生の保護者たちの話題

1 明日の遠足はお弁当や水筒を用意すればいいですか？

明 天 的 郊 游 要 准 备 盒 饭 和 水 筒 吗？
míng tiān de jiāo yóu yào zhǔn bèi hé fàn hé shuǐ tǒng mā
ミン ティエン デェ ジアオ イオウ ヤオ ジュン ベイ ホー ファン ホー ショイ トン マー

2 英語教育が始まったので塾に通いたいんですが。

英 语 课 开 始 了，想 让 他 去 上 补 习 班。
yīng yǔ kè kāi shǐ le xiǎng ràng tā qù shàng bǔ xí bān
イン ユィ コー カイ シー レェ シアン ルァン ター チュイ シャン ブー シー バン

3 お宅の小龍にはどんな習い事をやらせていますか？

＊「小龍」とは、よくある子供の名前。

你 们 家 小 龙 在 学 什 么 东 西 吗？
nǐ men jiā xiǎo lóng zài xué shén me dōng xī mā
ニー メン ジャ シアオ ロン ザイ シュエ シェン モー ドン シー マー

4 ─ うちはピアノと英語を習っています。

我 家 的 在 学 钢 琴 和 英 语。
wǒ jiā de zài xué gāng qín hé yīng yǔ
ウオ ジャ デェ ザイ シュエ ガン チン ホー イン ユィ

5 ─ ピアノは週に３回先生が来て娘に教えてくれます。

钢 琴 老 师 一 个 星 期 来 我 家 三 次 教 我
gāng qín lǎo shī yí ge xīng qī lái wǒ jiā sān cì jiāo wǒ
ガン チン ラオ シー イー ゴー シン チー ライ ウオ ジャ サン ツー ジアオ ウオ

女 儿 钢 琴。
nǚ ér gāng qín
ニュイ アル ガン チン

6 そのピアノの先生を紹介してください。

你可以把你家的钢琴老师介绍给我吗？

中・高生の保護者たちの話題

1 うちの息子は勉強しないので困っています。

我儿子不喜欢念书，真是伤脑筋。

2 このままだとどこの学校も行けないわ。

他要是再这样下去的话我看没有一所学校肯收他。

3 どこの塾がいいですか？

哪家补习班比较好？

4 やはり家庭教師をつけた方がいいかしら。

我看是不是请个家庭老师比较好？

5 そろそろ高校受験ですね。

该准备考高中了。
gāi zhǔn bèi kǎo gāo zhōng le

6 ここの学区のレベルはどうですか？

这个学区的水平如何?
zhè ge xué qū de shuǐ píng rú hé

7 この学校の進学率はどうですか？

这个学校的升学率怎么样?
zhè ge xué xiào de shēng xué lǜ zěn me yang

大学

3

CD-2 [track47]

新入生

1 新入生のオリエンテーションはいつですか？

新生说明会是什么时候?
xīn shēng shuō míng huì shì shén me shí hou

2 どんな科目が必須ですか？

哪些是必修课?
nǎ xiē shì bì xiū kè

3 受講申請を早めにしておかないと、人気のある講義はすぐ満員になります。

得赶快把课选下来,因为那些受欢迎的课的名额很快就会满的。
děi gǎn kuài bǎ kè xuǎn xià lái, yīn wèi nà xiē shòu huān yíng de kè de míng é hěn kuài jiù huì mǎn de

4 今日は新入生歓迎会があります。

jīn tiān yǒu xīn shēng huān yíng huì
今天有新生欢迎会。
ジン ティエン イオウ シン ション ホアン イン ホイ

5 卒業までに何単位が必要ですか？

bì yè xū yào duō shao xué fēn
毕业需要多少学分？
ビー イエ シュイ ヤオ ドゥオ シャオ シュエ フェン

6 授業のノートを貸してもらえませんか？

kě bu kě yǐ bǎ shàng kè de bǐ jì jiè gěi wǒ
可不可以把上课的笔记借给我？
コー ブー コー イー バー シャン コー デェ ビー ジー ジエ ゲイ ウオ

7 学食の味はどうですか？

xué xiào cān tīng de huǒ shi zěn me yàng
学校餐厅的伙食怎么样？
シュエ シアオ ツァン ティン デェ フオ シー ゼン モー ヤン

キャンパスライフ

1 何かサークルに入っていますか？

nǐ yǒu jiā rù shén me xiǎo zǔ mā
你有加入什么小组吗？
ニー イオウ ジャ ルー シェン モー シアオ ズゥ マー

2 登山部というサークルはどうかなって思ってます。

wǒ zhèng zài xiǎng dēng shān bù zěn me yang ne
我正在想登山部怎么样呢。
ウオ ジォン ザイ シアン ドン シャン ブー ゼン モー ヤン ノー

3 明日清華大学と合コンがありますけど、どうですか？

我们明天和清华大学办联谊，要不要来？
wǒ men míng tiān hé qīng huá dà xué bàn lián yì, yào bu yào lái?

4 あの教授は出席のチェックをしないよ。

那个教授上课从不点名。
nà ge jiào shòu shàng kè cóng bù diǎn míng

5 この科目は試験なしでレポート提出のみだよ。

这门课没有考试，只要提交报告就行了。
zhè mén kè méi yǒu kǎo shì, zhǐ yào tí jiāo bào gào jiù xíng le

6 この科目は面白そうだけど、教授が気難しいんだよね。

这门课好像挺有趣的，不过教授好像很凶。
zhè mén kè hǎo xiàng tǐng yǒu qù de, bú guò jiào shòu hǎo xiàng hěn xiōng

就職活動

1 単位も全部取ったし、就職活動しなきゃ。

我学分都够了，该开始找工作了。
wǒ xué fēn dōu gòu le, gāi kāi shǐ zhǎo gōng zuò le

2 君はどんな仕事に就きたい？

nǐ xiǎng zhǎo shén me yàng de gōng zuò
你想找什么样的工作?
ニー シアン ジャオ シェン モー ヤン デェ ゴン ズオ

3 外資系企業に勤めたいな。

wǒ xiǎng zài wài zī qǐ yè gōng zuò
我想在外资企业工作。
ウオ シアン ザイ ワイ ズー チー イエ ゴン ズオ

4 教授の推薦で就職が決まったよ。

wǒ jiào shòu bāng wǒ jiè shào le yí fèn gōng zuò
我教授帮我介绍了一份工作。
ウオ ジアオ ショウ バン ウオ ジエ シャオ レェ イー フェン ゴン ズオ

中国への留学
4

CD-**2**
[track48]

情報を集める・問い合わせ

1 中国への留学を考えています。

wǒ dǎ suàn qù zhōng guó liú xué
我打算去中国留学。
ウオ ダー スワン チュイ ジョォン グオ リウ シュエ

2 3ヵ月でしゃべれるようになるでしょうか？

xué sān ge yuè jiù huì shuō le mā
学三个月就会说了吗?
シュエ サン ゴー ユエ ジィウ ホイ シュオ レェ マー

3 読み書きができるくらいにはなりたいです。

wǒ xiǎng zhì shǎo yào xué huì dú xiě
我想至少要学会读写。
ウオ シアン ジー シャオ ヤオ シュエ ホイ ドゥー シエ

4 お勧めの語学学校は？

nǐ jué dé nǎ jiā yǔ yán xué xiào bǐ jiào hǎo
你觉得哪家语言学校比较好?
ニー ジュエ デェ ナイ ジャ ユィ イェン シュエ ジアオ ビー ジアオ ハオ

5 クラス分けテストがありますか？

yǒu fēn bān kǎo shì mā
有 分 班 考 试 吗?
イオウ フェン バン カオ シー マー

6 奨学金制度はありますか？

yǒu jiǎng xué jīn zhì dù mā
有 奖 学 金 制 度 吗?
イオウ ジァン シュエ ジン ジー ドゥー マー

7 大学の寮などに入れますか？

kě yǐ zhù xué jiào de sù shè mā
可 以 住 学 校 的 宿 舍 吗?
コー イー ジュー シュエ ジアオ デェ スー ショー マー

留学生活―授業

1 すべての授業が中国語できついです。

shàng kè dōu shì yòng Zhōng wén hěn chī lì
上 课 都 是 用 中 文 很 吃 力。
シャン コー ドウ シー ヨン ジョォン ウエン ヘン チー リー

2 授業について行くのも精一杯です。

yào hěn nǔ lì cái néng gēn shang xué xí jìn dù
要 很 努 力 才 能 跟 上 学 习 进 度。
ヤオ ヘン ヌー リー ツァイ ノン ゲン シャン シュエ シー ジン ドゥー

3 趙先生の言葉はとても聞きやすいです。

Zhào lǎo shī de huà hěn róng yì tīng dǒng
赵 老 师 的 话 很 容 易 听 懂。
ジャオ ラオ シー デェ ホア ヘン ルゥォン イー ティン ドン

4 明日は聞き取りのテストがありますよ。

míng tiān yào kǎo tīng jiě
明 天 要 考 听 解。
ミン ティエン ヤオ カオ ティン ジエ

5 クラス替えテストはいつですか？

换班考试是什么时候？
huàn bān kǎo shì shì shén me shí hou

6 先生から中国語で日記をつけるようにと言われました。

老师叫我们要学着用中文写日记。
lǎo shī jiào wǒ men yào xué zhe yòng Zhōng wén xiě rì jì

7 劉先生の訛りはきついです。

刘老师的口音很重。
Liú lǎo shī de kǒu yīn hěn zhòng

留学生活―学校の外で

1 ビザの更新には学校の出席証明が要るんでしたっけ？

更新签证时需要学校的出席证明吗？
gēng xīn qiān zhèng shí xū yào xué xiào de chū xí zhèng míng mā

2 ルームメイトはドイツ人ですが、中国語で話します。

我室友是德国人，不过我们用中文交谈。
wǒ shì yǒu shì Dé guó rén bú guò wǒ men yòng Zhōng wén jiāo tán

3 中国で1年ぐらい勉強する予定です。

我 打 算 在 中 国 学 习 一 年。
wǒ dǎ suàn zài Zhōng guó xué xí yì nián
ウオ ダー スワン ザイ ジョォン グオ シュエ シー イー ニエン

4 外国語塾の日本語講師の口を紹介してもらいました。

有 人 介 绍 我 去 外 语 学 校 教 日 文。
yǒu rén jiè shào wǒ qù wài yǔ xué xiào jiāo Rì wén
イオウ ルェン ジエ シャオ ウオ チュイ ワイ ユィ シュエ シアオ ジアオ ルィ ウエン

5 北京に日本人がよく集まるジャズバーがありますよ。

北 京 有 很 多 日 本 人 喜 欢 去 的 爵 士 吧。
Běi jīng yǒu hěn duō Rì běn rén xǐ huan qù de jué shì bà
ベイ ジン イオウ ヘン ドゥオ ルィ ベン ルェン シー ホアン チュイ デェ ジュエ シー バー

6 語学コースが終わったら、大学院に進みたいです。

语 言 学 好 以 后 我 想 进 大 学 研 究 院。
yǔ yán xué hǎo yǐ hòu wǒ xiǎng jìn dà xué yán jiū yuàn
ユィ イェン シュエ ハオ イー ホウ ウオ シアン ジン ダー シュエ イェン ジィウ ユアン

学校

⑫ 会社

出社・退社
1

本章ではいわゆる「仕事の中国語」を中心に使えるフレーズを紹介します。会社内でのやりとりや、商談時に使えるフレーズのほか、パソコン、インターネットにまつわる表現、苦手とされる電話でのやりとりなど、実戦的で有用なフレーズが盛りだくさんです。

1 通勤電車は混みますね。

shàng bān shí jiān de diàn chē hěn jǐ
上 班 时 间 的 电 车 很 挤。
シャン バン シー ジエン デェ ティエン ツェ ヘン ジー

2 会社に着いたらまずお茶を一杯飲んで仕事モードに入ります。

dào le gōng sī yǐ hòu xiān hē bēi chá cái
到 了 公 司 以 后 先 喝 杯 茶 才
ダオ レェ ゴン スー イー ホウ シエン ホー ベイ チャー ツァイ

néng kāi shǐ gōng zuò
能 开 始 工 作。
ノン カイ シー ゴン ズオ

3 今日は取引先に寄ってから出社します。

wǒ jīn tiān xiān qù kè hù nà er yí xià
我 今 天 先 去 客 户 那 儿 一 下
ウオ ジン ティエン シエン チュイ コー フー ナー アル イー シア

zài qù gōng sī
再 去 公 司。
ザァイ チュイ ゴン スー

4 お先に失礼します。

wǒ xiān zǒu le
我 先 走 了。
ウオ シエン ズォウ ラー

5 帰りに一杯やりませんか?

xià bān hòu yào bú yào qù hē yì bēi
下 班 后 要 不 要 去 喝 一 杯?
シア バン ホウ ヤオ ブー ヤオ チュイ ホー イー ベイ

6 今夜は残業があります。

我 今 晚 要 加 班。
wǒ jīn wǎn yào jiā bān
ウオ ジン ワン ヤオ ジア バン

7 プロジェクトが終わったので打ち上げがあります。

专 案 结 束 了, 有 庆 功 宴。
zhuān àn jié shù le yǒu qìng gōng yàn
ジョアン アン ジエ シュー レェ イオウ チン ゴン イェン

8 お客さんのところに行って直帰します。

我 去 客 户 那 边 后 就 直 接 回 家。
wǒ qù kè hù nà biān hòu jiù zhí jiē huí jiā
ウオ チュイ コー フー ナー ビエン ホウ ジゥ ジー ジエ ホイ ジア

9 今日は私用があって午後から出社します。

我 今 天 早 上 有 事, 下 午 才 会 到 公 司。
wǒ jīn tiān zǎo shang yǒu shì, xià wǔ cái huì dào gōng sī
ウオ ジン ティエン ザァオ シャン イオウ シー シア ウー ツァイ ホイ ダオ ゴン スー

会議

CD-3 [track2]

1 これから会議ですよ。

开 会 了。
kāi huì le
カイ ホイ レェ

2 来週の会議の予定が変更になりました。

下 周 的 会 议 预 定 改 变 了。
xià zhōu de huì yì yù dìng gǎi biàn le
シア ジョウ デェ ホイ イー ユィ ディン ガイ ビエン レェ

3 午後の会議が中止になりました。

下 午 的 会 议 取 消 了。
xià wǔ de huì yì qǔ xiāo le
シア ウー デェ ホイ イー チュイ シアオ レェ

4 明日の会議には出られません。

我没有办法出席明天的会议。
wǒ méi yǒu bàn fǎ chū xí míng tiān de huì yì

5 これについてはもう少し検討が必要かと思います。

我觉得这件事有必要再重新讨论一番。
wǒ jué de zhè jiàn shì yǒu bì yào zài chóng xīn tǎo lùn yì fān

6 もう少し建設的な意見があるといいですね。

希望能出现一些有建设性的意见。
xī wàng néng chū xiàn yì xiē yǒu jiàn shè xìng de yì jiàn

7 陳課長の話は説得力がありましたね。

我觉得陈科长说的话很有道理。
wǒ jué de Chén kē zhǎng shuō de huà hěn yǒu dào li

8 これから会議なので、電話があったら折り返し電話すると伝えてください。

我要去开会，万一有电话的话跟对方说我待会再打给他。
wǒ yào qù kāi huì, wàn yī yǒu diàn huà de huà gēn duì fāng shuō wǒ dāi huǐ zài dǎ gěi tā

9 申し訳ありません、張社長はただいま会議中です。

对不起，张经理现在正在开会。
duì bu qǐ, Zhāng jīng lǐ xiàn zài zhèng zài kāi huì

商談

1 ご担当の方のお名前は？

负责人的名字呢?
fù zé rén de míng zi ne
フー ゼォー ルェン デェ ミン ズー ノー

2 一度お目にかかりたいのですが、ご都合はいかがですか？

我想跟您见面谈，不知道您什么时候方便?
wǒ xiǎng gēn nín jiàn miàn tán, bù zhī dào nín shén me shí hou fāng biàn
ウオ シアン ゲン ニン ジエン ミエン タン ブー ジー ダオ ニン シェン マー シー ホウ ファン ビエン

3 とりあえず見積もりをお願いします。

可以请您帮我估一下价吗?
kě yǐ qǐng nín bāng wǒ gū yí xià jià mā
コー イー チン ニン バン ウオ グー イー シア ジア マー

4 貴社と業務提携をしたいと思っています。

我们想和贵公司合作。
wǒ men xiǎng hé guì gōng sī hé zuò
ウオ メン シアン ホー グォイ ゴン スー ホー ズオ

5 貴社と契約を結びたいと考えています。

我们想和贵公司签订合同。
wǒ men xiǎng hé guì gōng sī qiān dìng hé tong
ウオ メン シアン ホー グォイ ゴン スー チエン ディン ホー トン

6 弊社の事業概要をお送りします。

我会寄上弊社的简介。
wǒ huì jì shàng bì shè de jiǎn jiè
ウオ ホイ ジー シャン ビー ショー デェ ジエン ジエ

7 さらに資料が必要でしたら、ご連絡ください。

chú cǐ zhī wài, rú guǒ nín hái xū yào zī liào de huà
除此之外，如果您还需要资料的话
チュー ツー ジー ワイ ルー グオ ニン ハイ シュイ ヤオ ズー リアオ デェ ホア

qǐng bú yào kè qi suí shí gēn wǒ lián xì
请不要客气随时跟我联系。
チン ブー ヤオ コー チー スォイ シー ゲン ウオ リエン シー

8 貴社の製品には大変関心があります。

wǒ men duì guì gōng sī de chǎn pǐn fēi cháng yǒu xìng qù
我们对贵公司的产品非常有兴趣。
ウオ メン ドォイ グォイ ゴン スー デェ チャン ピン フェイ チャン イオウ シン チュイ

9 新規参入は難しいですね。

yào chóng xīn jiā rù shì chǎng hěn nán de
要重新加入市场很难的。
ヤオ チョン シン ジア ルー シー チャン ヘン ナン デェ

10 もう少し価格を下げてください。

néng zài jiàng yì diǎn jià mā
能再降一点价吗?
ノン ザァイ ジァン イー ティエン ジア マー

作業の依頼
4
CD-**3**
[track4]

1 これを大至急20部コピーしてください。

mǎ shang qù bāng wǒ fù yìn èr shí fèn
马上去帮我复印二十份。
マー シャン チュイ バン ウオ フー イン アル シー フェン

2 来週の月曜日に上海に出張なので、航空券とホテルの予約をお願いします。

wǒ xià zhōu yī yào qù Shàng hǎi chū chāi bāng wǒ yù yuē
我下周一要去上海出差，帮我预约
ウオ シア ジョウ イー ヤオ チュイ シャン ハイ チュー チャイ バン ウオ ユィ ユエ

jī piào hé fàn diàn
机票和饭店。
ジー ピアオ ホー ファン ディエン

3 先ほどお願いしたプリントアウトはまだですか？

wǒ gāng cái yào nǐ dǎ yìn chū lái de dōng xi hái méi
我刚才要你打印出来的东西，还没
ウオ ガン ツァイ ヤオ ニー ダー イン チュー ライ デェ ドン シー ハイ メイ

nòng hǎo mā
弄好吗?
ノン ハオ マー

4 クライアントにお送りする資料を揃えてください。

bāng wǒ bǎ yào gěi kè hù de dōng xi zhǔn bèi yí xià
帮我把要给客户的东西准备一下。
バン ウオ バー ヤオ ゲイ コー フー デェ ドン シー ジュン ベイ イー シア

5 事務用品の補充をお願いします。

bǎ yòng wán de dōng xi bǔ chōng yí xià
把用完的东西补充一下。
バー ヨン ワン デェ ドン シー ブー チョン イー シア

6 この書類をA社まで送ってください。

bāng wǒ bǎ zhè fèn zī liào chuán dào ēi shè qù yí xià
帮我把这份资料传到A社去一下。
バン ウオ バー ジョー フェン ズー リアオ チョアン ダオ エイ ショー チュイ イー シア

電話を取り次ぐ

1 はい、聯合電子です。

nín hǎo zhè lǐ shì lián hé diàn zǐ
您好，这里是联合电子。
ニン ハオ ジョー リー シー リエン ホー ディエン ズー

2 どちら様でいらっしゃいますか？

qǐng wèn nín nǎ lǐ zhǎo
请 问 您 哪 里 找？
チン ウエン ニン ナー リー ジャオ

3 少々お待ちください。

qǐng shāo děng
请 稍 等。
チン シャオ ドン

4 お電話代わりました。

wéi nín hǎo
喂，您 好。
ウエイ ニン ハオ

伝言

1 ただいま席を外しておりますが。

tā xiàn zài zhèng hǎo bú zài zuò wèi shang
他 现 在 正 好 不 在 座 位 上。
ター シエン ザァイ ジォン ハオ ブー ザァイ ズオ ウエイ シャン

2 どのようなご用件でしょうか？

qǐng wèn nín yǒu shén me shì
请 问 您 有 什 么 事？
チン ウエン ニン イオウ シェン マー シー

3 ご伝言を承りますが。

wǒ huì bāng nín zhuǎn gào tā de
我 会 帮 您 转 告 他 的。
ウオ ホイ バン ニン ジョアン ガオ ター デェ

4 結構です、またかけます。

bú yòng le wǒ zài dǎ gěi tā
不 用 了，我 再 打 给 他。
ブー ヨン レェ ウオ ザァイ ダー ゲイ ター

5 ― 直接話したいので、後ほどまたかけます。

我想直接和他说，我待会儿再打给他。
wǒ xiǎng zhí jiē hé tā shuō, wǒ dāi huǐ er zài dǎ gěi tā

6 ― 電話があったことだけ伝えてください。

请你告诉他我打过电话。
qǐng nǐ gào su tā wǒ dǎ guo diàn huà

7 ― 大至急連絡してほしいとお伝えください。

请他马上跟我联系。
qǐng tā mǎ shàng gēn wǒ lián xi

8 ― 契約の件です。

我想和他谈签约的事。
wǒ xiǎng hé tā tán qiān yuē de shì

9 承知しました。

我知道了。
wǒ zhī dào le

10 お名前とお電話番号を確認させていただきます。

我再跟您确认一下您尊姓大名跟电话。
wǒ zài gēn nín què rèn yí xià nín zūn xìng dà míng gēn diàn huà

11 すぐにお電話させます。

wǒ ràng tā mǎ shàng dǎ diàn huà gěi nín
我 让 他 马 上 打 电 话 给 您。
ウオ ルァン ター マー シャン ダー ティエン ホア ゲイ ニン

不在

1 ただいま鈴木課長は出張中で、明日には出社する予定ですが。

líng mù kē zhǎng qù chū chāi le míng tiān cái huì dào gōng
铃 木 科 长 去 出 差 了，明 天 才 会 到 公
リン ムー コー ジャン チュイ チュー チャイ レェ ミン ティエン ツァイ ホイ ダオ ゴン

sī lái
司 来。
スー ライ

2 会議中ですので、折り返しお電話いたします。

tā xiàn zài zhèng zài kāi huì jié shù hòu wǒ huì ràng tā
他 现 在 正 在 开 会，结 束 后 我 会 让 他
ター シエン ザァイ ジォン ザァイ カイ ホイ ジエ シュー ホウ ウオ ホイ ルァン ター

dǎ diàn huà gěi nín
打 电 话 给 您。
ダー ティエン ホア ゲイ ニン

3 ― 出先なのでこちらからまたかけ直します。

wǒ xiàn zài rén zài wài miàn dāi huì zài dǎ gěi nǐ
我 现 在 人 在 外 面 待 会 再 打 给 你。
ウオ シエン ザァイ ルェン ザァイ ワイ ミェン ダイ ホイ ザァイ ダー ゲイ ニー

4 ― これから外出しますので、携帯の方にご連絡をお願いします。

wǒ dāi huì er yào chū qù qǐng dǎ wǒ de shǒu jī
我 待 会 儿 要 出 去，请 打 我 的 手 机。
ウオ ダイ ホイ アル ヤオ チュー チュイ チン ダー ウオ デェ ショウ ジー

5 お手数ですが10分後にかけ直していただけますか？

对不起，能请你十分种后再打一次吗？
duì bu qǐ, néng qǐng nǐ shí fēn zhōng hòu zài dǎ yí cì mā
ドォイ ブー チー ノン チン ニー シー フェン ジョォン ホウ ヅァイ ダー イー ツー マー

6 今日は社には戻りません。

我今天不回公司了。
wǒ jīn tiān bù huí gōng sī le
ウオ ジン ティエン ブー ホイ ゴン スー レェ

7 李係長は今週いっぱい休暇です。

李股长这个星期休假。
Lǐ gǔ zhǎng zhè ge xīng qī xiū jià
リー グー ジャン ジョー ゴー シン チー シウ ジア

8 お電話ありがとうございました。

谢谢你的电话。
xiè xie nǐ de diàn huà
シエ シエ ニー デェ ティエン ホア

伝言を伝える

1 先ほどハイアールの林課長から電話がありました。

刚刚海尔的林科长打电话来。
gāng gāng hǎi ěr de Lín kē zhǎng dǎ diàn huà lái
ガン ガン ハイ アル デェ リン コー ジャン ダー ティエン ホア ライ

2 今日中にお電話いただきたいとのことです。

他说要你今天打电话给他。
tā shuō yào nǐ jīn tiān dǎ diàn huà gěi tā
ター ショイ ヤオ ニー ジン ティエン ダー ティエン ホア ゲイ ター

パソコン
6

操作

1 コンピューターがフリーズしました。

wǒ diàn nǎo sǐ jī le
我 电 脑 死 机 了。
ウォ ティエン ナオ スー ジー レェ

2 コンピューターの調子が悪いので見てくれませんか？

wǒ diàn nǎo yǒu diǎn guài guài de nǐ kě bu kě yǐ bāng wǒ
我 电 脑 有 点 怪 怪 的 你 可 不 可 以 帮 我
ウォ ティエン ナオ イオウ ティエン グアイ グアイ デェ ニー コー ブー コー イー バン ウォ

kàn yí xià
看 一 下?
カン イー シア

3 このファイルは削除してもいいですよね？

zhè ge wén jiàn kě yǐ shān diào mā
这 个 文 件 可 以 删 掉 吗?
ジョー ゴー ウエン ジエン コー イー シャン ティアオ マー

4 ハードディスクの容量は？

yìng pán róng liàng yǒu duō dà
硬 盘 容 量 有 多 大?
イン バン ルゥォン リアン イオウ ドゥオ ダー

5 ウィルスチェックソフトはまめに更新しないと。

bìng dú qū zhú ruǎn jiàn yào cháng cháng gēng xīn
病 毒 驱 逐 软 件 要 常 常 更 新。
ビン ドゥー チュイ ジュー ルゥワン ジエン ヤオ チャン チャン ゴン シン

6 中国語ソフトをインストールしてください。

nǐ yào ān zhuāng zhōng wén ruǎn jiàn
你 要 安 装 中 文 软 件。
ニー ヤオ アン ジョアン ジョン ウエン ルゥワン ジエン

7 ちゃんとバックアップを取っておいてくださいね。

nǐ yào bèi fèn o
你要备份哦。
ニー ヤオ ベイ フェン オー

トラブル

1 データが飛んでしまいました。

wǒ de cún dàng bú jiàn le
我的存档不见了。
ウオ デェ ツン ダン ブー ジエン レェ

2 どうしよう！ フリーズしちゃった。

wán le　　sǐ jī le
完了!?　死机了。
ワン レェ　スー ジー レェ

3 何度やってもエラーと出るんです。

lǎo shì chū xiàn cuò wù zhǐ shì
老是出现错误指示。
ラオ シー チュー シエン ツオ ウー ジー シー

4 コンピューターの調子が悪いので見てくれませんか？

wǒ diàn nǎo yǒu diǎn wèn tí　nǐ néng bāng wǒ kàn yí xià
我电脑有点问题，你能帮我看一下
ウオ ティエン ナオ イオウ ティエン ウエン ティー　ニー ノン バン ウオ カン イー シア

mā
吗?
マー

周辺機器

1 ディスクドライブが外付けだから不便ですね。

硬盘驱动器有点不太方便。
yìng pán qū dòng qì yǒu diǎn bú tài fāng biàn

2 DVDドライブをつけましたよ。

我加装了 DVD 驱动器。
wǒ jiā zhuāng le DVD qū dòng qì

3 ファイルをプリンタに出力しますね。

我把这个文件打印出来哦。
wǒ bǎ zhè ge wén jiàn dǎ yìn chū lái o

メール関連

1 メールアドレスが間違っているみたいですよ。

你好像把电子邮件信箱搞错了哦。
nǐ hǎo xiàng bǎ diàn zǐ yóu jiàn xìn xiāng gǎo cuò le o

2 メールの文章が文字化けしています。

你寄来的信都是乱码。
nǐ jì lái de xìn dōu shì luàn mǎ

3 ファイルを転送してください。

bǎ wén jiàn zhuǎn jì gěi wǒ
把 文 件 转 寄 给 我。
バー ウエン ジエン ジョアン ジー ゲイ ウオ

4 添付ファイルで送ってください。

yòng fù jiā wén jiàn de xíng shì jì gěi wǒ
用 附 加 文 件 的 形 式 寄 给 我。
ヨン フー ジア ウエン ジエン デ シン シー ジー ゲイ ウオ

5 ファイルが開かないんですが。

wén jiàn dǎ bù kāi
文 件 打 不 开。
ウエン ジエン ダー ブー カイ

6 私に送る時Ccで陳さんにも送ってね。

nǐ jì gěi wǒ de shí hou yì qǐ jì CC gěi Chén xiān
你 寄 给 我 的 时 候 一 起 寄 CC 给 陈 先
ニー ジー ゲイ ウオ デ シー ホウ イー チー ジー CC ゲイ チェン シエン

sheng
生。
ション

インターネット

8 [track8]

1 調べものがずいぶん楽になりました。

shàng wǎng chá dōng xī hěn fāng biàn
上 网 查 东 西 很 方 便。
シャン ワン チャー ドン シー ヘン ファン ビエン

2 会社のホームページが更新されましたよ。

wǒ men gōng sī de shǒu yè gēng xīn le
我 们 公 司 的 首 页 更 新 了。
ウオ メン ゴン スー デ ショウ イエ ゴン シン レェ

3 中国ではインターネットをやっている人はほとんどQQ番号を持っているようです。

* QQとは、中国語のチャットソフトのこと。

zài Zhōng guó wǎng mín dà duō yōng yǒu Q Q
在 中 国 网 民 大 多 拥 有 QQ。
ザイ ジョン グオ ワン ミン ダー ドゥオ ヨン イオウ Q Q

約束に遅れる
9

CD-3
[track9]

---

1 (電話で)すみません、20分ぐらい遅れそうです。

duì bu qǐ wǒ dà gài huì chí dào èr shí lái fēn zhōng
对 不 起, 我 大 概 会 迟 到 二 十 来 分 钟。
ドゥイ ブー チー ウオ ダー ガイ ホイ チー ダオ アル シー ライ フェン ジョン

2 ちょっと途中でトラブってしまいました。

lù shang chū le diǎn shì
路 上 出 了 点 事。
ルー シャン チュー レェ ディエン シー

3 電車が止まっちゃったんです。

dì tiě tíng zhù le
地 铁 停 住 了。
ディー ティエ ティン ジュー レェ

4 人にぶつかっちゃったんです。

wǒ kāi chē bǎ rén zhuàng le
我 开 车 把 人 撞 了。
ウオ カイ チョー バー ルェン ジョアン レェ

5 迷子になりました。

wǒ mí lù le
我 迷 路 了。
ウオ ミー ルー レェ

6 ― 今どの辺にいますか？

你 现 在 在 哪 里?
nǐ xiàn zài zài nǎ li

7 大きな電気屋さんの看板が見えます。

能 看 到 一 个 很 大 的 电 器 店 的 招 牌。
néng kàn dào yí ge hěn dà de diàn qì diàn de zhāo pái

8 ― そこにじっとしてて、すぐ迎えに行きますから。

你 在 那 里 不 要 动, 我 马 上 过 去 接 你。
nǐ zài nà li bú yào dòng wǒ mǎ shàng guò qù jiē nǐ

休みを取る 10

1 来週一度日本に戻りたいのですが。

我 下 星 期 想 回 日 本 一 趟。
wǒ xià xīng qī xiǎng huí Rì běn yí tàng

2 ちょっと調子が悪いので、午後休んでもいいでしょうか。

我 身 体 有 点 不 舒 服, 下 午 可 以 请 假 吗?
wǒ shēn tǐ yǒu diǎn bù shū fu xià wǔ kě yǐ qǐng jià mā

3 午後日本大使館に行かなければならないので、2時頃会社を出たいのですが。

我 下 午 要 去 日 本 大 使 馆 办 事, 想 两
wǒ xià wǔ yào qù Rì běn dà shǐ guǎn bàn shì xiǎng liǎng

点 左 右 离 开 公 司。
diǎn zuǒ yòu lí kāi gōng sī

4 病欠を届け出たいのですが。

＊中国では、休む際に電話で済ませず必ず届け出をします。

wǒ yào qǐng bìng jià
我 要 请 病 假。
ウオ ヤオ チン ビン ジャ

いろんな手配
11

CD-3
[track11]

車の手配

1 明日会社の重役が日本からやってきますので、車の手配をしてくれますか？

míng tiān shàng miàn de rén cóng Rì běn lái nǐ pài liàng chē
明 天 上 面 的 人 从 日 本 来，你 派 辆 车
ミン ティエン シャン ミエン デェ ルェン ツォン ルィ ベン ライ ニー パイ リアン チョー

qù jiē yí xià
去 接 一 下。
チュイ ジエ イー シア

2 クライアントのところに行くので、タクシーを呼んでくれますか？

wǒ yào qù kè hù nà li yí xià nǐ kě yǐ bāng wǒ
我 要 去 客 户 那 里 一 下，你 可 以 帮 我
ウオ ヤオ チュイ コー フー ナー リー イー シア ニー コー イー バン ウオ

jiào yí liàng chū zū chē mā
叫 一 辆 出 租 车 吗?
ジアオ イー リアン チュー ズー チョー マー

3 タクシーを呼んでくれ。

bāng wǒ jiào chū zū chē
帮 我 叫 出 租 车。
バン ウオ ジアオ チュー ズー チョー

4 荷物が多いので、車を迎えに来させてもらえないでしょうか。

我 东 西 很 多，麻 烦 你 派 一 辆 车 来 接
我，好 吗？

接待の手配

1 明日クライアントを接待したいので、いいレストランを予約しておいてください。

我 明 天 要 请 客 户 吃 饭，帮 我 订 个 好
点 的 餐 厅。

2 1テーブル800元のコースでね。

订 一 桌 八 百 块 的。

3 明日の夜8時に予約を入れておいて。

帮 我 订 明 天 晚 上 八 点。

現地のスタッフに聞く 12

1 お見舞いに行きたいのですが、中国では手みやげに何がいいですか？

一般在中国去探病时送什么好？
yì bān zài Zhōng guó qù tàn bìng shí sòng shén me hǎo
イー バン ザイ ジョン グオ チュイ タン ビン シー ソン シェン モー ハオ

2 普通、結婚式のご祝儀はいくらぐらいが妥当ですか？

一般结婚的红包包多少？
yì bān jié hūn de hóng bāo bāo duō shǎo
イー バン ジエ フン デェ ホン バオ バオ ドゥオ シャオ

3 お歳暮や中元などの贈り物は何がいいでしょうか。

过年过节送什么好？
guò nián guò jié sòng shén me hǎo
グオ ニエン グオ ジエ ソン シェン モー ハオ

4 何かおみやげを渡した方がいい？

应该送点礼吗？
yīng gāi sòng diǎn lǐ mā
イン ガイ ソン ティエン リー マー

5 どうすればいいと思う？

你觉得怎么办好？
nǐ jué dé zěn me bàn hǎo
ニー ジュエ デェ ゼン モー バン ハオ

6 ちょっとアドバイスくれない？

能给我点建议吗？
néng gěi wǒ diǎn jiàn yì mā
ノン ゲイ ウオ ティエン ジエン イー マー

7 日本と中国は違うんだ。

日本跟中国不一样。
Rì běn gēn Zhōng guó bù yí yàng
ルィ ベン ゲン ジョン グオ ブー イー ヤン

8 こういう場合、中国ではどうすればいい？

zhè zhǒng qíng xíng zài Zhōng guó gāi zěn me zuò
这 种 情 形 在 中 国 该 怎 么 做?

9 ちょっと様子を聞いてきて。

nǐ qù bāng wǒ dǎ tīng dǎ tīng
你 去 帮 我 打 听 打 听。

コネ、根回し
13 CD-3 [track13]

1 なんかコネ持ってない？

nǐ yǒu méi yǒu shén me mén lù
你 有 没 有 什 么 门 路?

2 誰かいい有力者知らない？

nǐ rèn bu rèn shi shén me rén
你 认 不 认 识 什 么 人?

3 あの根回しをしておいてくれた？

nà ge guān xī nǐ qù dǎ tōng le mā
那 个 关 系 你 去 打 通 了 吗?

4 お礼した？

sòng lǐ le mā
送 礼 了 吗?

5 —もう全部根回ししておきましたから。

wǒ guān xì dōu yǐ jīng dǎ hǎo le
我 关 系 都 已 经 打 好 了。

6 中国では本当にこうなの？

zài Zhōng guó zhēn de shì zhè yàng mā
在 中 国 真 的 是 这 样 吗?
ザイ ジョン グオ ジェン デェ シー ジョー ヤン マー

7 — 中国ではこれは通用しません。

zài Zhōng guó zhè yàng shì xíng bù tōng de
在 中 国 这 样 是 行 不 通 的。
ザイ ジョン グオ ジョー ヤン シー シン ブー トン デェ

8 — 中国人はこういうのを嫌います。

Zhōng guó rén tǎo yàn zhè yàng
中 国 人 讨 厌 这 样。
ジョン グオ ルェン タオ イェン ジョー ヤン

9 — こういうやり方は反感を買います。

zhè yang zuò huì yǐn qǐ fǎn gǎn
这 样 做 会 引 起 反 感。
ジョー ヤン ズオ ホイ イン チー ファン ガン

10 — 中国人は面子を一番大事にしています。

Zhōng guó rén zuì zhù zhòng de jiù shì miàn zi
中 国 人 最 注 重 的 就 是 面 子。
ジョン グオ ルェン ズォイ ジュー ジョン デェ ジィウ シー ミエン ズー

人事異動など
14
CD-**3**
[track14]

1 今度部長に昇進するそうですね。

tīng shuō nǐ yào shēng chù zhǎng la
听 说 你 要 升 处 长 啦。
ティン ショイ ニー ヤオ ション チュー ジャン ラー

2 地方に転勤することになりました。　　　海外

wǒ yào bèi diào dào xiāng xià qù le　　guó wài
我 要 被 调 到 乡 下 去 了。　　**国 外**
ウオ ヤオ ベイ ディアオ ダオ シアン シア チュイ レェ　　グオ ワイ

3 今回の人事で辞表を出す人もいるそうです。

听说这次人事调动使有些人递交了辞职书。
tīng shuō zhè cì rén shì diào dòng shǐ yǒu xiē rén dì jiāo le cí zhí shū
ティン ショイ ジョー ツー ルェン シー ディアオ ドン シー イオウ シエ ルェン ディー ジアオ レェ ツー ジー シュー

4 今年定年退職です。

我今年退休。
wǒ jīn nián tuì xiū
ウオ ジン ニエン トォイ シウ

---

*中国では何事においても、コネや根回しが、物事を潤滑に進める要素になっているようです。よって中国でビジネスを成功させるのには、良い関係を作り上げることが最も大事だと言われます。

*「出門靠朋友」(外では何でも友達頼りだ)といういわれがあるように、中国人はコネや根回しを大事にする民族です。
よく日本の漫才で、人の頭を叩いて笑いを取る行為が見られますが、中国人は頭を叩かれるのが大嫌いです。
まだ保守的な考え方を持つ地方が多い中国では、身体の露出を嫌う人が多いようです。以前、日本人留学生が上半身裸になって問題となりました。笑いを取るつもりでやったのかもしれませんが、かえって中国人を小バカにしているのではないかと思われてしまったのです。
また、男性でもあまり人の前で酔って醜態をさらしません。日本人のように酔っ払いに対して寛容ではありません。酔っ払いは嫌われます。

会社

⑬住まい

部屋探し 1

不動産屋で

1 部屋を探してるんですが。

wǒ xiǎng zhǎo fáng zi
我 想 找 房 子。
ウオ シアン ジャオ ファン ズー

2 — どの辺でお探しですか？

nǐ xiǎng zhǎo nǎ biān de fáng zi
你 想 找 哪 边 的 房 子?
ニー シアン ジャオ ナー ビエン デェ ファン ズー

3 まだ具体的な地域は決めていません。

hái méi yǒu jù tǐ jué dìng yào zhǎo nǎ li
还 没 有 具 体 决 定 要 找 哪 里
ハイ メイ イオウ ジュ ティー ジュエ ディン ヤオ ジャオ ナー リー

de
的。
デェ

4 静かで交通の便がいいところを探しています。

wǒ xiǎng zhǎo yòu ān jìng jiāo tōng yòu fāng biàn
我 想 找 又 安 静 交 通 又 方 便
ウオ シアン ジャオ イオウ アン ジン ジアオ トン イオウ ファン ビエン

de dì fang
的 地 方。
デェ ディー ファン

5 閑静な住宅街がいいんですが。

wǒ xiǎng zhǎo níng jìng de zhù zhái qū
我 想 找 宁 静 的 住 宅 区。
ウオ シアン ジャオ ニン ジン デェ ジュー ジャイ チュイ

日本では部屋探しといえば、不動産屋さんを頼りにすることが多いと思います。もちろん中国にも外国人専用の不動産屋さんはたくさんありますが、多くの中国人は部屋を探すとき、新聞の宣伝広告を見たり、知人を通じて手頃な部屋を紹介してもらったり、または住みたいエリアに実際に行って、電信柱に貼ってある「分租」（部屋をレンタルする）の広告を見て探したりするんです。

6 会社まで地下鉄で来られるところを探しています。

我 想 找 方 便 利 用 地 下 铁 通 勤 的 地 方。
wǒ xiǎng zhǎo fāng biàn lì yòng dì xià tiě tōng qín de dì fang

7 緑が多い町を探しているところです。

我 想 在 绿 地 比 较 多 的 地 方 找。
wǒ xiǎng zài lǜ dì bǐ jiào duō de dì fang zhǎo

8 犬を飼えるマンションを探しているんです。

我 想 找 可 以 养 狗 的 公 寓。
wǒ xiǎng zhǎo kě yǐ yǎng gǒu de gōng yù

広さ

1 —どれぐらい（何坪）の広さをお探しですか？

您 想 找 多 大（几 坪）的 房 子 呢?
nín xiǎng zhǎo duō dà jǐ píng de fáng zi ne

2 24坪ぐらいがいいんですが。

二 十 四 坪 左 右 的。
èr shí sì píng zuǒ yòu de

3 部屋が2つぐらいだとだいたい何坪ですか？

两 个 房 间 的 话 大 概 是 多 少 坪?
liǎng ge fáng jiān de huà dà gài shì duō shao píng

4 家族が多いので広い部屋を探しています。

wǒ jiā rén hěn duō xiǎng zhǎo dà yì diǎn de fáng zi
我 家 人 很 多, 想 找 大 一 点 的 房 子。
ウオ ジャ ルェン ヘン ドゥオ シアン ジャオ ダー イー ディエン デェ ファン ズー

5 一軒家も扱ってますか？

nǐ men yǒu yí dòng de fáng zi mā
你 们 有 一 栋 的 房 子 吗?
ニー メン イオウ イー ドン デェ ファン ズー マ

6 広めのワンルームを探しています。

wǒ xiǎng zhǎo dà yì diǎn de tào fáng
我 想 找 大 一 点 的 套 房。
ウオ シアン ジャオ ダー イー ディエン デェ タオ ファン

7 家具付きのワンルームマンションを探しています。

wǒ xiǎng zhǎo dài jiā jù de tào fáng
我 想 找 带 家 具 的 套 房。
ウオ シアン ジャオ ダイ ジャ ジュ デェ タオ ファン

金額

1 この辺だと23坪でだいたいいくらですか？

zhè fù jìn èr shí sān píng de fáng zi dà gài yào duō
这 附 近 二 十 三 坪 的 房 子 大 概 要 多
ジョー フー ジン アル シー サン ピン デェ ファン ズー ダー ガイ ヤオ ドゥオ

shao qián
少 钱?
シャオ チエン

2 駅に近いところだと7千万ぐらいです。

chē zhàn fù jìn de dà gài yào qī qiān wàn zuǒ yòu
车 站 附 近 的 大 概 要 七 千 万 左 右。
チョー ジャン フー ジン デェ ダー ガイ ヤオ チー チエン ワン ズオ イオウ

3 もう少し安いところはないですか？

yǒu méi yǒu pián yi yì diǎn de dì fang
有没有便宜一点的地方？
イオウ メイ イオウ ピエン イー イー ティエン デェ ディ ファン

4 ― 古い建物だと少し安くできますよ。

jiù yì diǎn de fáng zi bǐ jiào pián yi
旧一点的房子比较便宜。
ジィウ イー ティエン デェ ファン ズー ビー ジアオ ピエン イー

周辺環境を聞く

1 このマンションの近くにはバス停はありますか？

zhè dòng gōng yù fù jìn yǒu gōng gòng qì chē zhàn mā
这栋公寓附近有公共汽车站吗？
ジョー ドン ゴン ユィ フー ジン イオウ ゴン ゴン チー チョー ジャン マー

2 ショッピングセンターは近いですか？

lí gòu wù zhōng xīn jìn bu jìn
离购物中心近不近？
リー ゴウ ウー ジョン シン ジン ブー ジン

3 近所は静かですか？

fù jìn ān jìng mā
附近安静吗？
フー ジン アン ジン マー

4 学区はどうなりますか？

zhè fù jìn shǔ yú shén me xué qū
这附近属于什么学区？
ジョー フー ジン シュー ユィ シェン モー シュエ チュイ

5 小学校は近いですか？

lí xiǎo xué jìn mā
离小学近吗？
リー シアオ シュエ ジン マー

住まい

6 駐車場はありますか？

yǒu tíng chē chǎng mā
有 停 车 场 吗?
イオウ ティン チョー チャン マー

7 マンションは道路に面していますか？

gōng yù miàn lín mǎ lù mā
公 寓 面 临 马 路 吗?
ゴン ユィ ミエン リン マー ルー マー

8 周辺に緑は多いですか？

fù jìn yǒu hěn duō lǜ dì mā
附 近 有 很 多 绿 地 吗?
フー ジン イオウ ヘン ドゥオ ルー ディー マー

家（部屋）の状況を聞く

1 即入居できますか？

mǎ shang kě yǐ bān jìn qù zhù mā
马 上 可 以 搬 进 去 住 吗?
マー シャン コー イー バン ジン チュイ ジュー マー

2 いつ頃部屋が空きますか？

fáng zi shén me shí hou huì kòng chū lái
房 子 什 么 时 候 会 空 出 来?
ファン ズー シェン モー シー ホウ ホイ コン チュー ライ

3 いつ頃入居できますか？

shén me shí hou kě yǐ bān jìn qù zhù
什 么 时 候 可 以 搬 进 去 住?
シェン モー シー ホウ コー イー バン ジン チュイ ジュー

4 ― 空き部屋ですからすぐ入れます。

zhè fáng zi xiàn zài shì kōng de mǎ shang jiù kě yǐ bān
这 房 子 现 在 是 空 的, 马 上 就 可 以 搬
ジョー ファン ズー シエン ザァイ シー コン デェ マー シャン ジィウ コー イー バン

jìn qù zhù
进 去 住。
ジン チュイ ジュー

5 ― 1ヵ月後には入居できます。

yào yí ge yuè hòu cái kě yǐ bān jìn qù zhù
要 一 个 月 后 才 可 以 搬 进 去 住。
ヤオ イー ゴー ユエ ホウ ツァイ コー イー バン ジン チュイ ジュー

6 南向きですか？

fang jiān shì cháo nán de mā
（房 间）是 朝 南 的 吗?
ファン ジエン シー チャオ ナン デェ マー

7 光ケーブルは入っていますか？

yǒu guāng lǎn mā
有 光 缆 吗?
イオウ グアン ラン マー

8 洗濯機も付いていますか？

dài xǐ yī jī mā
带 洗 衣 机 吗?
ダイ シー イー ジー マー

9 管理費はいくらですか？

guǎn lǐ fèi duō shao qián
管 理 费 多 少 钱?
グアン リー フェイ ドゥオ シャオ チエン

10 駐車場代込みですか？

bāo guò tíng chē chǎng de fèi yòng mā
包 括 停 车 场 的 费 用 吗?
バオ クオ ティン チョ チャン デェ フェイ ヨン マー

11 クロスの張り替えはしてもらえるんですか？

bì zhǐ kě yǐ bāng wǒ men chóng xīn tiē mā
壁 纸 可 以 帮 我 们 重 新 贴 吗?
ビー ジー コー イー バン ウオ メン チョン シン ティエ マー

12 庭付きですか？

yǒu yuàn zi mā
有 院 子 吗?
イオウ ユアン ズー マー

家の見学

1 ― こちらの<u>部屋</u>をご覧になりますか？

nín yào cān guān yí xià zhè ge fáng jiān mā
您 要 参 观 一 下 这 个 房 间 吗?
ニン ヤオ ツァン グアン イー シア ジョー ゴー ファン ジエン マー

家
fáng zi
房 子
ファン ズー

2 ― お望みの広さだと出ているのはこれだけですが、ご覧になりますか？

mù qián zhǐ yǒu zhè ge fáng zi de miàn jī fú hé nín de
目 前 只 有 这 个 房 子 的 面 积 符 合 您 的
ムー チエン ジー イオウ ジョー ゴー ファン ズー デェ ミエン ジー フー ホー ニン デェ

xū yào nín yào kàn yí xià mā
需 要, 您 要 看 一 下 吗?
シュイ ヤオ ニン ヤオ カン イー シア マー

3 今から見に行けますか？

wǒ men kě yǐ mǎ shang qù kàn mā
我 们 可 以 马 上 去 看 吗?
ウオ メン コー イー マー シャン チュイ カン マー

4 とりあえず見せてください。

hǎo de nà jiù xiān ràng wǒ kàn yí xià ba
好 的 那 就 先 让 我 看 一 下 吧。
ハオ デェ ナー ジィウ シエン ルァン ウオ カン イー シア バ

5 ― 大家さんに問い合わせてみましょう。

wǒ wèn yí xià fáng dōng
我 问 一 下 房 东。
ウオ ウエン イー シア ファン ドン

6 ― 今からで大丈夫だそうです。

tā shuō wǒ men dāi huǐ er kě yǐ qù
他 说 我 们 待 会 儿 可 以 去。
ター ショオ ウオ メン ダイ ホイ アル コー イー チュイ

7 ― 1時間後ならいいそうです。

tā shuō yí ge xiǎo shí hòu jiù kě yǐ qù
他 说 一 个 小 时 后 就 可 以 去。
ター ショオ イー ゴー シアオ シー ホウ ジィウ コー イー チュイ

部屋を契約する

1 ― いかがでしたか？

nín jué de rú hé
您 觉 得 如 何?
ニン ジュエ デェル ルー ホー

2 ― この家になさいますか？

jué dìng yào zhè jiān fáng zi mā
决 定 要 这 间 房 子 吗?
ジュエ ディン ヤオ ジョー ジエン ファン ズー マー

3 古い家なのでちょっと…。

zhè fáng zi tài jiù le
这 房 子 太 旧 了...
ジョ ファン ズー タイ ジィウ レェ

4 見晴らしがあまり良くなかったので…。

fēng jǐng bú tài hǎo
风 景 不 太 好...
フォン ジン ブー タイ ハオ

5 思ったより狭いですね。

bǐ wǒ xiǎng xiàng de yào zhǎi
比 我 想 像 的 要 窄。
ビー ウオ シアン シアン デェ ヤオ ジャイ

6 はい、気に入りました。

wǒ hěn xǐ huan
我 很 喜 欢。
ウオ ヘン シー ホアン

7 こちらの契約書にサインしてください。

qǐng zài qì yuē shū shang qiān míng
请 在 契 约 书 上 签 名。
チン ザイ チー ユエ シュ シャン チエン ミン

8 不動産仲介料はいくらお支払いすればいいですか？

yào fù duō shao bú dòng chǎn de zhōng jiè fèi ne
要·付 多 少 不 动 产 的 中 介 费 呢?
ヤオ フー ドゥオ シャオ ブー ドン チャン デェ ジョン ジエ フェイ ノー

9 家賃は毎月月末に支払えばいいんですね。

fáng zū shì měi ge yuè de yuè dǐ fù mā
房 租 是 每 个 月 的 月 底 付 吗?
ファン ズー シー メイ ゴー ユエ デェ ユエ ディー フー マー

引っ越し 2

引っ越しセンター

1 来週日曜日に引っ越ししたいのですが。

wǒ xiǎng yào xià ge xīng qí tiān bān jiā
我想要下个星期天搬家。
ウオ シアン ヤオ シア ゴー シン ジー ティエン バン ジア

2 見積もりをお願いします。

néng bāng wǒ gū yí xià jià mā
能帮我估一下价吗?
ノン バン ウオ グー イー シア ジア マー

3 段ボール箱は何枚いただけるんですか?

kě yǐ gěi wǒ jǐ ge zhǐ xiāng zǐ mā
可以给我几个纸箱子吗?
コー イー ゲイ ウオ ジー ゴー ジー シアン ズー マー

4 ピアノは特別料金になるんでしょうか?

gāng qín de fèi yòng yào lìng wài suàn mā
钢琴的费用要另外算吗?
ガン チン デェ フェイ ヨン ヤオ リン ワイ スワン マー

5 食器など台所用品はこちらで箱詰めします。

wǎn pán hé chú fáng yòng pǐn wǒ men huì bāng nín dǎ bāo
碗盘和厨房用品我们会帮您打包。
ワン パン ホー チュー ファン ヨン ピン ウオ メン ホイ バン ニン ダー バオ

6 大まかな荷造りはこちらでします。

dà de xíng lǐ wǒ men huì bāng nín dǎ bāo
大的行李我们会帮您打包。
ダー デェ シン リー ウオ メン ホイ バン ニン ダー バオ

7 梱包は何時から開始しましょうか?

wǒ men yào jǐ diǎn kāi shǐ qù dǎ bāo ne
我们要几点开始去打包呢?
ウオ メン ヤオ ジー ティエン カイ シー チュイ ダー バオ ノー

8 荷造りから荷ほどきまですべてお任せします。

dǎ bāo, jiě bāo wǒ quán jiāo gěi nǐ men le
打 包，解 包 我 全 交 给 你 们 了。
ダー バオ ジエ バオ ウオ チュアン ジアオ ゲイ ニー メン レェ

引っ越しの手続き

1 ガスを開けてください。

bāng wǒ kāi tōng wǎ sī
帮 我 开 通 瓦 斯。
バン ウオ カイ トン ワー スー

2 電話の移転をお願いします。

wǒ yào zhuǎn yí diàn huà
我 要 转 移 电 话。
ウオ ヤオ ジョアン イー ディエン ホア

3 電話番号は変わりますか？

diàn huà hào mǎ huì gǎi biàn mā
电 话 号 码 会 改 变 吗?
ディエン ホア ハオ マー ホイ ガイ ビエン マー

4 新しい電話番号はいつから使えますか？

xīn de diàn huà hào mǎ shén me shí hòu kě yǐ kāi shǐ shǐ
新 的 电 话 号 码 什 么 时 候 可 以 开 始 使
シン デェ ディエン ホア ハオ マー シェン マー シー ホウ コー イー カイ シー シー

yòng
用?
ヨン

引っ越し

1 今週末に引っ越すことになりました。

我 这 个 周 末 搬 家。
wǒ zhè ge zhōu mò bān jiā

2 車を借りて友達と運びます。

我 借 了 一 台 车，然 后 要 朋 友 帮 我 搬 家。
wǒ jiè le yì tái chē, rán hòu yào péng you bāng wǒ bān jiā

3 何かお手伝いすることはありませんか？

有 什 么 我 可 以 帮 得 上 忙 的 地 方 吗？
yǒu shén me wǒ kě yǐ bāng de shàng máng de dì fang ma

4 引っ越しセンターにお願いしました。

我 已 经 拜 托 搬 家 公 司 了。
wǒ yǐ jīng bài tuō bān jiā gōng sī le

5 引っ越してすぐ使う物はこの箱に入れましたよ。

搬 家 以 后 马 上 要 用 的 东 西 我 装 在 这 边 的 箱 子 哦。
bān jiā yǐ hòu mǎ shang yào yòng de dōng xi wǒ zhuāng zài zhè biān de xiāng zi o

住まい

6 荷造りはあらかた済みました。

基本上都打好箱了。
jī běn shang dōu dǎ hǎo xiāng le
ジー ベン シャン ドウ ダー ハオ シアン レェ

7 ベッドはどの部屋に置きましょうか？

床放在哪个房间？
chuáng fàng zài nǎ ge fáng jiān
チョアン ファン ザイ ナー ゴー ファン ジエン

8 その**タンス**はこちらに置いてください。　　**ベッド・机**

那个橱子放在这边。　　床、桌子
nà ge chú zi fàng zài zhè biān　　chuáng zhuō zi
ナー ゴー チュー ズー ファン ザァイ ジョー ビエン　　チョアン ジュオ ズー

9 食器と書いてある段ボールは台所に置いてください。

那个写有碗盘的箱子帮我放在厨房。
nà ge xiě yǒu wǎn pán de xiāng zi bāng wǒ fàng zài chú fáng
ナー ゴー シエ イオウ ワン パン デェ シアン ズー バン ウオ ファン ザァイ チュー ファン

10 それは本だから相当重いですよ。

那个箱子装的是书，所以很重哦。
nà ge xiāng zi zhuāng de shì shū suǒ yǐ hěn zhòng o
ナー ゴー シアン ズー ジョアン デェ シー シュー スオ イー ヘン チョン オー

引っ越し業者に対するクレーム

1 皿が3枚割れています。

我盘子破了三个。
wǒ pán zi pò le sān ge
ウオ パン ズー ポー レェ サン ゴー

2 ベッドの角にキズがつきましたよ。

wǒ chuáng pù de jiǎo biān zhuàng huài le
我 床 铺 的 角 边 撞 坏 了。
ウオ チョアン ブー デェ ジアオ ビエン ジョアン ホアイ レェ

3 見積もり料金と違うんじゃないですか？

zhè ge hé yuán lái gū de jià qián bù yí yàng
这 个 和 原 来 估 的 价 钱 不 一 样。
ジョー ゴー ホー ユアン ライ グー デェ ジア チエン ブー イー ヤン

4 損害の弁償はどちらに請求すればいいですか？

sǔn hài péi cháng xiàng nǎ li shēn qǐng ne
损 害 赔 偿 向 哪 里 申 请 呢?
スン ハイ ペイ チャン シアン ナー リー シェン チン ノー

リフォーム

1 この2つの部屋の間のしきりを取りたいんですが。

wǒ xiǎng bǎ zhè liǎng ge fáng jiān dǎ tōng
我 想 把 这 两 个 房 间 打 通。
ウオ シアン バー ジョー リアン ゴー ファン ジエン ダー トン

2 この部屋を和室にしたいんですが。

wǒ xiǎng bǎ zhè ge fáng jiān gǎi chéng hé shì de
我 想 把 这 个 房 间 改 成 和 式 的。
ウオ シアン バー ジョー ゴー ファン ジエン ガイ チョン ホー シー デェ

3 部屋を塗り替えたいんですが。

wǒ xiǎng bǎ fáng zi chóng xīn shuā yí xià
我 想 把 房 子 重 新 刷 一 下。
ウオ シアン バー ファン ズー チョン シン ショア イー シア

4 屋上にもう1つ部屋を作りたいんですが。

wǒ xiǎng zài wū dǐng zài gài yí ge fáng jiān
我 想 在 屋 顶 再 盖 一 个 房 间。
ウオ シアン ザイ ウー ディン ザイ ガイ イー ゴー ファン ジエン

住まい

5 1階の庭を車庫にしたいんですが。

wǒ xiǎng bǎ yì lóu de yuàn zi gǎi chéng chē kù
我想把一楼的院子改成车库。
ウオ シアン バー イー ロウ デェ ユアン ズー ガイ チョン チョー クー

6 床のリフォームは何日ぐらいかかりますか？

dì bǎn yào jǐ tiān cái néng gǎi hǎo
地板要几天才能改好?
ディー バン ヤオ ジー ティエン ツァイ ノン ガイ ハオ

7 クロスは天井も張り替えてもらえるんですか？

tiān huā bǎn de bì zhǐ nǐ yě huì bāng wǒ huàn mā
天花板的壁纸你也会帮我换吗?
ティエン ホア バン デェ ビー ジー ニー イエ ホイ バン ウオ ホアン マー

8 天井のペインティングをお願いします。

tiān huā bǎn bāng wǒ shuā yì shuā ba
天花板帮我刷一刷吧。
ティエン ホア バン バン ウオ ショア イー ショア バー

9 それぞれの見積もりを出してください。

nǐ bāng wǒ gè gū yí xià jià ba
你帮我各估一下价吧。
ニー バン ウオ ゴー グー イー シア ジア バー

引っ越しの挨拶

1 今度新しく引っ越したので遊びに来てください。

wǒ xīn bān le ge fáng zi yǒu kòng lái wán a
我新搬了个房子,有空来玩啊。
ウオ シン バン レェ ゴー ファン ズー イオウ コン ライ ワン アー

2 今週日曜日に引っ越しパーティーをしようと思うんですが。

wǒ xiǎng zài zhè xīng qī tiān qǐng kè qìng zhù bān jiā
我想在这星期天请客庆祝搬家。
ウオ シアン ザイ ジョー シン チー ティエン チン コー チン ジュー バン ジャ

3 新居で一緒に食事でもしましょう。

lái wǒ xīn fáng zi chī fàn ba
来 我 新 房 子 吃 饭 吧。
ライ ウオ シン ファン ズー チー ファン バー

4 今度1121号室に引っ越してきた鈴木といいます。よろしくお願いします。

wǒ shì xīn bān dào yāo yāo èr yāo fáng de líng mù nǐ hǎo
我 是 新 搬 到 一 一 二 一 房 的 铃 木。你 好。
ウオ シー シン バン ダオ ヤオ ヤオ アル ヤオ ファン デェ リン ムー ニー ハオ

住まい

朝起きて出かけるまで

目覚め

1 どうしたんですか、今日は早起きですね。

哎呀,你今天怎么这么早起来?
ai ya nǐ jīn tiān zěn me zhè me zǎo qǐ lái
アイ ヤー ニー ジン ティエン ゼン マー ジョー マー ザァオ チー ライ

2 早く起きなさい!

快起床了!
kuài qǐ chuáng le
クアイ チー チョアン レェ

3 もう7時ですよ。

已经七点了。
yǐ jing qī diǎn le
イー ジン チー ティエン レェ

4 もう少し寝させて。

再让我睡一会儿嘛。
zài ràng wǒ shuì yì huǐ er ma
ザァイ ルァン ウオ ショイ イー ホイ アル マー

5 遅刻しますよ。

你会迟到哦。
nǐ huì chí dào o
ニー ホイ チー ダオ オー

6 何か恐い夢でも見たんですか?

你做了什么恶梦吗?
nǐ zuò le shén me è mèng mā
ニー ズオ レェ シェン マー オー モン マー

7 うつぶせで寝たら首が痛い。

我 趴 着 睡 着 了 起 来 脖 子 好 痛。
wǒ pā zhe shuì zháo le qǐ lái bó zi hǎo tòng

8 しまった！ 寝坊した。

糟 糕！ 睡 过 头 了。
zāo gāo shuì guò tóu le

9 目覚まし時計の音が聞こえなかったんです。

我 没 听 到 闹 钟 响。
wǒ méi tīng dào nào zhōng xiǎng

10 どうして起こしてくれなかったんですか？

你 怎 么 不 叫 我 !?
nǐ zěn me bú jiào wǒ

11 昨日、何時に寝たの？

昨 晚 你 几 点 睡 的?
zuó wǎn nǐ jǐ diǎn shuì de

12 パパを起こして。

去 叫 爸 爸 起 床。
qù jiào bà ba qǐ chuáng

13 あ〜、眠い。

啊〜，好 困 呀。
a hǎo kùn ya

朝の準備

1 顔を洗ったら目が覚めるよ。

去 洗 把 脸 醒 醒。
qù xǐ bǎ liǎn xǐng xing
チュイ シー バー リエン シン シン

2 この石けんで洗うと顔がつっぱるんだよね。

用 这 个 肥 皂 洗 脸，脸 会 发 紧。
yòng zhè ge féi zào xǐ liǎn liǎn huì fā jǐn
ヨン ジョー ゴー フェイ ザオ シー リエン リエン ホイ ファー ジン

3 シャワーを浴びよう。

去 冲 个 凉 吧。
qù chōng ge liáng ba
チュイ チョン ゴー リアン バー

4 タオルがありませんよ。

没 毛 巾 啦。
méi máo jīn la
メイ マオ ジン ラー

石けん・歯磨き粉・シャンプー・リンス

肥 皂、牙 膏、洗 发 精、润 发 乳
féi zào yá gāo xǐ fā jīng rùn fà rǔ
フェイ ザオ ヤー ガオ シー ファー ジン ルゥン ファー ルー

5 服を着替えてね。

把 衣 服 换 下 来。
bǎ yī fu huàn xià lái
バー イー フー ホアン シア ライ

6 朝食の用意ができましたよ。

早 餐 准 备 好 了。
zǎo cān zhǔn bèi hǎo le
ザオ ツァン ジュン ベイ ハオ レェ

7 コーヒーを入れてくれますか？

kě yǐ bāng wǒ chōng bēi kā fēi mā
可以帮我冲杯咖啡吗?
コー イー バン ウオ チョン ベイ ガー フェイ マー

8 新聞を読みながら食べないで。

bú yào yì biān kàn bào zhǐ yì biān chī fàn
不要一边看报纸一边吃饭。
ブー ヤオ イー ビエン カン バオ ジー イー ビエン チー ファン

出かける

1 忘れ物はないね。

méi yǒu wàng jì dōng xi ba
没有忘记东西吧。
メイ イオウ ワン ジー ドン シー バー

2 あ、財布忘れた。

a wǒ wàng jì qián bāo le
啊，我忘记钱包了。
アー ウオ ワン ジー チエン バオ レェ

3 今日は何時頃帰りますか？

nǐ jīn tiān jǐ diǎn huí lái
你今天几点回来?
ニー ジン ティエン ジー ティエン ホイ ライ

4 遅くなるかもしれません。

kě néng huì wǎn diǎn
可能会晚点。
コー ノン ホイ ワン ティエン

5 多分早く帰れると思いますよ。

kě néng huì zǎo diǎn huí lái
可能会早点回来。
コー ノン ホイ ザァオ ティエン ホイ ライ

家の中で

6 戸締まりした？

門窗有沒有關好?
mén chuāng yǒu méi yǒu guān hǎo
メン チョアン イオウ メイ イオウ グァン ハオ

7 電気全部消したっけ？

电灯都关了吗?
diàn dēng dōu guān le mā
ディエン ドン ドウ グァン レェ マー

帰って寝るまで 2

CD-3 [track18]

帰宅

1 ただいま。お腹空いた。

我回来了，肚子好饿。
wǒ huí lái le dǔ zi hǎo è
ウオ ホイ ライ レェ ドゥー ズー ハオ オー

2 今日のおかずは何ですか？

今天的菜是什么?
jīn tiān de cài shì shén me
ジン ティエン デェ ツァイ シー シェン マー

3 お帰りなさい。**早かった**ですね。　　　　　　　　**遅かった**

你回来啦，今天真早。　　　　　晚
nǐ huí lái la jīn tiān zhēn zǎo　　wǎn
ニー ホイ ライ ラー ジン ティエン ジェン ザァオ　　ワン

4 今日はサッカー中継を観たいからね。

因为我要看今天晚上的足球转播。
yīn wèi wǒ yào kàn jīn tiān wǎn shang de zú qiú zhuǎn bō
イン ウエイ ウオ ヤオ カン ジン ティエン ワン シャン デェ ズウ チウ ジョアン ボー

5 連続ドラマを観なきゃ。

我要赶着回来看连续剧。
wǒ yào gǎn zhe huí lái kàn lián xù jù
ウオ ヤオ ガン ジャオ ホイ ライ カン リエン シュイ ジュ

6 ちょっと疲れてね。

yǒu diǎn lèi le
有点累了。
イオウ ディエン レイ レェ

7 ちょっと友達と食事してきたもので。

qù gēn péng you chī fàn le
去跟朋友吃饭了。
チュイ ゲン ポン イオウ チー ファン レェ

8 会議が長引いたんだよ。

huì kāi bù wán ma
会开不完嘛。
ホイ カイ ブー ワン マー

寝るまで

1 風呂のお湯を張ってくれますか？

nǐ néng bāng wǒ fàng xǐ zǎo shuǐ mā
你能帮我放洗澡水吗?
ニー ノン バン ウオ ファン シー ザァオ ショイ マー

2 髪もちゃんと洗うのよ。

yào xǐ tóu fà o
要洗头发哦。
ヤオ シー トウ ファー オー

3 暑いからエアコンをつけますね。

hǎo rè o kāi lěng qì ba
好热哦,开冷气吧。
ハオ ルォ オー カイ ロン チー バー

4 寒いからストーブをつけましょうか。

hǎo lěng o kāi nuǎn lú ba
好冷哦,开暖炉吧。
ハオ ロン オー カイ ヌアン ルー バー

5 帰って来たらちゃんと手を洗ってね。

回到家以后要先洗手。
huí dào jiā yǐ hòu yào xiān xǐ shǒu
ホイ ダオ ジア イー ホウ ヤオ シエン シー ショウ

6 脱いだ物は洗濯機に入れてね。

衣服脱下来后要放进洗衣机里去。
yī fu tuō xià lái hòu yào fàng jìn xǐ yī jī lǐ qù
イー フー トゥオ シア ライ ホウ ヤオ ファン ジン シー イー ジー リー チュイ

7 今日は早目に寝てね。

今天早点上床休息吧。
jīn tiān zǎo diǎn shàng chuáng xiū xi ba
ジン ティエン ザァオ ディエン シャン チョアン シウ シー バー

8 明日は休みだから思いっきり朝寝坊しよう。

明天放假可以睡晚点再起床。
míng tiān fàng jià kě yǐ shuì wǎn diǎn zài qǐ chuáng
ミン ティエン ファン ジア コー イー ショイ ワン ディエン ザァイ チー チョアン

9 やることがあるのに眠くてたまらない。

还有好多事没做，可是我好想睡觉。
hái yǒu hǎo duō shì méi zuò kě shì wǒ hǎo xiǎng shuì jiào
ハイ イオウ ハオ ドゥオ シー メイ ズオ コー シー ウオ ハオ シアン ショイ ジアオ

10 明日の準備は？

明天要用的东西都准备好了吗?
míng tiān yào yòng de dōng xi dōu zhǔn bèi hǎo le mā
ミン ティエン ヤオ ヨン デェ ドン シー ドウ ジュン ベイ ハオ レェ マー

11 目覚ましをちゃんとセットしてね。

别忘了上闹钟。
bié wàng le shàng nào zhōng
ビエ ワン レェ シャン ナオ ジョォン

12 私、寝相が悪いのよね。

我睡相不好。
wǒ shuì xiàng bù hǎo
ウオ ショイ シアン ブー ハオ

13 明るくて眠れない。電気消して。

tài liàng le shuǐ bù zháo, bǎ dēng guān qǐ lái
太亮了睡不着，把灯关起来。
タイ リアン レェ ショイ ブー ジャオ バー ドン グァン チー ライ

家事 3

[track19]

後かたづけ・掃除

1 食器洗いやってくれる？

kě bu kě yǐ bāng wǒ xǐ wǎn
可不可以帮我洗碗?
コー ブー コー イー バン ウオ シー ワン

2 台所仕事は手が荒れるよ。

qīng lǐ chú fáng, shǒu hěn róng yì nòng cū
清理厨房，手很容易弄粗。
チン リー チュー ファン ショウ ヘン ルゥォン イー ロン ツウ

3 さて、掃除しなきゃ。

ai gāi dǎ sǎo fáng jiān la
哎，该打扫房间啦。
アイ ガイ ダー サオ ファン ジエン ラー

4 掃除機をかけてくれる？

kě yǐ bāng wǒ yòng xī chén qì xī yí xià mā
可以帮我用吸尘器吸一下吗?
コー イー バン ウオ ヨン シー チェン チー シー イー シア マー

5 私がぞうきんがけするから。

wǒ yòng mā bù mā
我用抹布抹。
ウオ ヨン マー ブー マー

6 玄関砂だらけね、箒（ほうき）で掃いておいて。

mén kǒu nà li dōu shì shā zi, qù yòng sào zhǒu sǎo yí xià
门口那里都是沙子，去用扫帚扫一下。
メン コウ ナー リー ドウ シー シャー ズー チュイ ヨン サオ ジョウ サオ イー シア

7 ちりとりはどこだっけ？

bò ji fàng zài nǎ li
簸箕放在哪里?
ボー ジー ファン ザァイ ナー リー

8 窓ふきは週末にしよう。

chuāng zi zhōu mò zài cā ba
窗子周末再擦吧。
チョアン ズー ジョウ モー ザァイ ツァー バー

9 ベランダに布団を干してくださいね。

bǎ mián bèi ná qù yáng tái shài a
把棉被拿去阳台晒啊。
バー ミエン ベイ ナー チュイ ヤン タイ シャイ アー

裁縫

1 ボタンが取れたから、つけてくれる？

wǒ kòu zi diào le bāng wǒ féng yí xià hǎo mā
我扣子掉了，帮我缝一下好吗?
ウオ コウ ズー ディアオ レェ バン ウオ フォン イー シア ハオ マー

2 ちょっと破けちゃったけど縫える？

zhè li pò le kě yǐ féng qǐ lái mā
这里破了，可以缝起来吗?
ジョー リー ポー レェ コー イー フォン チー ライ マー

3 ここをちょっとミシンで縫ってください。

zhè li yòng féng rèn jī bāng wǒ féng yí xià
这里用缝纫机帮我缝一下。
ジョー リー ヨン フォン ルェン ジー バン ウオ フォン イー シア

4 糸がからまっちゃった。

xiàn chán zhù le
线缠住了。
シエン チャン ジュー レェ

5 針に糸を通しておいてね。

bāng wǒ bǎ xiàn chuān jìn zhēn li qù
帮 我 把 线 穿 进 针 里 去。
バン ウオ バー シエン チョアン ジン ジェン リー チュイ

洗濯

1 洗濯物がたまっちゃった。

yào xǐ de yī fu yí dà duī
要 洗 的 衣 服 一 大 堆。
ヤオ シー デェ イー フー イー ダー ドォイ

2 いい天気だから洗濯物がよく乾きそう。

tiān qì hěn hǎo yī fu hěn róng yì shài gān
天 气 很 好, 衣 服 很 容 易 晒 干。
ティエン チー ヘン ハオ イー フー ヘン ルゥォン イー シャイ ガン

3 洗濯物取り込んでくれる？

bāng wǒ shōu yí xià yī fu hǎo mā
帮 我 收 一 下 衣 服 好 吗?
バン ウオ ショウ イー シア イー フー ハオ マー

4 洗濯物たたんでね。

yī fu bāng wǒ dié yí xià
衣 服 帮 我 叠 一 下。
イー フー バン ウオ ディエ イー シア

アイロンがけ

1 アイロンがけするもの、出してね。

yào yùn de dōng xi ná guò lái
要 熨 的 东 西 拿 过 来。
ヤオ ユィン デェ ドン シー ナー グオ ライ

家の中で

2 これはあて布をしないとだめかな？

zhè ge yùn de shí hou xià miàn bú diàn dōng xi bù xíng
这 个 熨 的 时 候 下 面 不 垫 东 西 不 行
ジョー ゴー ユィン デェ シー ホウ シア ミエン ブー ティエン ドン シー ブー ハン

ba
吧？
バー

3 これはアイロンかけないでそのまま着てもいいでしょう？

zhè ge bú yòng yùn yě kě yǐ chuān ba
这 个 不 用 熨 也 可 以 穿 吧？
ジョー ゴー ブー ヨン ユィン イエ コー イー チョアン バー

食事

1 今夜は何を食べたい？

nǐ jīn wǎn xiǎng chī shén me
你 今 晚 想 吃 什 么？
ニー ジン ワン シアン チー シェン マー

2 作るのが面倒だから出前を取りましょう。

xiǎng dào yào zuò fàn jiù hěn má fan wǒ men jiào sòng wài
想 到 要 做 饭 就 很 麻 烦，我 们 叫 送 外
シアン ダオ ヤオ ズオ ファン ジゥ ヘン マー ファン ウオ メン ジアオ ソン ワイ

mài ba
卖 吧。
マイ バー

3 食事にするからテーブル片づけて。

chī fàn le shōu yí xià zhuō zi
吃 饭 了，收 一 下 桌 子。
チー ファン レェ ショウ イー シア ジュオ ズー

4 食べ終わった食器は各自下げてね。

chī wán fàn hòu yào zì jǐ shōu shi zì jǐ de wǎn
吃完饭后要自己收拾自己的碗。
チー ワン ファン ホウ ヤオ ズー ジー ショウ シー ズー ジー デェ ワン

その他の雑事

1 トイレットペーパーの買い置きがなかったかな？

wǒ mǎi huí lái de nà xiē wèi shēng zhǐ dōu yòng guāng le
我买回来的那些卫生纸都用光了
ウオ マイ ホイ ライ デェ ナー シエ ウエイ ション ジー ドウ ヨン グアン レェ

mā
吗？
マー

2 花に水をやらなきゃ。

gāi jiāo shuǐ le
该浇水了。
ガイ ジアオ ショイ レェ

3 猫に餌をあげた？

wèi guò māo le mā
喂过猫了吗？
ウエイ グオ マオ レェ マー

4 猫のトイレ掃除してね。

māo de cè suǒ qīng sǎo yí xià
猫的厕所清扫一下。
マオ デェ ツォー スオ チン サオ イー シア

5 犬のお散歩連れて行ってくれる？

bāng wǒ dài gǒu qù sàn san bù
帮我带狗去散散步。
バン ウオ ダイ ゴウ チュイ サン サン ブー

家の中で

6 そろそろ衣替えしなきゃ。

kuài huàn jì le
快 换 季 了。
クアイ ホアン ジー レェ

7 今日は大掃除をやるぞ。

jīn tiān lái dà sǎo chú
今 天 来 大 扫 除。
ジン ティエン ライ ダー サオ チュー

8 アルバムの整理、手伝って。

lái bāng wǒ zhěng lǐ yí xià zhào piān
来 帮 我 整 理 一 下 照 片。
ライ バン ウオ ジォン リー イー シア ジャオ ピエン

電話 4

電話をかける

1 もしもし、林文さんのお宅でしょうか？

wéi qǐng wèn shì lín wén jiā mā
喂? 请 问 是 林 文 家 吗?
ウエイ チン ウエン シー リン ウエン ジア マー

2 ― はい、どちら様でしょうか？

qǐng wèn nǎ lǐ zhǎo
请 问 哪 里 找?
チン ウエン ナー リー ジャオ

3 夜分遅く申し訳ありません。

zhè me wǎn hái dǎ diàn huà duì bu qǐ ya
这 么 晚 还 打 电 话 对 不 起 呀。
ジョー モー ワン ハイ ダー ティエン ホア ドォイ ブー チー ヤー

4 朝早く申し訳ありません。

zhè me zǎo dǎ diàn huà chǎo dào nǐ le ba
这 么 早 打 电 话 吵 到 你 了 吧。
ジョー モー ザァオ ダー ティエン ホア チャオ ダオ ニー レェ バー

5 私、藤井と申しますが、黄梅さんいらっしゃいますか？

wǒ shì Téng jǐng　wǒ xiǎng zhǎo Huáng méi xiǎo jie
我是藤井，我想找黄梅小姐。
ウオ シー トン ジン　ウオ シアン ジャオ ホアン メイ シアオ ジエ

6 陳芳さんに代わっていただけますか？

kě yǐ qǐng Chén fāng lái tīng diàn huà mā
可以请陈芳来听电话吗?
コー イー チン チェン ファン ライ ティン ディエン ホア マー

不在を伝える

1 今留守ですが。

tā xiàn zài bú zài jiā
他现在不在家。
ター シエン ザァイ ブー ザァイ ジア

2 今お風呂ですが、10分後には出ると思いますよ。

tā xiàn zài zhèng zài xǐ zǎo　dà gài zài yǒu shí fēn zhōng
他现在正在洗澡，大概再有十分钟
ター シエン ザァイ ジォン ザァイ シー ザァオ　ダー ガイ ザァイ イオウ シー フェン チョン

jiù néng xǐ hǎo le
就能洗好了。
ジゥ ノン シー ハオ レェ

3 どういうご用件でしょうか？

qǐng wèn nǐ zhǎo tā shén me shì
请问你找他什么事?
チン ウエン ニー ジャオ ター シェン マー シー

家の中で

不在の場合

1 後ほどかけ直します。　　　　　　　　　明日の朝・10分後に

wǒ guò huǐ er zài dǎ hǎo le　　míng tiān　shí fēn zhōng
我 过 会 儿 再 打 好 了。　　明 天、十 分 种
ウオ グオ ホイ アル ザァイ ダー ハオ レェ　　ミン ティエン シー フェン チョン

2 何時頃に帰られますか？

tā dà gài jǐ diǎn huí lái
他 大 概 几 点 回 来?
ター ダー ガイ ジー ティエン ホイ ライ

3 藤井から電話があったと伝えてください。

qǐng nǐ gēn tā shuō Téng jǐng dǎ guo diàn huà hǎo mā
请 你 跟 他 说 藤 井 打 过 电 话 好 吗。
チン ニー ゲン ター ショイ トン ジン ダー グオ ティエン ホア ハオ マー

4 遅くても構わないのでお電話いただきたいんですが。

duō wǎn dōu méi guān xī nǐ ràng tā huí lái hòu dǎ ge
多 晚 都 没 关 系, 你 让 他 回 来 后 打 个
ドゥオ ワン ドウ メイ グアン シー ニー ルァン ター ホイ ライ ホウ ダー ゴー

diàn huà gěi wǒ
电 话 给 我。
ティエン ホア ゲイ ウオ

5 一帰って来たら電話するよう伝えます。

tā huí lái hòu wǒ huì gēn tā shuō nǐ dǎ guò diàn huà
他 回 来 后 我 会 跟 他 说 你 打 过 电 话。
ター ホイ ライ ホウ ウオ ホイ ゲン ター ショイ ニー ダー グオ ティエン ホア

6 たいした用ではありませんから、結構です。

méi shén me zhòng yào de shì bú yòng le
没 什 么 重 要 的 事, 不 用 了。
メイ シェン モー チョン ヤオ デェ シー ブー ヨン レェ

7 今外なので、こちらからかけ直します。

wǒ xiàn zài rén zài wài mian, wǒ zài dǎ gěi tā hǎo le
我 现 在 人 在 外 面，我 再 打 给 他 好 了。
ウオ シエン ザァイ ルェン ザァイ ワイ ミエン ウオ ザァイ ダー ゲイ ター ハオ レェ

電話を切る

1 それでは、さようなら。

mà me zài jiàn la
那 么 再 见 啦。
ナー モー ザァイ ジエン ラー

2 それでは。（親しい間柄）

nà jiù zhè yàng
那 就 这 样。
ナー ジィウ ジョー ヤン

3 電話、切るね。

nà wǒ guà diàn huà la
那 我 挂 电 话 啦。
ナー ウオ グア ティエン ホア ラー

間違い電話

1 ― うちにはそんな人いないんですが。

wǒ men zhè li méi yǒu jiào zhè ge de rén
我 们 这 里 没 有 叫 这 个 的 人。
ウオ メン ジョー リー メイ イオウ ジアオ ジョー ゴー デェ ルェン

2 ― 電話番号をお間違えですよ。何番におかけですか？

nǐ dǎ cuò diàn huà le, nǐ dǎ jǐ hào ya
你 打 错 电 话 了，你 打 几 号 呀？
ニー ダー ツオ ティエン ホア レェ ニー ダー ジー ハオ ヤー

3 すみません、間違えました。

对不起，我打错了。
duì bu qǐ, wǒ dǎ cuò le
ドゥイ ブー チー ウオ ダー ツオ レェ

育児
5
CD-3 [track21]

赤ちゃん

1 おむつを取り替えようね。

换尿布了。
huàn niào bù le
ホアン ニアオ ブー レェ

2 お着替えしようね。
＊赤ちゃん言葉で「换服服」とも言います。

换衣服了。
huàn yī fu le
ホアン イー フー レェ

3 お腹がすいたのかな？

你肚子饿了吗?
nǐ dù zi è le mā
ニー ドゥー ズー オー レェ マー

4 ミルクを飲もうね。
＊「奶奶」は赤ちゃん言葉。

来喝奶奶。
lái hē nǎi nāi
ライ ホー ナイ ナイ

5 ゲップさせなきゃ。

要让他打一下嗝。
yào ràng tā dǎ yí xià gé
ヤオ ラン ター ダー イー シア ゴー

6 まんま食べようね。

<ruby>吃<rt>chī</rt></ruby> <ruby>稀<rt>xī</rt></ruby> <ruby>饭<rt>fàn</rt></ruby> <ruby>了<rt>le</rt></ruby>。
チー シー ファン レェ

7 いい子ね〜。

<ruby>好<rt>hǎo</rt></ruby> <ruby>乖<rt>guāi</rt></ruby>。
ハオ グアイ

8 お風呂しようね。
＊「澡澡」は赤ちゃん言葉。

<ruby>洗<rt>xǐ</rt></ruby> <ruby>澡<rt>zǎo</rt></ruby> <ruby>澡<rt>zāo</rt></ruby>。
シー ザァオ ザァオ

9 髪を洗わなくちゃ。

<ruby>头<rt>tóu</rt></ruby> <ruby>发<rt>fà</rt></ruby> <ruby>该<rt>gāi</rt></ruby> <ruby>洗<rt>xǐ</rt></ruby> <ruby>了<rt>le</rt></ruby>。
トウ ファー ガイ シー レェ

10 よだれかけがもうびしょびしょだね。

<ruby>围<rt>wéi</rt></ruby> <ruby>兜<rt>dōu</rt></ruby> <ruby>兜<rt>dōu</rt></ruby> <ruby>湿<rt>shī</rt></ruby> <ruby>了<rt>le</rt></ruby>。
ウエイ ドウ ドウ シー レェ

11 寝返りできるかな？

<ruby>会<rt>huì</rt></ruby> <ruby>翻<rt>fān</rt></ruby> <ruby>身<rt>shēn</rt></ruby> <ruby>了<rt>le</rt></ruby> <ruby>吗<rt>mā</rt></ruby>?
ホイ ファン シェン レェ マー

12 ハイハイ上手だね。

<ruby>爬<rt>pá</rt></ruby> <ruby>得<rt>de</rt></ruby> <ruby>真<rt>zhēn</rt></ruby> <ruby>好<rt>hǎo</rt></ruby>。
パー デェ ジェン ハオ

家の中で

13 お手々パチパチ。

pāi pāi shǒu
拍 拍 手。
パイ パイ ショウ

14 もう首がすわってるんですか？

tā bó zi yǐ jīng néng zhí qǐ lǎi le mā
他 脖 子 已 经 能 直 起 来 了 吗?
ター ボー ズー イー ジン ノン ジー チー ライ レェ マー

15 つかまり立ちができるようになりましたよ。

tā kě yǐ zhuā zhe dōng xi zhàn qǐ lái le o
他 可 以 抓 着 东 西 站 起 来 了 哦。
ター コー イー ジョア ジュオ ドン シー ジャン チー ライ レェ オー

16 だっこしてあげようか。　　　　　　　　おんぶ

lái bào bao　　　　　　　　　　　　　　bēi bēi
来 抱 抱。　　　　　　　　　　　　　**背 背**
ライ バオ バオ　　　　　　　　　　　　　ベイ ベイ

幼児

1 指しゃぶりの癖があるの。

tā lǎo ài shǔn zhǐ tou
他 老 爱 吮 指 头。
ター ラオ アイ シュン ジー トウ

2 はい、あんよ！

zuǐ ba　　ā
嘴 巴「啊」。
ズォイ バー アー

3 チー（おしっこ）しましょうか。　　　うんち

lái xū xū　　　　　　　　　　　　　　n n
来 嘘 嘘。　　　　　　　　　　　　**嗯 嗯**
ライ シュ シュ　　　　　　　　　　　　ン ン

4 よくできたね。

hǎo bàng o
好 棒 哦。
ハオ バン オー

5 これはメ！よ。

bù xíng o
不 行 哦。
ブー シン オー

6 もぐもぐしてね。

yǎo yāo
咬 咬。
ヤオ ヤオ

7 ちゃんとカミカミしてから飲み込んでね。

yǎo yì yǎo zài tūn xià qù
咬 一 咬 再 吞 下 去。
ヤオ イー ヤオ ザァイ トゥン シア チュイ

8 お描きしようか？

lái huà huà ba
来 画 画 吧。
ライ ホア ホア バー

9 ボタンがけできるかな？

nǐ huì zì jǐ kòu kòu zi mā
你 会 自 己 扣 扣 子 吗?
ニー ホイ ズー ジー コウ コウ ズー マー

10 おねんねしようね。

lái shuì jiǎo jiāo
来 睡 觉 觉。
ライ ショイ ジアオ ジアオ

11 もうおむつはとれました。

tā yǐ jīng bú yòng bāo niào bù le
他 已 经 不 用 包 尿 布 了。
ター イー ジン ブー ヨン バオ ニアオ ブー レェ

家の中で

12 歯磨きしないと虫歯になっちゃうよ。

bù shuā yá huì zhù yá la
不 刷 牙 会 蛀 牙 啦。
ブー ショア ヤー ホイ ジュー ヤー ラー

13 好き嫌いしないで何でも食べるのよ。

bù kě yǐ piān shí shén me dōu yào chī
不 可 以 偏 食 什 么 都 要 吃。
ブー コー イー ビエン シー シェン マー ドウ ヤオ チー

幼稚園児

1 けんかしないで。

bú yào chǎo jià
不 要 吵 架。
ブー ヤオ チャオ ジア

2 2人仲良く遊ばなくちゃ。

liǎng ge rén hǎo hǎo de wán
两 个 人 好 好 地 玩。
リアン ゴー ルェン ハオ ハオ デェ ワン

3 あいさつするのよ。

hǎo hǎo dǎ zhāo hu
好 好 打 招 呼。
ハオ ハオ ダー ジャオ フー

4 "ありがとう"は？

méi yǒu shuō xiè xie
没 有 说 「谢 谢」？
メイ イオウ ショイ シエ シエ

5 悪いことをしたらちゃんとあやまるのよ。

zuò cuò shì jiù yào dào qiàn
做 错 事 就 要 道 歉。
ズオ ツオ シー ジィウ ヤオ ダオ チエン

6 嘘はいけないよ。

bù kě yǐ shuō huǎng
不可以说谎。
ブー コー イー シュオ ホアン

7 呼ばれたら返事をするのよ。

rén jiā jiào nǐ nǐ yào huí dá o
人家叫你你要回答哦。
ルェン ジア ジアオ ニー ニー ヤオ ホイ ダー オー

8 本当によくできた！

nǐ zhēn bàng
你真棒。
ニー ジェン バン

9 さすが**お姉ちゃん**（は違う）ね！　　　　　　　　　　　　**お兄ちゃん**

zhēn bú kuì shì zuò jiě jie de　　　　　　gē ge
真不愧是做姐姐的。　　　　　　哥哥
ジェン ブー クォイ シー ズオ ジエ ジエ デェ　　　　　　ゴー ゴー

家の中でのトラブル

6　CD-3 [track22]

探し物

1 バッテリーの買い置きはどこに置いたっけ？

shàng cì mǎi de diàn chí fàng dào nǎ er qù le
上次买的电池放到哪儿去了?
シャン ツー マイ デェ ティエン チー ファン ダオ ナー アル チュイ レェ

2 保証書はどこにしまってあるんだっけ？

wǒ bǎo zhèng shū bù xiǎo dé diū dào nǎ lǐ qù le
我保证书不晓得丢到哪里去了?
ウオ バオ ジョン シュー ブー シアオ デェ ディウ ダオ ナー リー チュイ レェ

3 私の眼鏡見なかった？

yǒu méi yǒu kàn dào wǒ de yǎn jìng
有没有看到我的眼镜?
イオウ メイ イオウ カン ダオ ウオ デェ イェン ジン

375

4 ここに置いたカギ知らない？

有没有看到我放在这里的钥匙?
yǒu méi yǒu kàn dào wǒ fàng zài zhè li de yào shi
イオウ メイ イオウ カン ダオ ウオ ファン ザイ ジョー リー デェ ヤオ シー

5 リモコンどこ？

遥控器呢?
yáo kòng qì ne
ヤオ コン チー ノー

トラブル

1 あれ？ 停電かしら？

咦? 是停电吗?
yí shì tíng diàn mā
イー シー ティン ディエン マー

2 ブレーカーが落ちたみたいよ。

保险丝断了。
bǎo xiǎn sī duàn le
バオ シエン スー ドアン レェ

3 電球が切れたんじゃない？

是不是电灯泡坏掉了?
shì bú shì diàn dēng pào huài diào le
シー ブー シー ディエン ドン パオ ホアイ ディアオ レェ

4 この蛍光灯、寿命じゃない？

这个萤光灯的寿命快完了。
zhè ge yíng guāng dēng de shòu mìng kuài wán le
ジョー ゴー イン グアン ドン デェ ショウ ミン クアイ ワン レェ

5 テレビが映らない。

电视看不到了。
diàn shì kàn bú dào le
ディエン シー カン ブー ダオ レェ

6 ビデオの予約ができないの。

我 没 有 办 法 预 约 录 像。
wǒ méi yǒu bàn fǎ yù yuē lù xiàng
ウオ メイ ユエ バン ファー ユィ ヤオ ルー シアン

7 扇風機が動かない。

电 扇 不 转 了。
diàn shàn bú zhuàn le
ティエン シャン ブー ジョアン レェ

8 電源は入ってる？

有 插 电 吗?
yǒu chā diàn mā
イオウ チャー ティエン マー

9 コードが抜けてるんじゃないの？

是 不 是 电 线 没 插 好 掉 了?
shì bú shì diàn xiàn méi chā hǎo diào le
シー ブー シー ティエン シエン メイ チャー ハオ ティアオ レェ

10 猫にコードをかじられちゃった。

猫 把 电 线 咬 地 乱 七 八 糟 的。
māo bǎ diàn xiàn yǎo de luàn qī bā zāo de
マオ バー ティエン シエン ヤオ デェ ルワン チー バー ザァオ デェ

11 時計が動かない。

手 表 不 走 了。
shǒu biǎo bù zǒu le
ショウ ビアオ ブー ズォウ レェ

12 バッテリー切れかもしれない。

可 能 是 电 池 没 电 了。
kě néng shì diàn chí méi diàn le
コー ノン シー ティエン チー メイ ティエン レェ

13 水が出ないよ。

水 不 出 来。
shuǐ bù chū lái
ショイ ブー チュー ライ

家の中で

377

14 排水管が詰まっちゃったのかしら。

kě néng shì pái shuǐ guǎn dǔ zhù le
可能是排水管堵住了。
コー ノン シー パイ ショイ グァン ドゥー ジュー レェ

15 トイレの水が流れないの。

cè suǒ bù néng chōng
厕所不能冲。
ツォー スオ ブー ノン チョン

16 換気扇から変な音がする。

tōng fēng jī de shēng yīn hěn qí guài
通风机的声音很奇怪。
トン フォン ジー デェ ション イン ヘン ジー グアイ

17 窓ガラスが割れてる。

chuāng hù de bō lí pò le
窗户的玻璃破了。
チョアン フー デェ ボー リー ボー レェ

18 火災報知器が鳴ったんじゃない？う

huǒ zāi jǐng bào qì hǎo xiàng xiǎng le
火灾警报器好像响了？
フオ ザイ ジン バオ チー ハオ シアン シアン レェ

ガス警報器

wǎ sī jǐng bào qì
瓦斯警报器
ワー スー ジン バオ チー

19 ガスが漏れてるんじゃない？

shì bú shì wǎ sī lòu la
是不是瓦斯漏啦？
シー ブー シー ワー スー ロウ ラー

20 早く元栓閉めて！

kuài qù bǎ wǎ sī guān le
快去把瓦斯关了！
クアイ チュイ バー ワー スー グァン レェ

21 魚を焦がしちゃった。

鱼烧焦了。
yú shāo jiāo le

22 鍋が真っ黒焦げになっちゃった。

这个锅被我烧得乌漆麻黑的。
zhè ge guō bèi wǒ shāo de wū qī mā hēi de

23 火事じゃない？

是不是发生火灾了?
shì bú shì fā shēng huǒ zāi le

24 （彼は）階段から落ちて意識がありません。

他从楼梯上掉下来晕过去了。
tā cóng lóu tī shang diào xià lái yūn guò qù le

25 （彼は）どこか折れたようで動かせないんです。

他好像哪里骨头断了动不了。
tā hǎo xiàng nǎ li gǔ tou duàn le dòng bù liǎo

26 産まれそうです。

好像快生了。
hǎo xiàng kuài shēng le

27 子供がエレベータに閉じ込められました。

有小孩被关在电梯里。
yǒu xiǎo hái bèi guān zài diàn tī lǐ

28 うちの猫がいなくなったんです。

我家的猫不见了。
wǒ jiā de māo bú jiàn le

家の中で

29 車にいたずらされたんです。

wǒ chē zi bèi rén jiā è zuò jù
我 车 子 被 人 家 恶 作 剧。
ウオ チョー ズー ベイ ルェン ジャ オー ズオ ジュ

対策

1 アフターサービスの人を呼んだ方がいいですね。

hái shì jiào wéi xiū zhōng xīn de rén lái bǐ jiào hǎo o
还 是 叫 维 修 中 心 的 人 来 比 较 好 哦。
ハイ シー ジアオ ウエイ シウ ジョン シン デ ルェン ライ ビー ジアオ ハオ オー

2 電球を取り替えなきゃ。　　　　　　　　　　　　　蛍光灯・電池

gāi huàn diàn dēng pào le　　　　　diàn dēng guǎn diàn chí
该 换 电 灯 泡 了。　　　　　电 灯 管、电 池
ガイ ホアン ディエン ドン パオ レェ　　　ディエン ドン グアン ディエン チー

3 まだ保証期間中だよね。

hái zài bǎo zhèng qī nèi shì ba
还 在 保 证 期 内, 是 吧?
ハイ ザイ バオ ジォン ジー ネイ シー バー

4 管理人さんに連絡しなくっちゃ。

yào gēn guǎn lǐ yuán shuō yí xià
要 跟 管 理 员 说 一 下。
ヤオ ゲン グアン リー ユアン シュオ イー シア

5 ガス会社に点検してもらわなくっちゃ。

yào jiào wǎ sī gōng sī de rén lái jiǎn chá yí xià
要 叫 瓦 斯 公 司 的 人 来 检 查 一 下。
ヤオ ジアオ ワー スー ゴン スー デ ルェン ライ ジエン チャー イー シア

6 業者を呼ばなくちゃ。

yào jiào rén jiā lái kàn yí xià
要 叫 人 家 来 看 一 下。
ヤオ ジアオ ルェン ジャ ライ カン イー シア

7 避難した方がいいんじゃない？

要 不 要 去 避 难 一 下?
yào bu yào qù bì nán yí xià
ヤオ ブー ヤオ チュイ ビー ナン イー シア

8 **消防署**に電話して！　　　　　　　　　**警察**

打 电 话 给 消 防 队 ！
dá diàn huà gěi xiāo fáng duì
ダー ティエン ホア ゲイ シアオ ファン ドォイ

警 察
jǐng chá
ジン チャー

泥棒

CD-3 [track23]

1 家に泥棒が入りました。

我 家 被 偷 了。
wǒ jiā bèi tōu le
ウオ ジャ ベイ トウ レェ

2 窓ガラスが割られたんです。

窗 户 被 打 破 了。
chuāng hu bèi dǎ pò le
チョアン フー ベイ ダー ポー レェ

3 出かけるとき鍵を閉めたはずなんですが。

我 出 门 的 时 候 明 明 上 锁 了。
wǒ chū mén de shí hou míng míng shàng suǒ le
ウオ チュー メン デェ シー ホウ ミン ミン シャン スオ レェ

4 鍵が壊されていました。

钥 匙 被 弄 坏 了。
yào shi bèi nòng huài le
ヤオ シー ベイ ノン ホアイ レェ

5 泥棒は土足で入ってきたようです。

小 偷 好 像 是 穿 着 鞋 子 进 来 的。
xiǎo tōu hǎo xiàng shì chuān zhe xié zi jìn lái de
シアオ トウ ハオ シアン シー チョアン ジョー シエ ズー ジン ライ デェ

家の中で

6 部屋が荒らされています。

wǒ fáng jiān bèi fān de luàn qī bā zāo
我 房 间 被 翻 得 乱 七 八 糟。
ウオ ファン ジエン ベイ ファン デェ ルワン チー バー ザァオ

7 現金が入った封筒がなくなっています。

nà ge zhuāng xiàn jīn de xìn fēng bú jiàn le
那 个 装 现 金 的 信 封 不 见 了。
ナー ゴー ジョアン シエン ジン デェ シン フォン ブー ジエン レェ

ネックレス
xiàng liàn
项 链
シアン リエン

8 パソコンやカメラも盗まれました。

wǒ diàn nǎo hái yǒu zhào xiàng jī bèi tōu le
我 电 脑 还 有 照 相 机 被 偷 了。
ウオ ディエン ナオ ハイ イオウ ジャオ シアン ジー ベイ トウ レェ

9 被害届を出してください。

bào àn ba
报 案 吧。
バオ アン バー

10 被害総額はいくらぐらいですか？

shòu hài jīn é duō shǎo
受 害 金 额 多 少?
ショウ ハイ ジン オー ドゥオ シャオ

11 最近この辺で不審な人物を見かけませんでしたか？

nǐ zuì jìn zài fù jìn yǒu méi yǒu kàn dào shén me kě yí
你 最 近 在 附 近 有 没 有 看 到 什 么 可 疑
ニー ズォイ ジン ザイ フー ジン イオウ メイ イオウ カン ダオ シェン モー コー イー

rén wù
人 物?
ルェン ウー

12 強盗が入りました。

wǒ jiā bèi rén qiǎng le
我家被人抢了。
ウオ ジア ベイ ルェン チアン レェ

13 強盗の顔は見えませんでした。

wǒ méi yǒu kàn dào qiáng dào de liǎn
我没有看到强盗的脸。
ウオ メイ イオウ カン ダオ チアン ダオ デェ リエン

14 強盗らはナイフのようなものを持っていました。

nà xiē qiáng dào hǎo xiàng ná zhe dāo
那些强盗好像拿着刀。
ナー シエ ジアン ダオ ハオ シアン ナー ジョー ダオ

15 怪我がなくて幸いですよ。

méi yǒu shòu shāng zhēn shì bú xìng zhōng de dà xìng
没有受伤真是不幸中的大幸。
メイ イオウ ショウ シャン ジェン シー ブー シン ジョン デェ ダー シン

家の中で

郵便局

1

国内郵便

1 6元の切手をください。

wǒ yào mǎi liù yuán de yóu piào
我 要 买 六 元 的 邮 票。
ウオ ヤオ マイ リウ ユアン デェ イオウ ピアオ

2 9元の切手を10枚ください。

gěi wǒ shí zhāng jiǔ kuài qián de yóu piào
给 我 十 张 九 块 钱 的 邮 票。
ゲイ ウオ シー ジャン ジィウ クアイ チエン デェ イオウ ピアオ

3 はがき、10枚ください。

gěi wǒ shí zhāng míng xìn piàn
给 我 十 张 明 信 片。
ゲイ ウオ シー ジャン ミン シン ピエン

往復はがき・ミニレター・航空書簡

huí hán míng xìn piàn yóu jiǎn háng kōng xìn jiàn
回 函 明 信 片、 邮 简、 航 空 信 件
ホイ ハン ミン シン ピエン イオウ ジエン ハン コン シン ジエン

4 これを速達でお願いします。

wǒ yào jì kuài jiàn
我 要 寄 快 件。
ウオ ヤオ ジー クアイ ジエン

書留郵便・配達証明書

guà hào huí zhí
挂 号、 回 执
グア ハオ ホイ ジー

5 国内郵便は、いくらですか?

jì guó nèi de yào duō shao qián
寄 国 内 的, 要 多 少 钱?
ジー グオ ネイ デェ ヤオ ドゥオ シャオ チエン

本章ではいろんな街角での場面、例えば、郵便局、銀行、図書館、レンタルショップ、ガソリンスタンド、美容室、クリーニング店などでの状況を想定して、よく使うフレーズをピックアップしてみました。本書を片手に街を歩き回って、店員とコミュニケーションを取ってみてください。

6 ―50グラム以上なので、4元の切手を貼ってください。

这个在五十克以上所以要贴四块钱的邮票。

7 国内小包の、早いほうでお願いします。

我想寄国内的包裹，用最快的。

8 ―大きすぎるので、受付できません。

这个体积太大了，我们不能帮您寄。

9 現金書留を送りたいんですが。

我想要用保价函件寄款。

10 これ、**代引き**でお願いします。

我想要利用**货到付款**。

書留

挂号

11 手数料はいくらですか？

手续费多少钱？

12 郵便為替を100米ドル分お願いします。

要一百美金邮政汇票。

13 書籍郵便にしてください。

寄 印 刷 品。
jì yìn shuā pǐn

14 — 中に手紙とか入っていませんね？

里 面 有 信 吗?
lǐ miàn yǒu xìn mā

15 — 封筒の耳を切って中が見えるようにしてください。

请 把 信 封 剪 个 角，这 样 可 以 看 到 里 面。
qǐng bǎ xìn fēng jiǎn ge jiǎo zhè yàng kě yǐ kàn dào lǐ miàn

国際郵便

1 国際郵便はこちらでよろしいですか？

寄 国 际 的 是 在 这 里 吗?
jì guó jì de shì zài zhè lǐ mā

2 航空便と船便の差額はいくらぐらいですか？

航 空 和 海 运 差 多 少 钱?
háng kōng hé hǎi yùn chà duō shǎo qián

普通航空便と EMS

一 般 航 空 跟 快 递
yì bān háng kōng gēn kuài dì

3. 航空便だと日本まで何日ぐらいかかりますか？

到 日 本 寄 航 空 的 话 要 几 天？
dào Rì běn jì háng kōng de huà yào jǐ tiān

EMS
快 递
kuài dì

4. EMSで出したいんですが。

我 想 要 寄 快 递。
wǒ xiǎng yào jì kuài dì

5. — こちらに内容物を書いてください。

请 把 里 面 是 什 么 写 下 来。
qǐng bǎ lǐ miàn shì shén me xiě xià lái

6. — 保険を掛けますか？

要 加 入 保 险 吗？
yào jiā rù bǎo xiǎn mā

7. — 返送の場合は送り主宛てでよろしいですか？

万 一 被 退 回 来 的 话，退 到 寄 件 人 处
wàn yī bèi tuì huí lái de huà tuì dào jì jiàn rén chù

可 以 吗？
kě yǐ mā

8. — 日付とサインを記入してください。

请 填 好 日 期 还 有 签 名。
qǐng tián hǎo rì qī hái yǒu qiān míng

9 この包装で大丈夫ですか？

zhè ge bāo zhuāng méi wèn tí ba
这 个 包 装 没 问 题 吧？
ジョー ゴー バオ ジョアン メイ ウエン ティー バー

10 — 専用の箱に入れてください。

qǐng zhuāng zài zhuān yòng de xiāng zi lǐ
请 装 在 专 用 的 箱 子 里。
チン ジョアン ザイ ジョアン ヨン デェ シアン ズー リー

11 — きっちり封をしてください。

bāo láo yì diǎn
包 牢 一 点。
バオ ラオ イー ディエン

様々なサービス

1 祝電をお願いします。

wǒ yào pāi hè diàn
我 要 拍 贺 电。
ウオ ヤオ パイ ホー ディエン

弔電

yàn diàn
唁 电
イェン ディエン

2 住所変更をしたいんですが。

wǒ xiǎng yào gēng gǎi zhù zhǐ
我 想 要 更 改 住 址。
ウオ シアン ヤオ ゴン ガイ ジュー ジー

3 — 向こうに用紙があるので記入してお持ちください。

nà li yǒu dān zǐ nǐ tián yí xià jiāo shàng lái
那 里 有 单 子 你 填 一 下 交 上 来。
ナー リー イオウ ダン ズー ニー ティエン イー シア ジアオ シャン ライ

4 — 転送サービスは3ヵ月間です。

zhuǎn jì fú wù de qī jiān shì sān ge yuè
转 寄 服 务 的 期 间 是 三 个 月。
ジョアン ジー フー ウー デェ チー ジエン シー サン ゴー ユエ

5 2週間前に航空便で日本に送った小包が届いていないそうですが。

wǒ liǎng gè xīng qí qián jì dào Rì běn de bāo guǒ hái méi
我 两 个 星 期 前 寄 到 日 本 的 包 裹 还 没
ウオ リアン ゴー シン チー チエン ジー ダオ ルィ ベン デェ バオ グオ ハイ メイ

yǒu jì dào
有 寄 到。
イオウ ジー ダオ

6 亡失の際の損害賠償は2番の窓口で承っております。

yǒu guān yóu jiàn jì shī de péi cháng shì xiàng zài èr hào
有 关 邮 件 寄 失 的 赔 偿 事 项 在 二 号
イオウ グアン イオウ ジエン ジー シー デェ ペイ チャン シー シアン ザイ アル ハオ

chuāng kǒu bàn lǐ
窗 口 办 理。
チョアン コウ バン リー

郵便物の再配達に関する電話でのやりとり

1 不在通知が入っていたんですが、再配達をお願いします。

wǒ shōu dào bāo guǒ dān néng qǐng nǐ zài bāng wǒ sòng yí
我 收 到 包 裹 单, 能 请 你 再 帮 我 送 一
ウオ ショウ ダオ バオ グオ ダン ノン チン ニー ザイ バン ウオ ソン イー

cì ma
次 吗?
ツー マー

2 昼間は家にいないので、郵便局まで取りに行きます。

wǒ bái tiān dōu bú zài jiā suǒ yǐ xiǎng zì jǐ dào yóu
我 白 天 都 不 在 家, 所 以 想 自 己 到 邮
ウオ バイ ティエン ドウ ブー ザイ ジャ スオ イー シアン ズー ジー ダオ イオウ

jú qù qǔ
局 去 取。
ジュ チュイ チュイ

3 郵便物を取りに行きたいんですが、受け渡しは何時までですか？

我 想 去 取 邮 件, 请 问 你 们 办 公 到 几 点?
wǒ xiǎng qù qǔ yóu jiàn qǐng wèn nǐ men bàn gōng dào jǐ diǎn

4 小包の集荷サービスをお願いしたいんですが。

可 以 请 你 们 派 人 来 收 货 吗?
kě yǐ qǐng nǐ men pài rén lái shōu huò mā

5 —こちら郵便局ですが、日本から小包が届いております。

我 这 里 是 邮 局, 你 有 个 日 本 来 的 邮 包 到 了。
wǒ zhè lǐ shì yóu jú nǐ yǒu ge Rì běn lái de yóu bāo dào le

6 —午前中に配達にうかがいます。

我 上 午 会 把 东 西 送 过 去。
wǒ shàng wǔ huì bǎ dōng xi sòng guò qù

7 午前中には家にいないんですが。

我 上 午 不 在 家。
wǒ shàng wǔ bú zài jiā

8 管理人に預けていただけますか？

那 我 把 东 西 寄 放 在 管 理 员 那 儿, 可 以 吗?
nà wǒ bǎ dōng xi jì fàng zài guǎn lǐ yuán nà er kě yǐ mā

9 ─ 管理人の方にあらかじめご連絡願います。

qǐng xiān gēn guǎn lǐ yuán dǎ shēng zhāo hu
请先跟管理员打声招呼。
チン シエン ゲン グアン リー ユアン ダー ション ジャオ フー

銀行 2

[CD-3 track25]

新規開設

1 口座を開設したいんですが。

wǒ xiǎng kāi hù tóu
我想开户头。
ウオ シアン カイ フー トウ

2 ─ 普通預金でよろしいですか？

huó qī cún kuǎn mā
活期存款吗?
フオ チー ツン クアン マー

3 ─ 身分証明書をお持ちでしょうか？

nín yǒu dài shēn fèn zhèng mā
您有带身分证吗?
ニン イオウ ダイ シェン フェン ジォン マー

4 ─ 印鑑をお持ちでしょうか？

nín yǒu dài yìn zhāng mā
您有带印章吗?
ニン イオウ ダイ イン ジャン マー

5 ─ キャッシュカードは郵送となります。

yín háng kǎ dào shí hou huì jì gěi nín
银行卡到时候会寄给您。
イン ハン カー ダオ シー ホウ ホイ ジー ゲイ ニン

6 ─ 暗証番号をこちらにご記入ください。

qǐng bǎ mì mǎ xiě zài zhè er
请把密码写在这儿。
チン バー ミー マー シエ ザイ ジョー アル

7 定期積み立てをしたいんですが。

我 想 办 定 期 储 蓄 存 款。
wǒ xiǎng bàn dìng qī chǔ xù cún kuǎn

8 ― 月いくらになさいますか？

您 打 算 一 个 月 固 定 存 多 少 钱？
nín dǎ suàn yí ge yuè gù dìng cún duō shǎo qián

9 ― 満期はどうしますか？

期 满 后 您 打 算 怎 么 办？
qī mǎn hòu nín dǎ suàn zěn me bàn

10 金利はどうなっているでしょうか？

利 率 怎 么 算？
lì lǜ zěn me suàn

その他のサービス

1 この100元をくずしてください。

帮 我 把 这 一 百 块 钱 换 成 零 钱。
bāng wǒ bǎ zhè yì bǎi kuài qián huàn chéng líng qián

2 1万元の小切手にしてください。

帮 我 开 成 一 万 块 的 支 票。
bāng wǒ kāi chéng yí màn kuài de zhī piào

3 この通帳がATMで使えないんですが。

这 本 存 折 没 法 在 领 款 机 上 使 用。
zhè běn cún zhé méi fǎ zài lǐng kuǎn jī shàng shǐ yòng

4 通帳の繰り越しをお願いします。

bāng wǒ zhuǎn běn xīn běn zi
帮 我 转 本 新 本 子。
バン ウオ ジョアン ベン シン ベン ズー

5 カードをなくしたので、止めてください。

wǒ kǎ piàn bù xiǎo xīn nòng diū le kuài bāng wǒ guān diào
我 卡 片 不 小 心 弄 丢 了, 快 帮 我 关 掉。
ウオ カー ピエン ブー シアオ シン ノン ディウ レェ クァイ バン ウオ グァン ティアオ

6 住所変更をしたいんですが。

wǒ xiǎng gēng gǎi zhù zhǐ
我 想 更 改 住 址。
ウオ シアン ゴン ガイ ジュー ジー

7 **ガス料金**の口座引き落としをしたいんですが。

wǒ xiǎng bàn wǎ sī fèi de zì dòng zhuǎn zhàng
我 想 办 瓦 斯 费 的 自 动 转 帐。
ウオ シアン バン ワー スー フェイ デェ ズー ドン ジョアン ジャン

電気料金・水道料金・電話料金

diàn fèi shuǐ fèi diàn huà fèi
电 费、水 费、电 话 费
ティエン フェイ ショイ フェイ ティエン ホア フェイ

8 あちらに用紙がございますので記入してください。

qǐng bǎ nà biān de nà ge dān zi tián hǎo
请 把 那 边 的 那 个 单 子 填 好。
チン バー ナー ビエン デェ ナー ゴー ダン ズー ティエン ハオ

9 振り込みをしたいんですが。

wǒ xiǎng yào huì qián
我 想 要 汇 钱。
ウオ シアン ヤオ ホイ チエン

10 電信扱いと文書扱いとどちらになさいますか？

nín shì yào lì yòng diàn bào huì kuǎn hái shì pǔ tōng huì
您 是 要 利 用 电 报 汇 款 还 是 普 通 汇
ニン シー ヤオ リー ヨン ティエン バオ ホイ クアン ハイ シー プー トン ホイ

街で

kuǎn ne
款 呢?
クアン ノー

11 ― ATMでの振り込みのほうが手数料がお安くなります。

lì yòng tí kuǎn jī huì kuǎn shǒu xù fèi bǐ jiào pián yi
利 用 提 款 机 汇 款 手 续 费 比 较 便 宜。
リー ヨン ティー クアン ジー ホイ クアン ショウ シュイ フェイ ビー ジアオ ピエン イー

12 外国に送金したいんですが。

wǒ xiǎng yào huì kuǎn dào guó wài qù
我 想 要 汇 款 到 国 外 去。
ウオ シアン ヤオ ホイ クアン ダオ グオ ワイ チュイ

図書館

3

CD-**3**
[track26]

図書館について

1 この近くに図書館はありますか?

zhè fù jìn yǒu tú shū guǎn mā
这 附 近 有 图 书 馆 吗?
ジョー フー ジン イオウ トゥー シュー グアン マー

2 ― 市立図書館があります。

yǒu shì lì tú shū guǎn
有 市 立 图 书 馆。
イオウ シー リー トゥー シュー グアン

3 中国国家図書館では本の貸し出しができますか?

Zhōng guó guó jiā tú shū guǎn de shū kě yǐ wài jiè mā
中 国 国 家 图 书 馆 的 书 可 以 外 借 吗?
ジョン グオ グオ ジャ トゥー シュー グアン デェ シュー コー イー ワイ ジエ マー

4 ― 閲覧のみです。

zhǐ néng zài lǐ miàn kàn
只 能 在 里 面 看。
ジー ノン ザイ リー ミエン カン

5 国会図書館の利用には何が必要ですか？

怎么样才能利用国会图书馆呢?
zěn me yàng cái néng lì yòng Guó huì tú shū guǎn ne

6 ― 身分証が必要です。

需要身分证。
xū yào shēn fēn zhèng

7 本の持ち込みはできますか？

可以带自己的书进去吗?
kě yǐ dài zì jǐ de shū jìn qù mā

8 ― 簡単なメモ帳と筆記用具しか持ち込めません。

只能带些简单的纸笔进去。
zhǐ néng dài xiē jiǎn dān de zhǐ bǐ jìn qù

9 ノートパソコンは使えますか？

可以使用笔记型电脑吗?
kě yǐ shǐ yòng bǐ jì xíng diàn nǎo mā

10 ― 専用のテーブルでお使いになれます。

有专用的桌子可供使用。
yǒu zhuān yòng de zhuō zi kě gōng shǐ yòng

11 図書館の見学をしたいのですが。

我想参观图书馆。
wǒ xiǎng cān guān tú shū guǎn

12 ― 入り口で申請書を作成してください。

请将入口处的申请表先填好。
qǐng jiāng rù kǒu chù de shēn qǐng biǎo xiān tián hǎo

本を借りる

1 本を借りたいんですが。

<ruby>我<rt>wǒ</rt></ruby> <ruby>想<rt>xiǎng</rt></ruby> <ruby>借<rt>jiè</rt></ruby> <ruby>书<rt>shū</rt></ruby>。
ウオ シアン ジエ シュー

ビデオ・CD

<ruby>录<rt>lù</rt></ruby> <ruby>像<rt>xiàng</rt></ruby> <ruby>带<rt>dài</rt></ruby>、CD <ruby>盘<rt>pán</rt></ruby>
ルー シアン ダイ　C D バン

2 ― 貸し出し会員証を作りますか？

<ruby>你<rt>nǐ</rt></ruby> <ruby>要<rt>yào</rt></ruby> <ruby>办<rt>bàn</rt></ruby> <ruby>借<rt>jiè</rt></ruby> <ruby>书<rt>shū</rt></ruby> <ruby>证<rt>zhèng</rt></ruby> <ruby>吗<rt>mā</rt></ruby>？
ニー ヤオ バン ジエ シュー ジォン マー

3 ― 本の検索は端末機をご利用ください。

<ruby>要<rt>yào</rt></ruby> <ruby>查<rt>chá</rt></ruby> <ruby>书<rt>shū</rt></ruby> <ruby>请<rt>qǐng</rt></ruby> <ruby>利<rt>lì</rt></ruby> <ruby>用<rt>yòng</rt></ruby> <ruby>电<rt>diàn</rt></ruby> <ruby>脑<rt>nǎo</rt></ruby>。
ヤオ チャー シュー チン リー ヨン ティエン ナオ

4 ― ご自宅のパソコンでも検索できます。

<ruby>也<rt>yě</rt></ruby> <ruby>可<rt>kě</rt></ruby> <ruby>以<rt>yǐ</rt></ruby> <ruby>利<rt>lì</rt></ruby> <ruby>用<rt>yòng</rt></ruby> <ruby>家<rt>jiā</rt></ruby> <ruby>里<rt>lǐ</rt></ruby> <ruby>的<rt>de</rt></ruby> <ruby>电<rt>diàn</rt></ruby> <ruby>脑<rt>nǎo</rt></ruby> <ruby>查<rt>chá</rt></ruby> <ruby>询<rt>xún</rt></ruby>。
イエ コー イー リー ヨン ジャ リー デェ ティエン ナオ チャー シュン

5 ― ご自宅のパソコンでも本の予約ができます。

<ruby>家<rt>jiā</rt></ruby> <ruby>里<rt>li</rt></ruby> <ruby>的<rt>de</rt></ruby> <ruby>电<rt>diàn</rt></ruby> <ruby>脑<rt>nǎo</rt></ruby> <ruby>也<rt>yě</rt></ruby> <ruby>可<rt>kě</rt></ruby> <ruby>以<rt>yǐ</rt></ruby> <ruby>预<rt>yù</rt></ruby> <ruby>约<rt>yuē</rt></ruby>。
ジャ リー デェ ティエン ナオ イエ コー イー ユィ ユエ

6 貸し出し会員証はすぐできますか？

<ruby>借<rt>jiè</rt></ruby> <ruby>书<rt>shū</rt></ruby> <ruby>证<rt>zhèng</rt></ruby> <ruby>马<rt>mǎ</rt></ruby> <ruby>上<rt>shang</rt></ruby> <ruby>就<rt>jiù</rt></ruby> <ruby>可<rt>kě</rt></ruby> <ruby>以<rt>yǐ</rt></ruby> <ruby>办<rt>bàn</rt></ruby> <ruby>好<rt>hǎo</rt></ruby> <ruby>吗<rt>mā</rt></ruby>？
ジエ シュー ジォン マー シャン ジゥ コー イー バン ハオ マー

7 ― 翌日発行ですが、本は今日から借りられます。

<ruby>隔<rt>gé</rt></ruby> <ruby>天<rt>tiān</rt></ruby> <ruby>才<rt>cái</rt></ruby> <ruby>能<rt>néng</rt></ruby> <ruby>办<rt>bàn</rt></ruby> <ruby>好<rt>hǎo</rt></ruby>，<ruby>不<rt>bú</rt></ruby> <ruby>过<rt>guò</rt></ruby> <ruby>书<rt>shū</rt></ruby> <ruby>可<rt>kě</rt></ruby> <ruby>以<rt>yǐ</rt></ruby> <ruby>从<rt>cóng</rt></ruby> <ruby>今<rt>jīn</rt></ruby> <ruby>天<rt>tiān</rt></ruby> <ruby>借<rt>jiè</rt></ruby>。
ゴー ティエン ツァイ ノン バン ハオ ブー グオ シュー コー イー ツォン ジン ティエン ジエ

8 一度に何冊まで借りられますか？

yí cì zuì duō kě yǐ jiè jǐ běn
一次最多可以借几本?

9 ― 3冊まで借りられます。

zuì duō shì sān běn
最多是三本。

10 何日間借りられますか？

kě yǐ jiè jǐ tiān
可以借几天?

11 ― 2週間借りられます。　　　　　　　　　　　**10日間**

zuì duō kě yǐ jiè liǎng ge xīng qī　　shí tiān
最多可以借两个星期。　　十天

12 ― 延長の場合はご連絡ください。

xū yào yán cháng de huà qǐng gào sù wǒ men yì shēng
需要延长的话请告诉我们一声。

13 ― 館内で閲覧される場合はこちらにご記入ください。

yào zài guǎn nèi yuè dú de huà qǐng tián zhè zhāng dān zi
要在馆内阅读的话，请填这张单子。

14 ― この本は貸し出しできません。

zhè běn shū bù néng wài jiè
这本书不能外借。

15 本の貸し出し予約をしたいんですが。

wǒ xiǎng yù yuē shū
我想预约书。

16 ― 予約の本が返却され次第ご連絡します。

nǐ yù yuē de shū yí dào wǒ jiù huì tōng zhī nǐ
你预约的书一到我就会通知你。

17 ― 取りにいらっしゃいますか、郵送にしますか？

nǐ yào zì jǐ lái ná ne hái shi yào wǒ men jì gěi nǐ
你要自己来拿呢？还是要我们寄给你？

18 本のコピーをしたいんですが。

wǒ xiǎng yào fù yìn shū
我想要复印书。

19 ― 著作権の許容範囲内でしたら大丈夫です。

zhǐ yào shì zài zhù zuò quán fǎ róng xǔ de fàn wéi nèi jiù méi wèn tí
只要是在著作权法容许的范围内就没问题。

20 ― コピーカードでご利用できます。

kě yǐ lì yòng fù yìn kǎ
可以利用复印卡。

21 開館時間は何時から何時まででしょうか？

开馆时间是从几点到几点?
kāi guǎn shí jiān shì cóng jǐ diǎn dào jǐ diǎn

22 ― 資料室は9時から19時までです。

资料室是从上午九点开到晚上七点。
zī liào shì shì cóng shàng wǔ jiǔ diǎn kāi dào wǎn shang qī diǎn

23 ― 一般閲覧室は8時から22時までです。

一般阅览室是从上午八点开到晚上十点。
yì bān yuè lǎn shì shì cóng shàng wǔ bā diǎn kāi dào wǎn shang shí diǎn

レンタルビデオショップ

4 [CD-3 track27]

1 ― 会員の方でいらっしゃいますか？

请问您是会员吗?
qǐng wèn nín shì huì yuán mā

2 会員になるにはどうすればいいですか？

我要怎样才能加入会员?
wǒ yào zěn yàng cái néng jiā rù huì yuán

3 ― 会員になるには100元のお預り金が必要で、退会なさる際にはご返金いたします。

jiā	rù	huì	yuán	yào	jiāo	yā	jīn	yì	bǎi	kuài	tuì	chū	de
加	入	会	员	要	交	押	金	一	百	块，	退	出	的
ジャ	ルー	ホイ	ユアン	ヤオ	ジアオ	ヤー	ジン	イー	バイ	クァイ	トォイ	チュー	デェ

shí	hou	huì	bǎ	zhè	ge	qián	tuì	gěi	nǐ
时	候	会	把	这	个	钱	退	给	你。
シー	ホウ	ホイ	バー	ジョー	ゴー	チエン	トォイ	ゲイ	ニー

4 じゃあ、会員になります。

nà	wǒ	yào	jiā	rù	huì	yuán
那，	我	要	加	入	会	员。
ナー	ウオ	ヤオ	ジャ	ルー	ホイ	ユアン

5 ― ご住所と電話番号をお願いします。

qǐng	tián	xiě	nín	de	zhù	zhǐ	hé	diàn	huà	hào	mǎ
请	填	写	您	的	住	址	和	电	话	号	码。
チン	ティエン	シエ	ニン	デェ	ジュー	ジー	ホー	ディエン	ホア	ハオ	マー

6 レンタル料金はいくらですか？

zū	piān	jià	gé	zěn	me	suàn
租	片	价	格	怎	么	算？
ズー	ピエン	ジア	ゴー	ゼン	モー	スワン

7 ― 会員価格は1元で、非会員は2元です。

huì	yuán	shì	yí	piān	yí	kuài	fēi	huì	yuán	yí	piān	shì	liǎng
会	员	是	一	片	一	块，	非	会	员	一	片	是	两
ホイ	ユアン	シー	イー	ピエン	イー	クァイ	フェイ	ホイ	ユアン	イー	ピエン	シー	リアン

kuài
块。
クァイ

8 ― 最新作コーナーはこちらです。

xīn	piān	dōu	fàng	zài	zhè	biān
新	片	都	放	在	这	边。
シン	ピエン	ドウ	ファン	ザイ	ジョー	ビエン

9 これを借ります。

wǒ yào jiè zhè piān
我 要 借 这 片。
ウオ ヤオ ジエ ジョー ビエン

10 — 新作は2泊3日、旧作は1週間借りられます。

xīn piān de qī xiàn shì sān tiān liǎng yè jiù piān shì yì
新 片 的 期 限 是 三 天 两 夜, 旧 片 是 一
シン ビエン デェ チー シエン シー サン ティエン リアン イエ ジィウ ビエン シー イー

xīng qī
星 期。
シン チー

11 — 延滞の場合は罰金をいただきます。

guò qī bù huán yào fá qián
过 期 不 还 要 罚 钱。
グオ チー ブー ホアン ヤオ ファー チエン

カラオケ

5

CD-3 [track28]

1 カラオケに行きましょう。

zǒu qù chàng kǎ lā ō kèi
走, 去 唱 卡 拉 O K。
ズォウ チュイ チャン カー ラー オーケー

2 歌うのは好きですか？

nǐ xǐ huan chàng gē mā
你 喜 欢 唱 歌 吗?
ニー シー ホアン チャン ゴー マー

3 どの歌をよく歌いますか？

nǐ xǐ huan chàng nǎ shǒu gē
你 喜 欢 唱 哪 首 歌?
ニー シー ホアン チャン ナー ショウ ゴー

4 好きな歌手は誰ですか？

你喜欢哪个明星?
nǐ xǐ huan nǎ ge míng xīng

5 日本の歌もありますか？

有日本歌吗?
yǒu Rì běn gē mā

6 十八番は何ですか？

你最拿手的是哪首歌?
nǐ zuì ná shǒu de shì nǎ shǒu gē

7 一緒に歌ってください。

一起唱吧。
yì qǐ chàng ba

8 デュエットしましょう。

合唱一曲吧。
hé chàng yì qǔ ba

9 最近の曲はよく知らないんです。

我不太知道最近的歌。
wǒ bú tài zhī dào zuì jìn de gē

10 ポップソングが得意です。

我喜欢唱流行歌。
wǒ xǐ huan chàng liú xíng gē

11 のど自慢に出たこともあるんですよ。

还参加过歌唱大赛呢。
hái cān jiā guo gē chàng dà sài ne

12 一曲歌ってください。

chàng shǒu gē ba
唱 首 歌 吧。

13 歌を選んでください。

xuǎn gē a
选 歌 啊。

14 私はあまり歌がうまくないですよ。

wǒ gē chàng bù hǎo
我 歌 唱 不 好。

15 ものすごい音痴ですよ。

wǔ yīn bù quán
五 音 不 全。

16 何を歌っても演歌になるんです。

bù guǎn chàng shén me gē chàng qǐ lái dōu gēn chàng yǎn gē yí yàng
不 管 唱 什 么 歌 唱 起 来 都 跟 唱 演 歌 一 样。

17 その曲は私が入れました。

shì wǒ diǎn de gē
是 我 点 的 歌。

18 キーを下げてください。

bāng wǒ jiàng yí xià diào zi
帮 我 降 一 下 调 子。

19 ハスキーな声がステキですね。

我 觉 得 你 的 声 音 很 低 沉 很 好 听。
wǒ jué de nǐ de shēng yīn hěn dī chén hěn hǎo tīng
ウオ ジュエ デェ ニー デェ ション イン ヘン ディー チェン ヘン ハオ ティン

20 歌がうまいですね。

你 歌 唱 得 真 好。
nǐ gē chàng de zhēn hǎo
ニー ゴー チャン デェ ジェン ハオ

21 プロの歌手に匹敵しますね。

简 直 可 以 和 职 业 歌 手 比 美。
jiǎn zhí kě yǐ hé zhí yè gē shǒu bǐ měi
ジエン ジー コー イー ホー ジー イエ ゴー ショウ ビー メイ

22 カラオケはストレス解消にいいですね。

唱 歌 可 以 解 除 压 力。
chàng gē kě yǐ jiě chú yā lì
チャン ゴー コー イー ジエ チュー ヤー リー

6 レンタカー

[track29]

1 車を借りたいんですが。

我 想 租 车 子。
wǒ xiǎng zū chē zi
ウオ シアン ズー チョー ズー

2 国際運転免許でも大丈夫ですか？

国 际 驾 证 也 没 问 题 吧。
guó jì jià zhèng yě méi wèn tí ba
グオ ジー ジャ ジォン イエ メイ ウエン ティー バー

3 運転手付きだといくらですか？

加 司 机 要 多 少 钱?
jiā sī jī yào duō shao qián
ジャ スー ジー ヤオ ドゥオ シャオ チエン

4 1週間だと1日いくらになりますか？

jiè yì xīng qī de huà, píng jūn yì tiān yào duō shao qián
借一星期的话，平均一天要多少钱?
ジエ イー シン チー デェ ホア ピン ジュン イー ティエン ヤオ ドゥオ シャオ チエン

5 ― どのような車種になさいますか？

nín yào jiè nǎ yì xíng de chē
您要借哪一型的车?
ニン ヤオ ジエ ナー イー シン デェ チョー

6 小型の国産車でお願いします。

wǒ xiǎng jiè xiǎo xíng de guó chǎn chē
我想借小型的国产车。
ウオ シアン ジエ シアオ シン デェ グオ チャン チョー

7 6人乗りの車はどんなのがありますか？

liù rén zuò de chē yǒu shén me yàng de
六人座的车有什么样的?
リウ ルェン ズオ デェ チョー イオウ シェン モー ヤン デェ

8 四輪駆動が必要です。

wǒ yào yǒu sì lún qū dòng de
我要有四轮驱动的。
ウオ ヤオ イオウ スー ルン チュイ ドン デェ

9 ― 何日間になさいますか？

nín yù dìng zū jǐ tiān
您预订租几天?
ニン ユィ ディン ズー ジー ティエン

10 ― 平日は30％引きになります。

fēi jià rì dǎ qī zhé
非假日打七折。
フェイ ジャ ルィ ダー チー ジョー

11 ― 今はシーズン料金ですので10％増しになります。

xiàn zài shì zū chē wàng jì, suǒ yǐ yào jiā yì chéng de
现在是租车旺季，所以要加一成的
シエン ザイ シー ズー チョー ワン ジー スオ イー ヤオ ジャ イー チョン デェ

街で

405

shōu fèi
收 费。
ショウ フェイ

12 車を回収に来ていただけますか？

chē zi nǐ men huì lái kāi huí qù mā
车 子 你 们 会 来 开 回 去 吗?
チョー ズー ニー メン ホイ ライ カイ ホイ チュイ マー

13 ― 回収や配車の場合は手数料がかかります。

xū yào wǒ men huí chē huò diào chē de huà yào lìng shōu
需 要 我 们 回 车 或 调 车 的 话 要 另 收
シュイ ヤオ ウオ メン ホイ チョー フオ ディアオ チョー デェ ホア ヤオ リン ショウ

shǒu xù fèi
手 续 费。
ショウ シュイ フェイ

14 料金は先払いですか？

fèi yòng yào xiān fù mā
费 用 要 先 付 吗?
フェイ ヨン ヤオ シエン フー マー

15 ― はい、またお返しいただいた時点で最終精算となります。

shì de rán hòu zài huán chē de shí hou huì zài hé nín
是 的, 然 后 在 还 车 的 时 候 会 再 和 您
シー デェ ルァン ホウ ザイ ホアン チョー デェ シー ホウ ホイ ザイ ホー ニン

jié suàn yí cì
结 算 一 次。
ジエ スワン イー ツー

車の修理

7

CD-**3**
[track30]

1 自動車の修理はどこに行けばいいですか？

nǎ li yǒu xiū chē de
哪 里 有 修 车 的?
ナー リー イオウ シウ チョー デェ

2 修理費用の見積もりをお願いします。

可以帮我估一下修这个车要多少钱?
kě yǐ bāng wǒ gū yí xià xiū zhè ge chē yào duō shao qián

3 この部品を取り替えたいんですが。

我想把这个零件换一下。
wǒ xiǎng bǎ zhè ge líng jiàn huàn yí xià

4 この部品の単価はいくらですか？

这个配件要多少钱?
zhè ge pèi jiàn yào duō shao qián

5 タイヤの空気圧を見てください。

帮我看一下轮胎的气压。
bāng wǒ kàn yí xià lún tāi de qì yā

6 ホイールもついでに見てください。

车轮也顺便帮我看一下。
chē lún yě shùn biàn bāng wǒ kàn yí xià

7 タイヤに釘が刺さったんです。

我轮胎压到钉子了。
wǒ lún tāi yà dào dīng zi le

8 ドアの下のへこみは直せますか？

车门下面的凹痕能修复吗?
chē mén xià miàn de āo hén néng xiū fù mā

9 バンパーに擦り傷があるんですが。

wǒ bǎo xiǎn gàng shang yǒu yí dào kǒu zi
我 保 险 杠 上 有 一 道 口 子。
ウオ バオ シエン ガン シャン イオウ イー ダオ コウ ズー

10 ここのキズのところはすぐ修理できますか？

zhè dào kǒu zi kě yǐ mǎ shang xiū bǔ hǎo mā
这 道 口 子 可 以 马 上 修 补 好 吗?
ジョー ダオ コウ ズー コー イー マー シャン シウ ブー ハオ マー

11 **エンジンオイル**を補充してください。

gěi wǒ de yǐn qíng jiā yí xià rùn huá yóu
给 我 的 引 擎 加 一 下 润 滑 油。
ゲイ ウオ デェ イン チン ジャ イー シア ルゥン ホア イオウ

バッテリ液・ラジエータ冷却液

diàn píng yè lěng què yè
电 瓶 液、冷 却 液
ティエン ピン イエ ロン チュエ イエ

12 車の点検をお願いします。

bāng wǒ jiǎn chá yí xià chē zi
帮 我 检 查 一 下 车 子。
バン ウオ ジエン チャー イー シア チョー ズー

13 ワイパーを交換してください。

wǒ yào jiāo huàn yǔ shuā
我 要 交 换 雨 刷。
ウオ ヤオ ジアオ ホアン ユィ ショア

ガソリンスタンド・洗車場
8

CD-3 [track31]

1 満タンに入れてください。

bāng wǒ jiā mǎn
帮 我 加 满。
バン ウオ ジア マン

2 ゴミを捨ててくれませんか？

可以帮我把垃圾拿去丢掉吗?
kě yǐ bāng wǒ bǎ lā jī ná qù diū diào mā
コー イー バン ウオ バー ラー ジー ナー チュイ ディウ ディアオ マー

3 灰皿を空けてくれませんか？

可以帮我把烟灰拿去倒掉吗?
kě yǐ bāng wǒ bǎ yān huī ná qù dào diào mā
コー イー バン ウオ バー イェン ホイ ナー チュイ ダオ ディアオ マー

4 トイレはどこですか？

厕所在哪儿?
cè suǒ zài nǎ er
ツォー スオ ザイ ナー アル

5 小銭に両替できますか？

可以帮我换点零钱吗?
kě yǐ bāng wǒ huàn diǎn líng qián mā
コー イー バン ウオ ホアン ディエン リン チエン マー

6 オイル交換してください。

可以帮我换油吗?
kě yǐ bāng wǒ huàn yóu mā
コー イー バン ウオ ファン ヨ マー

7 洗車場はどこですか？

哪里有洗车场?
nǎ li yǒu xǐ chē chǎng
ナー リー イオウ シー チョー チャン

8 洗車料金はいくらですか？

洗车要多少钱?
xǐ chē yào duō shao qián
シー チョー ヤオ ドゥオ シャオ チエン

眼鏡屋

眼鏡

1 **眼鏡**を新調したいんですが。

老眼鏡

wǒ pèi le yí fù yǎn jìng
我 配 了 一 副 眼 镜。

lǎo huā jìng
老 花 镜

2 度付きサングラスにしたいんですが。

wǒ pèi le yí fù dài dù shu de tài yáng jìng
我 配 了 一 副 带 度 数 的 太 阳 镜。

3 今の眼鏡と同じ度数にしてください。

wǒ yào pèi gēn xiàn zài dù shu yí yàng de yǎn jìng
我 要 配 跟 现 在 度 数 一 样 的 眼 镜。

4 去年作ったのに、度が合わないような気がするんです。

qù nián pèi de dù shu hǎo xiàng yǐ jīng bú gòu le
去 年 配 的, 度 数 好 像 已 经 不 够 了。

5 ─ **近視**ですね。

乱視・遠視・老眼

nǐ jìn shì o
你 近 视 哦。

luàn shì yuǎn shì lǎo huā yǎn
乱 视、远 视、老 花 眼

6 ─ 矯正視力は 1.0 くらいでいいですか？

pèi ge yī diǎn líng de zěn me yàng
配 个 一 点 零 的 怎 么 样?

7 もう少し度を**強く**してください。

弱く

wǒ yào pèi dù shu dà yì diǎn de
我 要 配 度 数 大 一 点 的。

xiǎo
小

8 ― どんなフレームになさいますか？

nǐ yào shén me yàng de yǎn jìng kuāng
你要什么样的眼镜框?
ニー ヤオ シェン モー ヤン デェ イェン ジン クアン

9 フレームは前のを使いたいんですが。

wǒ xiǎng yòng yǐ qián de jìng kuàng
我想用以前的镜框。
ウオ シアン ヨン イー チエン デェ ジン クアン

10 **薄型**のレンズにしてください。　　　　　　　　**色つき**

wǒ yào báo yì diǎn de jìng piàn　　　　　yǒu sè
我要薄一点的镜片。　　　　### 有色
ウオ ヤオ バオ イー ディエン デェ ジン ピエン　　　イオウ ソー

コンタクトレンズ

1 コンタクトにしたいんですが。

wǒ xiǎng pèi yǐn xíng yǎn jìng
我想配隐型眼镜。
ウオ シアン ペイ イン シン イェン ジン

2 ― コンタクトレンズは初めてお使いですか？

nǐ shì dì yī cì dài yǐn xíng yǎn jìng mā
你是第一次带隐型眼镜吗?
ニー シー ディー イー ツー ダイ イン シン イェン ジン マー

3 ずっと**ハード**を使ってました。　　　　　　　　**ソフト**

wǒ zhī qián dōu shì dài yìng shì de　　　　ruǎn shì
我之前都是戴硬式的。　　　### 软式
ウオ ジー チエン ドウ シー ダイ イン シー デェ　　ルゥワン シー

4 ― 違和感がありますか？

huì bú huì jué dé bù shū fu
会不会觉得不舒服?
ホイ ブー ホイ ジュエ デェ ブー シュー フー

5 一度が合わないようでしたら、1週間以内なら交換できます。

如果觉得度数不对，可以在一星期内拿来交换。
rú guǒ jué dé dù shu bú duì, kě yǐ zài yì xīng qī nèi ná lái jiāo huàn
ルー グオ ジアオ デェ ドゥー シュー ブー ドォイ コー イー ザイ イー シン チー ネイ ナー ライ ジアオ ホアン

美容院・床屋

10

CD-3 [track33]

予約

1 パーマとカットを予約したいんですが。

我有预约烫发跟剪发。
wǒ yǒu yù yuē tàng fà gēn jiǎn fà
ウオ イオウ ユィ ユエ タン ファー ゲン ジエン ファー

2 明日の10時にお願いします。

预约明天十点。
yù yuē míng tiān shí diǎn
ユィ ユエ ミン ティエン シー ディエン

3 ― ご指名はございますか？

你要指名吗?
nǐ yào zhǐ míng mā
ニー ヤオ ジー ミン マー

4 33号にお願いできますか？
＊中国では、美容師を番号で指名するのが普通です。

可以麻烦三十三号吗?
kě yǐ má fan sān shí sān hào mā
コー イー マー ファン サン シー サン ハオ マー

カット

1 ― 今日はどのようになさいますか？

nǐ jīn tiān xiǎng zěn me zuò
你今天想怎么做？
ニー ジン ティエン シアン ゼン モー ズオ

2 シャンプーは要りません。

wǒ bú yào xǐ tóu
我不要洗头。
ウオ ブー ヤオ シー トウ

3 カットとブローをお願いします。

wǒ yào jiǎn hái yǒu chuī
我要剪还有吹。
ウオ ヤオ ジエン ハイ イオウ チョイ

4 (写真を見せて)こんな感じで切ってください。

jiǎn chéng zhè yàng
剪成这样。
ジエン チョン ジョー ヤン

5 髪を伸ばしている途中なんですよ。

wǒ zhèng zài liú tóu fa
我正在留头发。
ウオ ジォン ザイ リウ トウ ファー

6 これから暑くなるから、少しカットしてください。

tiān qì yuè lái yuè rè le bāng wǒ shāo wēi jiǎn duǎn yì diǎn
天气越来越热了，帮我稍微剪短一点。
ティエン チー ユエ ライ ユエ ルォ レェ バン ウオ シャオ ウエイ ジエン ドアン イー ティエン

街で

パーマ

1 パーマをかけたいんですが。

wǒ xiǎng yào tàng tóu fa
我 想 要 烫 头 发。
ウオ シアン ヤオ タン トウ ファー

ストレートパーマ

tàng zhí fà
烫 直 发
タン ジー ファー

2 ― どういうパーマにしますか？

nǐ xiǎng zěn me tàng
你 想 怎 么 烫?
ニー シアン ゼン モー タン

3 縮毛矯正をしたいんです。

wǒ xiǎng bǎ juǎn fà tàng zhí
我 想 把 卷 发 烫 直。
ウオ シアン バー ジュアン ファー タン ジー

4 髪が太くてなかなかパーマがかからないんです。

wǒ tóu fa hěn cū bú tài hǎo tàng
我 头 发 很 粗, 不 太 好 烫。
ウオ トウ ファー ヘン ツー ブー タイ ハオ タン

5 髪を痛めないパーマ液ありますか？

yǒu méi yǒu bù shāng tóu fa de tàng fà yè
有 没 有 不 伤 头 发 的 烫 发 液?
イオウ メイ イオウ ブー シャン トウ ファー デェ タン ファー イエ

髪を染める

1 髪を染めたいんですが。

wǒ xiǎng rǎn tóu fa
我 想 染 头 发。
ウオ シアン ルァン トウ ファー

2 ブリーチしてください。

wǒ xiǎng tiāo rǎn
我 想 挑 染。
ウオ シアン ティアオ ルァン

3 白髪染めをお願いしようと思って。

wǒ xiǎng rǎn bái fà
我 想 染 白 发。
ウオ シアン ルァン バイ ファー

4 生え際だけ染めてもらえますか？

kě yǐ bǎ wǒ de fà jì rǎn yí xià mā
可 以 把 我 的 发 际 染 一 下 吗?
コー イー バー ウオ デェ ファー ジー ルァン イー シア マー

5 目立たない色にしてください。

bú yào tài xiān yàn de yán sè
不 要 太 鲜 艳 的 颜 色。
ブー ヤオ タイ シエン イェン デェ イェン ソー

理髪店

1 散髪とひげ剃りをお願いします。

wǒ yào tì tóu gēn guā hú zi
我 要 剃 头 跟 刮 胡 子。
ウオ ヤオ ティー トウ ゲン グア フー ズー

2 散髪だけで結構です。

wǒ zhǐ yào tì tóu
我 只 要 剃 头。
ウオ ジー ヤオ ティー トウ

3 ひげ剃りは要りません。

bú yòng guā hú zi
不 用 刮 胡 子。
ブー ヨン グア フー ズー

4 髭を伸ばしてるんですよ。

wǒ zài liú hú zi
我 在 留 胡 子。
ウオ ザイ リウ フー ズー

5 ここから1センチほど切ってください。

cóng zhè li jiǎn diào yì gōng fēn
从 这 里 剪 掉 一 公 分。
ツォン ジョー リー ジエン ディアオ イー ゴン フェン

6 すっきりした感じに切ってください。

jiǎn yí ge kàn qǐ lái gān jing qīng shuǎng diǎn de
剪 一 个 看 起 来 干 净 轻 爽 点 的。
ジエン イー ゴー カン チー ライ ガン ジン チン ションアン ディエン デェ

7 スポーツ刈りにしてください。

wǒ yào lǐ píng tóu
我 要 理 平 头。
ウオ ヤオ リー ピン トウ

8 襟足はバリカンで刈ってください。

wǒ bó zi hòu miàn nà er bāng wǒ guā yí xià
我 脖 子 后 面 那 儿 帮 我 刮 一 下。
ウオ ボー ズー ホウ ミエン ナー アル バン ウオ グア イー シア

9 後ろの産毛は剃ってください。

wǒ hòu miàn de xì máo bāng wǒ tì yí xià
我 后 面 的 细 毛 帮 我 剃 一 下。
ウオ ホウ ミエン デェ シー マオ バン ウオ ティー イー シア

10 横は耳を出してください。

wǒ yào lòu chū ěr duo
我 要 露 出 耳 朵。
ウオ ヤオ ロウ チュー アル ドゥオ

11 もみあげは残してください。

wǒ yào liú bìn jiǎo
我 要 留 鬓 角。
ウオ ヤオ リウ ビン ジアオ

12 後ろはあまり短くしないでください。

hòu miàn bú yào jiǎn tài duǎn
后 面 不 要 剪 太 短。
ホウ ミエン ブー ヤオ ジエン タイ ドアン

写真店 11

現像をお願いする

1 現像をお願いします。　　　　　　　焼き増し

wǒ yào xǐ zhào piān　　　　jiā xǐ zhào piān
我 要 洗 照 片。　　　　**加 洗 照 片**
ウオ ヤオ シー ジャオ ピエン　　ジャ シー ジャオ ピエン

2 チェックをつけたものを焼き増ししてください。

yǒu dǎ gōu de dì fāng yào jiā xǐ
有 打 钩 的 地 方 要 加 洗。
イオウ ダー ゴウ デェ ディー ファン ヤオ ジア シー

3 この大きさに引き伸ばしてください。

wǒ yào fàng dà chéng zhè ge chǐ cùn
我 要 放 大 成 这 个 尺 寸。
ウオ ヤオ ファン ダー チョン ジョー ゴー チョー ツン

4 デジカメも扱ってますか？

nǐ men yě mài shù mǎ xiàng jī mā
你 们 也 卖 数 码 相 机 吗?
ニー メン イエ マイ シュー マー シアン ジー マー

5 携帯カメラのもプリントできますか？

shǒu jī pāi de yě néng xǐ chéng zhào piàn mā
手 机 拍 的 也 能 洗 成 照 片 吗?
ショウ ジー パイ デェ イエ ノン シー チョン ジャオ ピエン マー

街で

6 ― はい、メディアをお持ちいただければすぐできます。

能，你把媒体拿来我们马上就可以处理。

7 1枚ずつお願いします。

我要各洗一张。

8 いつ頃仕上がりますか？

什么时候能洗好?

何時に
几点

9 ― 1時間後には仕上がります。

一小时以后能洗好。

夕方頃・明日
傍晚、明天

10 急いでるんですが、もう少し早くできませんか？

我很急，能快点吗?

11 ― あいにく今混んでるんです。

不好意思，现在有点挤件。

12 ― 何時頃までに必要ですか？

您几点要?

その他

1 パスポート用の証明写真を撮りたいんですが。

wǒ xiǎng zhào hù zhào yòng de zhào piàn
我 想 照 护 照 用 的 照 片。

履历表
lǚ lì biǎo
履 历 表

2 — 何枚お要りようですか？

nín xū yào jǐ zhāng
您 需 要 几 张?

3 記念撮影は予約が必要ですか？

pāi jì niàn zhào yào yù yuē ma
拍 纪 念 照 要 预 约 吗?

4 — スタジオなら当日でも大丈夫です。

shè yǐng péng dāng tiān shēn qǐng yě lái de jí o
摄 影 棚 当 天 申 请 也 来 得 及 哦。

5 24枚撮りのフィルムをください。

wǒ yào mǎi èr shí sì zhāng de jiāo juǎn
我 要 买 二 十 四 张 的 胶 卷。

6 モノクロ用のフィルムはありますか？

yǒu hēi bái jiāo juǎn ma
有 黑 白 胶 卷 吗?

7 インスタントカメラはありますか？

yǒu jí kě pāi ma
有 即 可 拍 吗?

クリーニング店

クリーニング

1 ドライクリーニングをお願いします。

wǒ yào gān xǐ
我 要 干 洗。
ウォ ヤオ ガン シー

2 洗うだけでいいですよ。

zhǐ xǐ jiù hǎo le
只 洗 就 好 了。
ジー シー ジィウ ハオ レェ

3 アイロンは要りません。

bú yào yùn
不 要 熨。
ブー ヤオ ユン

4 ここにソースのシミがあるんですが、落ちるでしょうか？

zhè li zhān dào zāng dōng xi le néng xǐ diào mā
这 里 沾 到 脏 东 西 了，能 洗 掉 吗?
ジョー リー ジャン ダオ ザン ドン シー レェ ノン シー ティアオ マー

醤油・油・口紅

jiàng yóu yóu kǒu hóng
酱 油、油、口 红
ジャン イオウ イオウ コウ ホン

5 襟周りの汚れが気になるんです。

lǐng zi zhōu wéi zāng zāng de hěn tǎo yàn
领 子 周 围 脏 脏 的 很 讨 厌。
リン ズー ジョウ ウエイ ザン ザン デェ ヘン タオ イェン

6 ― これは落ちないかもしれません。

zhè ge kě néng xǐ bú diào le
这 个 可 能 洗 不 掉 了。
ジョー ゴー コー ノン シー ブー ティアオ レェ

7 ― シミが少し薄くはなると思います。

kě néng kě yǐ xǐ dàn yì diǎn
可能可以洗淡一点。

8 防水加工できますか？

kě yǐ zuò fáng shuǐ jiā gōng mā
可以做防水加工吗?

9 これはシルクなので気をつけてください。

zhè shì zhēn sī de xǐ de shí hou xiǎo xīn yì diǎn o
这是真丝的,洗的时候小心一点哦。

10 色落ちしやすい素材なので気をつけてください。

zhè ge hěn róng yì diào sè xǐ de shí hou xiǎo xīn yì diǎn
这个很容易掉色,洗的时候小心一点。

11 アイロンはかけすぎないでください。

bú yào yùn guò huǒ
不要熨过火。

12 スチーム仕上げにしてください。

bāng wǒ yòng zhēng qì chǔ lǐ yí xià
帮我用蒸气处理一下。

13 夕方までにできますか？

bàng wǎn kě yǐ lái ná mā
傍晚可以来拿吗?

修繕

1 **ズボン**の丈を詰めてもらえますか？

kù jiǎo kě yǐ bāng wǒ gǎi duǎn yí diǎn mā
裤 脚 可 以 帮 我 改 短 一 点 吗?
クー ジアオ コー イー バン ウオ ガイ ドアン イー ティエン マー

そで・スカート
xiù zi qún zi
袖 子、裙 子
シウ ズー チュン ズー

2 ピンで止めてある長さにしてください。

bāng wǒ cái dào bié zhēn bié de dì fāng
帮 我 裁 到 别 针 别 的 地 方。
バン ウオ ツァイ ダオ ビエ ジェン ビエ デェ ディー ファン

3 ウエストのサイズのお直しをお願いします。

wǒ yào gǎi yāo
我 要 改 腰。
ウオ ヤオ ガイ ヤオ

4 このかぎ裂きのところを掛け接ぎで直せますか？

zhè ge de fāng bèi dīng zi guā pò le kě yǐ bāng wǒ
这 个 地 方 被 钉 子 刮 破 了, 可 以 帮 我
ジョー ゴー デェ ファン ベイ ディン ズー グア ポー レェ コー イー バン ウオ

bǔ yí xià mā
补 一 下 吗?
ブー イー シア マー

クレーム

1 ここにシミができてるんですが。

zhè li yǒu diǎn zāng
这里有点脏。
ジョー リー イオウ ディエン ザン

2 ここに穴が開いちゃってるんですよ。

zhè li pò le yí ge dòng
这里破了一个洞。
ジョー リー ポー レェ イー ゴー ドン

3 ボタンが1つなくなってますよ。

kòu zi shǎo le yí ge
扣子少了一个。
コウ ズー シャオ レェ イー ゴー

4 私のがないって、どういうことですか？

nǐ shuō wǒ de dōng xi bú jiàn le shì zěn me huí shì
你说我的东西不见了，是怎么回事？
ニー シュオ ウオ デェ ドン シー ブー ジエン レェ シー ゼン モー ホイ シー

5 サイズが縮んでるんですよ。

zhè ge suō shuǐ le
这个缩水了。
ジョー ゴー スオ ショイ レェ

6 弁償してください。

nǐ yào péi cháng
你要赔偿。
ニー ヤオ ペイ チャン

⑯ 美容と健康

健康管理 1

健康と運動

1 (私は)何か運動しなくちゃ。

wǒ gāi yùn dong yùn dong le
我 该 运 动 运 动 了。
ウオ ガイ ユン ドン ユン ドン レェ

2 (私は)もう若くはないからハードな運動はできません。

wǒ yě bù nián qīng le tài jù liè de yùn
我 也 不 年 轻 了, 太 剧 烈 的 运
ウオ イエ ブー ニエン チン レェ タイ ジュ リエ デェ ユン

dòng zuò bú lái
动 做 不 来。
ドン ズオ ブー ライ

3 中年太りなのか、お腹が出始めました。

rén jìn rù zhōng nián hòu jiù kāi shǐ fā pàng
人 进 入 中 年 后 就 开 始 发 胖,
ルェン ジン ルー ジョォン ニエン ホウ ジィウ カイ シー ファー パン

dù zi dōu chū lái le
肚 子 都 出 来 了。
ドゥー ズー ドウ チュー ライ レェ

4 ジョギングを始めました。

wǒ kāi shǐ zuò màn pǎo yùn dòng le
我 开 始 做 慢 跑 运 动 了。
ウオ カイ シー ズオ マン パオ ユン ドン レェ

5 毎日1万歩歩くことにしています。

měi tiān zhì shǎo zǒu yí wàn bù
每 天 至 少 走 一 万 步。
メイ ティエン ジー シャオ ズォウ イー ワン ブー

意外と知られていないのですが、中国にも温泉やスキー場などの施設があります。ただ一般的には日本人のように長時間お湯に浸かって体を洗ったりする習慣はありませんし、「裸の付き合い」という考え方もありません。また、温泉饅頭はありませんが、湯の温度の高いところでは卵を茹でて食べることもあります。

6 いつも三日坊主なんですよね。

我总是三天打鱼两天晒网。
wǒ zǒng shì sān tiān dǎ yú liǎng tiān shài wǎng

7 体脂肪計付きの体重計を買いました。

我买了一个带测体脂肪率的体重计。
wǒ mǎi le yí ge dài cè tǐ zhī fáng lǜ de tǐ zhòng jì

8 体重計に乗るのが恐いです。

我怕称体重。
wǒ pà chēng tǐ zhòng

9 足の裏マッサージで1日の疲れを取ります。

脚底按摩能解除一天的疲劳。
jiǎo dǐ àn mó néng jiě chú yì tiān de pí láo

10 指圧を教わろうかと思ってます。

我想学指压。
wǒ xiǎng xué zhǐ yā

美容と健康

食生活・嗜好品など

1 食生活には気を遣っています。

我很注重饮食生活。
wǒ hěn zhù zhòng yǐn shí shēng huó

2 朝ご飯はしっかり食べる方です。

每天早上必吃早餐。
měi tiān zǎo shang bì chī zǎo cān

3 バランスのとれた食事を心がけています。

wǒ chī dōng xi shí jǐn liàng bǎo chí yíng yǎng jūn héng
我 吃 东 西 时 尽 量 保 持 营 养 均 衡。
ウオ チー ドン シー シー ジン リアン バオ チー イン ヤン ジュン ホン

4 食物繊維をたっぷり摂るといいですよ。

yào duō chī shí wù xiān wéi o
要 多 吃 食 物 纤 维 哦。
ヤオ ドゥオ チー シー ウー チエン ウエイ オー

5 インスタント食品は体に良くありませんよ。

sù shí shí pǐn chī duō le duì shēn tǐ bù hǎo
速 食 食 品 吃 多 了 对 身 体 不 好。
スー シー シー ピン チー ドゥオ レェ ドゥイ シェン ティー ブー ハオ

6 コーヒーの飲み過ぎは胃に悪いですよ。

kā fēi hē tài duō duì wèi bù hǎo
咖 啡 喝 太 多 对 胃 不 好。
カー フェイ ホー タイ ドゥオ ドゥイ ウエイ ブー ハオ

7 健康のためにもたばこはやめるべきです。

wèi le jiàn kāng zuì hǎo bǎ yān jiè diào
为 了 健 康 最 好 把 烟 戒 掉。
ウエイ レェ ジエン カン ズオイ ハオ バー イエン ジエ ディアオ

8 お酒も控えないとね。

jiǔ zuì hǎo yě shǎo hē
酒 最 好 也 少 喝。
ジィウ ズオイ ハオ イエ シャオ ホー

漢方

2

CD-3
[track37]

1 漢方で痩せられるって本当ですか？

chī zhōng yào huì shòu shì zhēn de mā
吃 中 药 会 瘦 是 真 的 吗?
チー ジョォン ヤオ ホイ ショウ シー ジェン デェ マー

2 漢方薬は体質によって合わない人もいますよ。

也有体质不适合吃中药的人。
yě yǒu tǐ zhì bú shì hé chī zhōng yào de rén

3 いい漢方医を紹介してください。

有没有好的中医医生给我介绍一下。
yǒu mei yǒu hǎo de zhōng yī yī shēng gěi wǒ jiè shào yí xià

4 中国の漢方薬は日本のより効き目があるようですね。

中国的中药好像比日本的有效。
Zhōng guó de zhōng yào hǎo xiàng bǐ Rì běn de yǒu xiào

5 漢方薬は自分で煎じるんですか？

你自己煮中药吗？
nǐ zì jǐ zhǔ zhōng yào mā

6 最近は漢方薬屋さんで煎じてくれます。

最近中医药房会帮我们煮好。
zuì jìn zhōng yī yào fáng huì bāng wǒ men zhǔ hǎo

7 レトルトパックなので携帯にも便利ですよ。

做成铝箔包携带很方便。
zuò chéng lǚ bó bāo xié dài hěn fāng biàn

8 漢方薬の妙な匂いがあまり好きじゃないんです。

中药有怪味我不太喜欢。
zhōng yào yǒu guài wèi wǒ bú tài xǐ huan

9 この匂いがいかにも効きそうですね。

这个味道好像很有效。
zhè ge wèi dào hǎo xiàng hěn yǒu xiào

美容と健康

温泉・風呂・サウナ

温泉

1 どこか冷え性に効く温泉はないですか？

有没有治手脚冰冷的温泉?
yǒu mei yǒu zhì shǒu jiǎo bīng lěng de wēn quán

2 この温泉は有名ですか？

这里的温泉很有名吗?
zhè li de wēn quán hěn yǒu míng mā

3 中国にも温泉がありますか？

中国也有温泉吗?
Zhōng guó yě yǒu wēn quán mā

4 露天風呂もありますか？

有露天温泉吗?
yǒu lù tiān wēn quán mā

5 この温泉は何に効くんですか？

这里的温泉对什么有效?
zhè li de wēn quán duì shén me yǒu xiào

6 美容と健康に良さそうですよ。

可是对美容和健康很好耶。
kě shì duì měi róng hé jiàn kāng hěn hǎo ye

7 泥風呂で肌がしっとりしました。

pào guò ní ba yù yǐ hòu pí fū huì biàn de guāng huá shī rùn
泡过泥巴浴以后皮肤会变得光滑湿润。

8 肌がつるつるになりましたよ。

pí fū biàn de hěn guāng huá
皮肤变得很光滑。

9 長く浸かりすぎてのぼせてしまいました。

pào tài jiǔ le, tóu yǒu diǎn yūn
泡太久了，头有点晕。

10 1日の疲れが取れる感じです。

wǒ gǎn jué yì tiān de pí láo dōu xiāo shī le
我感觉一天的疲劳都消失了。

風呂・銭湯

1 夜は何時まで営業していますか？

wǎn shang kāi dào jǐ diǎn
晚上开到几点?

2 シャンプーとリンスをください。

wǒ yào mǎi xǐ fà jīng hé rùn fà rǔ
我要买洗发精和润发乳。

石けん

féi zào
肥皂

3 このお湯は熱すぎます。

shuǐ hěn tàng
水 很 烫。
ショイ ヘン タン

サウナ

1 サウナに入りませんか？

qù bú qù sāng ná
去 不 去 桑 拿?
チュイ ブー チュイ サン ナー

2 入浴料はいくらですか？

xǐ yí cì duō shao qián
洗 一 次 多 少 钱?
シー イー ツー ドゥオ シャオ チエン

3 料金は先払いですか、後払いですか？

shì xiān fù ne hái shì chū lái zài fù
是 先 付 呢? 还 是 出 来 再 付?
シー シエン フー ノー ハイ シー チュー ライ ザァイ フー

4 — こちらの服にお着替えください。

qǐng huàn shàng zhè jiàn yī fu
请 换 上 这 件 衣 服。
チン ホアン シャン ジェイ ジエン イー フー

5 — お風呂もご利用になりますか？

nín yě kě yǐ lì yòng zǎo táng
您 也 可 以 利 用 澡 堂。
ニン イエ コー イー リー ヨン ザァオ タン

6 足のむくみが取れたみたいです。

wǒ jiǎo de fú zhǒng hǎo xiàng yǒu diǎn xiāo le
我 脚 的 浮 肿 好 像 有 点 消 了。
ウオ ジアオ デェ フー ジョォン ハオ シアン イオウ ディエン シアオ レェ

[7] 思いっきり汗をかくと気持ちがいいですね。

<ruby>出<rt>chū</rt></ruby> <ruby>了<rt>le</rt></ruby> <ruby>好<rt>hǎo</rt></ruby> <ruby>多<rt>duō</rt></ruby> <ruby>汗<rt>hàn</rt></ruby> <ruby>好<rt>hǎo</rt></ruby> <ruby>舒<rt>shū</rt></ruby> <ruby>服<rt>fu</rt></ruby>。
出 了 好 多 汗 好 舒 服。
チュー レェ ハオ ドゥオ ハン ハオ シュー フー

[8] 汗をかきすぎて喉が渇きました。

hán chū duō le hǎo kě
汗 出 多 了，好 渴。
ハン チュー ドゥオ レェ ハオ コー

美容
4
CD-3 [track39]

エステティックサロン

[1] どこかいいエステありませんか？

nǐ zhī dào nǎ li yǒu hǎo de měi róng yuàn ma
你 知 道 哪 里 有 好 的 美 容 院 吗?
ニー ジー ダオ ナー リー イオウ ハオ デェ メイ ルゥォン ユアン マー

[2] 予約は電話でいいですか？

kě yǐ dǎ diàn huà yù yuē ma
可 以 打 电 话 预 约 吗?
コー イー ダー ティエン ホア ユィ ユエ マー

[3] ― ネットでもご予約できます。

kě yǐ wǎng shàng yù yuē
可 以 网 上 预 约。
コー イー ワン シャン ユィ ユエ

[4] ― 3日前までに予約していただければ結構です。

zhì shǎo yào sān tiān qián yù yuē
至 少 要 三 天 前 预 约。
ジー シャオ ヤオ サン ティエン チエン ユィ ユエ

[5] ― いらっしゃいませ。

huān yíng guāng lín
欢 迎 光 临。
ホアン イン グアン リン

6 2時に予約してある石田ですが。

wǒ shì yù yuē zài liǎng diǎn de shí tián
我 是 预 约 在 两 点 的 石 田。
ウオ シー ユィ ユエ ザァイ リアン ティエン デェ シー ティエン

7 予約はしていませんが、利用できますか？

wǒ méi yǒu yù yuē　kě yǐ lì yòng mā
我 没 有 预 约，可 以 利 用 吗?
ウオ メイ イオウ ユィ ユエ　コー イー リー ヨン マー

8 本日はどのようなお手入れをご希望ですか？

nín jīn tiān xiǎng yào wǒ bāng nín zuò nǎ er
您 今 天 想 要 我 帮 您 做 哪 儿?
ニン ジン ティエン シアン ヤオ ウオ バン ニン ズオ ナー アル

9 フェイスエステはどのようなコースがありますか？

liǎn bù měi róng dōu yǒu shén me xiàng mù
脸 部 美 容 都 有 什 么 项 目?
リエン ブー メイ ルゥォン ドウ イオウ シェン モー シアン ムー

10 リフティングマッサージは何分コースですか？

jiǎo dǐ àn mó yí cì jǐ fēn zhōng
脚 底 按 摩 一 次 几 分 钟?
ジアオ ディー アン モー イー ツー ジー フェン ジョォン

11 60分コースと80分コースをお選びいただけます。

yǒu liù shí fēn zhōng hé bā shí fēn zhōng liǎng zhǒng
有 六 十 分 钟 和 八 十 分 种 两 钟。
イオウ リウ シー フェン ジョォン ホー バー シー フェン ジョォン リアン ジョォン

具体的な相談

1 **老化防止**コースをお願いします。

bāng wǒ zuò fáng zhǐ lǎo huà de kè chéng
帮 我 做 防 止 老 化 的 课 程。
バン ウオ ズオ ファン ジー ラオ ホア デェ コー チョン

美白・全身トリートメント

měi bái quán shēn měi róng
美 白、全 身 美 容
メイ バイ チュアン シェン メイ ルゥオン

2 目元と口元の小じわをなくしてくれませんか？

wǒ yǎn jiǎo hé zuǐ jiǎo de zhòu wén néng bu néng qù diào
我 眼 角 和 嘴 角 的 皱 纹 能 不 能 去 掉？
ウオ イェン ジアオ ホー ズォイ ジアオ デェ ジョウ ウエン ノン ブー ノン チュイ ディアオ

3 集中トリートメントコースをお勧めします。

wǒ jiàn yì nǐ zuò jí zhōng bǎo yǎng
我 建 议 你 做 集 中 保 养。
ウオ ジエン イー ニー ズオ ジー ジョォン バオ ヤン

4 目の下にできたクマがなかなか消えないんです。

wǒ yǎn jing xià miàn lǎo yǒu hēi yǎn quān
我 眼 睛 下 面 老 有 黑 眼 圈。
ウオ イェン ジン シア ミエン ラオ イオウ ヘイ イェン チュアン

5 首のシワを目立たなくしたいんです。

wǒ xiǎng bǎ bó zi de zhòu wén qù diào
我 想 把 脖 子 的 皱 纹 去 掉。
ウオ シアン バー ボー ズー デェ ジョウ ウエン チュイ ディアオ

6 専用のクリームでマッサージいたします。

wǒ yòng zhuān yòng rǔ yè gěi nǐ àn mó
我 用 专 用 乳 液 给 你 按 摩。
ウオ ヨン ジュアン ヨン ルー イエ ゲイ ニー アン モー

美容と健康

7 毛穴の引き締めは1回で効果がありますか？

suō xiǎo máo kǒng yí cì jiù jiàn xiào mā
缩 小 毛 孔 一 次 就 见 效 吗?
スオ シアオ マオ コン イー ツー ジィウ ジエン シアオ マー

8 ― 数回続けた方がより高い効果が期待できます。

duō zuò jǐ cì xiào guǒ huì gèng hǎo
多 做 几 次 效 果 会 更 好。
ドゥオ ズオ ジー ツー シアオ グオ ホイ ゴン ハオ

9 この辺のシミを取りたいんですが。

néng bāng wǒ bǎ zhè biān de hēi bān qù diào mā
能 帮 我 把 这 边 的 黑 斑 去 掉 吗?
ノン バン ウオ バー ジョー ビエン デェ ヘイ バン チュイ ディアオ マー

そばかす
què bān
雀 斑
チュエ バン

10 ― ピーリングで徐々に薄くしていきます。

huàn fū kě shǐ pí fu biàn de xì nèn
换 肤 可 使 皮 肤 变 得 细 嫩。
ホアン フー コー シー ピー フー ビエン デェ シー ネン

11 ピーリングって痛くないんでしょうか。

mó pí bú tòng mā
磨 皮 不 痛 吗?
モー ピー ブー トン マー

12 ― 種類にもよりますが、痛みはほとんどありません。

kān nǐ xuǎn nǎ zhǒng yì bān shì bú tòng de
看 你 选 哪 种。一 般 是 不 痛 的。
カン ニー シュアン ナー ジョン イー バン シー ブー トン デェ

13 ― 少しひりひりすることがあります。

huì shāo yǒu diǎn cì tòng
会 稍 有 点 刺 痛。
ホイ シャオ イオウ ディエン ツー トン

14 副作用はありませんか？

有没有副作用呢？
yǒu mei yǒu fù zuò yòng ne

15 ほとんどないので、翌日からお化粧ができます。

几乎没有任何副作用。隔天就可以化妆。
jī hū méi yǒu rèn hé fù zuò yòng。gé tiān jiù kě yǐ huà zhuāng。

瘦身

1 ワンサイズダウンを目指してるんです。

我正在为减小一号而努力。
wǒ zhèng zài wèi jiǎn xiǎo yí hào ér nǔ lì

2 腰回りの贅肉を取りたいんです。

我想把腰围的脂肪减掉。
wǒ xiǎng bǎ yāo wéi de zhǐ fáng jiǎn diào

3 二の腕のたるみを引き締めたいんです。

我想消除我的蝴蝶袖。
wǒ xiǎng xiāo chú wǒ de hú dié xiù

4 結婚を控えているんですが、ブライダルコースはありますか？

我快结婚了，你们有没有准新娘课程案？

5 — 花嫁のための3カ月コースをご用意しています。

我们为新娘特别准备了三个月的课程。

美容整形

顔

1 どんな方法がありますか？

有什么样的方法？

2 ニキビの跡をきれいに消せますか？

青春痘的疤痕能去掉吗？

3 目尻のしわをとってください。

bāng wǒ bǎ yǎn jiǎo de yú wěi wén qù diào
帮 我 把 眼 角 的 鱼 尾 纹 去 掉。
バン ウオ バー イェン ジアオ デェ ユィ ウエイ ウエン チュイ ティアオ

二重あご

shuāng xià ba
双 下 巴
ショアン シア バー

4 二重まぶたにしたいんですが、入院が必要ですか？

wǒ xiǎng yào gē shuāng yǎn pí xū yào zhù yuàn mā
我 想 要 割 双 眼 皮，需 要 住 院 吗?
ウオ シアン ヤオ ゴー ショアン イェン ピー シュイ ヤオ ジュー ユアン マー

5 大きな二重じゃなくて、自然な感じがいいんです。

bú yào gē tài shēn yào zì rán yì diǎn de
不 要 割 太 深，要 自 然 一 点 的。
ブー ヤオ ゴー タイ シェン ヤオ ズー ルァン イー ティエン デェ

6 ぺちゃんこの鼻を少しだけ高くしたいんです。

wǒ xiǎng bǎ wǒ zhè ge tā bí zi diàn gāo yì diǎn
我 想 把 我 这 个 塌 鼻 子 垫 高 一 点。
ウオ シアン バー ウオ ジョー ゴー ター ビー ズー ティエン ガオ イー ティエン

その他の箇所

1 すね毛の永久脱毛をしたいんですが。

wǒ xiǎng bǎ xiǎo tuǐ de máo yǒng jiǔ de qù diào
我 想 把 小 腿 的 毛 永 久 地 去 掉。
ウオ シアン バー シアオ トォイ デェ マオ ヨン ジィウ デェ チュイ ティアオ

脇毛

yè xià de máo
腋 下 的 毛
イエ シア デェ マオ

2 胸が貧弱なのでもう少し大きくしたいんです。

我的胸部有点小，想做大一点。
wǒ de xiōng bù yǒu diǎn xiǎo, xiǎng zuò dà yì diǎn

3 お腹の脂肪吸入をしたいんですが。

我想把肚子的脂肪抽掉。
wǒ xiǎng bǎ dù zi de zhī fáng chōu diào

4 眉の入れ墨をしたいのですが。

我想纹眉。
wǒ xiǎng wén méi

アイライン
眼线
yǎn xiàn

具体的な質問

1 副作用はありませんか？

有没有副作用?
yǒu mei yǒu fù zuò yòng

2 二重あごは脂肪吸入をするんですか？

去双下巴就是把下巴的脂肪吸掉吗?
qù shuāng xià ba jiù shì bǎ xià ba de zhī fáng xī diào mā

3 麻酔をかけるんですか？

打麻醉吗?
dǎ má zuì mā

4 できるだけキズが目立たないような方法にしてください。

<ruby>尽<rt>jǐn</rt></ruby> <ruby>量<rt>liàng</rt></ruby> <ruby>不<rt>bú</rt></ruby> <ruby>要<rt>yào</rt></ruby> <ruby>留<rt>liú</rt></ruby> <ruby>下<rt>xià</rt></ruby> <ruby>疤<rt>bā</rt></ruby> <ruby>痕<rt>hén</rt></ruby>。

尽量不要留下疤痕。

5 腫れは何日くらいで引きますか？

yào jǐ tiān cái huì xiāo zhǒng
要 几 天 才 会 消 肿？

6 保険は効きますか？

bǎo xiǎn shì yòng mā
保 险 适 用 吗？

7 手術の見積もりをお願いします。

qǐng bāng wǒ gū yí xià shǒu shù fèi dà gài yào duō shao qián
请 帮 我 估 一 下 手 术 费 大 概 要 多 少 钱。

フィットネスクラブ・スポーツクラブ

1 24時間やっているフィットネスクラブを探しています。

我 在 找 二 十 四 小 时 营 业 的 健 身 房。
wǒ zài zhǎo èr shí sì xiǎo shí yíng yè de jiàn shēn fáng

2 家か会社から近いと利用しやすいですね。

离 家 离 公 司 近 的 话 比 较 容 易 去。
lí jiā lí gōng sī jìn de huà bǐ jiào róng yì qù

3 会員からの紹介だと加入費が安くなりますよ。

有 会 员 介 绍 入 会 的 话，会 员 费 可 以 打 折。
yǒu huì yuán jiè shào rù huì de huà, huì yuán fèi kě yǐ dǎ zhé

4 長続きしないからなかなか痩せられないんです。

因 为 持 续 不 下 去 所 以 瘦 不 下 来。
yīn wèi chí xù bú xià qù suǒ yǐ shòu bú xià lái

5 "継続は力なり"という言葉を実感するよ。

我 深 深 感 到 持 续 就 是 力 量。
wǒ shēn shēn gǎn dào chí xù jiù shì lì liàng

6 **ヨガ**のグループレッスンは何時から何時までですか？

瑜伽的课是几点到几点？
yú jiā de kè shì jǐ diǎn dào jǐ diǎn

太極拳

太极拳
tài jí quán

7 今度は**格闘技系**のトレーニングをやってみたいです。

我想接受格斗技的训练。
wǒ xiǎng jiē shòu gé dǒu jì de xùn liàn

ダンス系

跳舞
tiào wǔ

美容と健康

⑰ 病気になったら

病院の受付で

1

1 ― どうなさいましたか？

nín zěn me la
您 怎 么 啦?
ニン ゼン モー ラー

2 ― 今日はどうなさいましたか？

nín jīn tiān zěn me le
您 今 天 怎 么 了?
ニン ジン ティエン ゼン モー レェ

3 診察を受けたいんですが。

wǒ xiǎng kàn bìng
我 想 看 病。
ウオ シアン カン ビン

4 健康診断です。

wǒ lái tǐ jiǎn
我 来 体 检。
ウオ ライ ティー ジエン

5 予防注射です。

wǒ lái dǎ yù fáng zhēn
我 来 打 预 防 针。
ウオ ライ ダー ユィ ファン ジェン

6 検査結果を聞きに来ました。

wǒ shì lái tīng jiǎn chá jié guǒ de
我 是 来 听 检 查 结 果 的。
ウオ シー ライ ティン ジエン チャー ジエ グオ デェ

7 ― 当院は初めてですか？

nǐ shì dì yī cì lái wǒ men yī yuàn ma
你 是 第 一 次 来 我 们 医 院 吗?
ニー シー ディー イー ツー ライ ウオ メン イー ユアン マー

中国語の格言には「人有旦夕禍福」というのがあります。つまり、「災いや幸いはいつやってくるかわからない」ものなのです。そんな時に備えて本章でピックアップしたフレーズを覚えておくと、いざと言うときに便利ですよ。

8 ― 保険証を出してください。

nǐ de yī liáo zhèng
你的医疗证。
ニー デェ イー リアオ ジォン

9 ― 何科にかかられますか？

nín yào kàn shén me kē
您要看什么科?
ニン ヤオ カン シェン モー コー

10 内科です。

wǒ xiǎng yào kàn nèi kē
我想要看内科。
ウオ シアン ヤオ カン ネイ コー

小児科

xiǎo ér kē
小儿科
シアオ アル コー

11 ― 予約はなさっていますか？

nín yù yuē le mā
您预约了吗?
ニン ユィ ユエ レェ マー

12 はい、10時に予約しています。

yù yuē le yù yuē de shì shí diǎn
预约了，预约的是十点。
ユィ ユエ レェ ユィ ユエ デェ シー シー ティエン

13 ― 問診票に記入してください。

qǐng bǎ zhè zhāng wèn bìng kǎ tián hǎo
请把这张问病卡填好。
チン バー ジョー ジャン ウエン ビン カー ティエン ハオ

14 ― 熱を測ってみましょう。

lái liáng yí xià tǐ wēn
来，量一下体温。
ライ リアン イー シア ティー ウエン

15 ― 診察室の前でお待ちください。

nǐ zài zhěn liáo shì qián miàn děng yí xià
你在诊疗室前面等一下。
ニー ザイ ジェン リアオ シー チエン ミエン ドン イー シア

病気になったら

443

内科・小児科 2

医者

1　どういう風に痛いですか？

nǐ nǎ li tòng
你 哪 里 痛?
ニー ナー リー トン

2　いつからですか？

shén me shí hòu kāi shǐ de
什 么 时 候 开 始 的?
シェン モー シー ホウ カイ シー デェ

3　熱はありますか？

fā shāo mā
发 烧 吗?
ファー シャオ マー

4　食欲はどうですか？

yǒu shí yù mā
有 食 欲 吗?
イオウ シー ユィ マー

5　くしゃみや咳が出ますか？

dǎ pēn tì huò ké sòu mā
打 喷 嚏 或 咳 嗽 吗?
ダー ペン ティー フオ コー ソウ マー

6　鼻水が出ますか？

liú bí tì mā
流 鼻 涕 吗?
リウ ビー ティー マー

7　アレルギーがありますか？

duì shén me dōng xi guò mǐn mā
对 什 么 东 西 过 敏 吗?
ドォイ シェン モー ドン シー グオ ミン マー

8 シャツを上げてください。

bǎ　yī　fu　juǎn　qǐ　lái
把 衣 服 卷 起 来。
バー イー フー ジュアン チー ライ

9 後ろを向いてください。

zhuàn guò shēn qù
转 过 身 去。
ジョアン グオ シェン チュイ

10 耳を見せてください。

wǒ kàn yí xià nǐ de ěr duǒ
我 看 一 下 你 的 耳 朵。
ウオ カン イー シア ニー デェ アル ドゥオ

11 風邪ですね。

nǐ gǎn mào le
你 感 冒 了。
ニー ガン マオ レェ

12 扁桃腺が腫れていますね。

biǎn táo xiàn hěn zhǒng o
扁 桃 腺 很 肿 哦。
ビエン タオ シエン ヘン ジョォン オー

患者

1 どうも風邪のようです。

wǒ hǎo xiàng gǎn mào le
我 好 像 感 冒 了。
ウオ ハオ シアン ガン マオ レェ

2 熱があって、咳も出ます。

wǒ fā shāo hái ké sou
我 发 烧 还 咳 嗽。
ウオ ファー シァオ ハイ コー ソウ

病気になったら

3 喉が痛いです。

wǒ hóu lóng hěn tòng
我 喉 咙 很 痛。
ウオ ホウ ロン ヘン トン

4 頭がズキズキします。

wǒ tóu tòng yù liè
我 头 痛 欲 裂。
ウオ トウ トン ユィ リエ

5 2日前から熱が続いています。

wǒ liǎng tiān qián kāi shǐ fā shāo
我 两 天 前 开 始 发 烧。
ウオ リアン ティエン チエン カイ シー ファー シャオ

昨日・昨夜

zuó tiān zuó wǎn
昨 天、 昨 晚
ズオ ティエン ズオ ワン

6 食欲がありません。

wǒ méi yǒu shí yù
我 没 有 食 欲。
ウオ メイ イオウ シー ユィ

7 むかむかします。

wǒ yǒu diǎn ě xīn
我 有 点 恶 心。
ウオ イオウ ティエン オー シン

8 吐き気がします。

wǒ yǒu diǎn xiǎng tù
我 有 点 想 吐。
ウオ イオウ ティエン シアン トゥー

9 喉がいがらっぽいです。

wǒ hóu lóng yǒu diǎn bù shū fu
我 喉 咙 有 点 不 舒 服。
ウオ ホウ ロン イオウ ティエン ブー シュー フー

10 喉がチクチクします。

wǒ hóu lóng yǒu diǎn cì tòng
我 喉 咙 有 点 刺 痛。
ウオ ホウ ロン イオウ ティエン ツー トン

11 咳がひどくて夜、寝られないほどです。

咳嗽很厉害,咳得晚上都没法睡觉。
ké sou hěn lì hài, ké de wǎn shang dōu méi fǎ shuì jiào
コー ソウ ヘン リー ハイ コー デェ ワン シャン ドウ メイ ファー ショイ ジアオ

12 アレルギー体質です。

我是过敏体质。
wǒ shì guò mǐn tǐ zhì
ウオ シー グオ ミン ティー ジー

13 悪寒がします。

我觉得全身发冷。
wǒ jué de quán shēn fā lěng
ウオ ジアオ デェ チュアン シェン ファー ロン

14 下痢と便秘を繰り返しています。

我总是不是拉肚子就是便秘。
wǒ zǒng shì bú shì lā dù zi jiù shì biàn mì
ウオ ズォン シー ブー シー ラー ドゥー ズー ジィウ シー ビエン ミー

15 血圧が高めです。

我血压有点高。
wǒ xuè yā yǒu diǎn gāo
ウオ シエ ヤー イオウ ティエン ガオ

外科・整形外科
3

CD-3 [track44]

病気になったら

症状と原因

1 — 曲げると痛いですか？

弯腰时痛吗?
wān yāo shí tòng mā
ワン ヤオ シー トン マー

2 — どうしてこんな怪我をしたんですか？

你是怎么受伤的?
nǐ shì zěn me shòu shāng de
ニー シー ゼン モー ショウ シャン デェ

3 熱湯で火傷をしました。

不小心被热水烫的。
bù xiǎo xīn bèi rè shuǐ tàng de

4 階段から落ちたんです。

从楼梯上摔下来的。
cóng lóu tī shang shuāi xià lái de

5 ドアに指を挟まれました。

我手指头是不小心被门夹的。
wǒ shǒu zhǐ tóu shì bù xiǎo xīn bèi mén jiá de

6 犬に咬まれました。

被狗咬的。
bèi gǒu yǎo de

7 料理していて誤って切ってしまいました。

做菜的时候不小心被刀切的。
zuò cài de shí hou bù xiǎo xīn bèi dāo qiē de

8 ガラスで手を切ってしまいました。

不小心被玻璃割的。
bù xiǎo xīn bèi bō li gē de

9 足首をくじいたようです。

好像脚脖子扭了。
hǎo xiàng jiǎo bó zi niǔ le

10 指にとげが刺さったようです。

我手指头好像被刺扎了。
wǒ shǒu zhǐ tóu hǎo xiàng bèi cì zhā le

11 ガラスの破片を踏みました。

wǒ bù xiǎo xīn cǎi dào bō lí de suì piàn le
我 不 小 心 踩 到 玻 璃 的 碎 片 了。
ウオ ブー シアオ シン ツァイ ダオ ボー リー デェ スォイ ピエン レェ

診断

1 （医者）足をねんざしたようです。

nǐ hǎo xiàng niǔ shāng jiǎo le
你 好 像 扭 伤 脚 了。
ニー ハオ シアン ニウ シャン ジアオ レェ

2 傷口が化膿してきたようです。

nǐ shāng kǒu hǎo xiàng huà nóng le
你 伤 口 好 像 化 脓 了。
ニー シャン コウ ハオ シアン ホア ノン レェ

3 傷が深いので縫います。

zhè ge shāng kǒu hěn shēn yào féng yí xià
这 个 伤 口 很 深 要 缝 一 下。
ジョー ゴー シャン コウ ヘン シェン ヤオ フォン イー シア

4 破傷風の恐れがあります。

yǒu kě néng gǎn rǎn pò shāng fēng
有 可 能 感 染 破 伤 风。
イオウ コー ノン ガン ルァン ポー シャン フォン

5 靭帯が伸びただけです。

rèn dài lā shāng le
韧 带 拉 伤 了。
ルェン ダイ ラー シャン レェ

6 骨がずれています。

gǔ tou cuò wèi le
骨 头 错 位 了。
グー トウ ツオ ウエイ レェ

病気になったら

7 骨にひびが入っています。

gǔ tou chū xiàn liè hén le
骨头出现裂痕了。
グー トウ チュー シエン リエ ヘン レェ

8 骨折かもしれません。

yǒu kě néng shì gǔ zhé o
有可能是骨折哦。
イオウ コー ノン シー グー ジョー オー

産婦人科 4

CD-3 [track45]

1 妊娠のようです。

wǒ hǎo xiàng huái yùn le
我好像怀孕了。
ウオ ハオ シアン ホアイ ユン レェ

2 生理が4週間遅れています。

yuè jīng wǎn le sì ge lǐ bài
月经晚了四个礼拜。
ユエ ジン ワン レェ スー ゴー リー バイ

3 避妊はしていません。

wǒ méi yǒu bì yùn
我没有避孕。
ウオ メイ イオウ ビー ユン

4 — 最後の生理はいつでしたか？

zuì hòu yí cì shì shén me shí hou lái de
最后一次是什么时候来的?
ズォイ ホウ イー ツー シー シェン モー シー ホウ ライ デェ

5 — 妊娠ですね。　　　　**ではありません**

nǐ huái yùn le　　　　　méi yǒu huái yùn
你怀孕了。　　　　　**没有怀孕**
ニー ホアイ ユン レェ　　メイ イオウ ホアイ ユン

6 ― 出産予定日は1月15日です。

yù chǎn qī shì yí yuè shí wǔ hào
预 产 期 是 一 月 十 五 号。
ユィ チャン チー シー イー ユエ シー ウー ハオ

7 お腹に張るような痛みがあります。

wǒ dù zi zhàng de nán shòu
我 肚 子 涨 得 难 受。
ウオ ドゥー ズー ジャン デェ ナン ショウ

8 ― 安静にしていてください。

nǐ xū yào jìng yǎng
你 需 要 静 养。
ニー シュイ ヤオ ジン ヤン

検査

5

[CD-3 track46]

1 心電図を撮ります。

zuò xīn diàn tú
做 心 电 图。
ズオ シン ディエン トゥー

2 超音波検査をします。

zuò chāo yīn bō jiǎn chá
做 超 声 波 检 查。
ズオ チャオ ション ボー ジエン チャー

3 尿検査をします。ここに尿を採ってきてください。

wǒ yào zuò yí xià niào yè jiǎn chá nǐ bǎ niào niào zài
我 要 做 一 下 尿 液 检 查, 你 把 尿 尿 在
ウオ ヤオ ズオ イー シア ニアオ イエ ジエン チャー ニー バー ニアオ ニアオ ザイ

zhè lǐ mian
这 里 面。
ジェイ リー ミエン

病気になったら

4 採血をするので、ここに腕をのせてください。

wǒ yào chōu xiě, bǎ shǒu wàn fàng zài zhè shàng mian
我 要 抽 血, 把 手 腕 放 在 这 上 面。
ウオ ヤオ チョウ シエ バー ショウ ワン ファン ザイ ジェイ シャン ミエン

5 ゲップは我慢してください。

bú yào dǎ gé
不 要 打 嗝。
ブー ヤオ ダー ゴー

6 息を大きく吸ってください。

xī qì
吸 气。
シー チー

7 息を止めてください。

tíng qì
停 气。
ティン チー

8 レントゲンを撮ります。

pāi x guāng piàn
拍 X 光 片。
パイ X グアン ピエン

9 服を脱いでガウンに着替えてください。

bǎ yī fu tuō xià lái huàn shàng zhè jiàn
把 衣 服 脱 下 来 换 上 这 件。
バー イー フー トゥオ シア ライ ホアン シャン ジェイ ジエン

10 血圧を測ります。

liáng yí xià xuě yā
量 一 下 血 压。
リアン イー シア シュエ ヤー

皮膚科 6

1 体のあちこちが赤っぽく腫れています。

wǒ quán shēn yòu hóng yòu zhǒng
我 全 身 又 红 又 肿。
ウオ チュアン シェン イオウ ホン イオウ ジョオン

2 体中が痒いです。

wǒ quán shēn hǎo yǎng
我 全 身 好 痒。
ウオ チュアン シェン ハオ ヤン

3 虫さされのようですが、腫れが引かないんです。

hǎo xiàng shì bèi chóng zi yǎo le zhǒng yì zhí dōu bù xiāo
好 像 是 被 虫 子 咬 了，肿 一 直 都 不 消。
ハオ シアン シー ベイ チョン ズー ヤオ レェ ジョオン イー ジー ドウ ブー シアオ

4 お腹周りに湿疹ができました。

wǒ dù zi zhè er qǐ shī zhěn le
我 肚 子 这 儿 起 湿 疹 了。
ウオ ドゥー ズー ジョー アル チー シー ジェン レェ

5 腋臭がひどいんです。

wǒ hú chòu hěn lì hài
我 狐 臭 很 厉 害。
ウオ フー チョウ ヘン リー ハイ

眼科 7

1 目がチクチクします。

yǎn jing cì tòng
眼 睛 刺 痛。
イェン ジン ツー トン

2 目やにがすごいんです。

wǒ yǎn shǐ hěn duō
我 眼 屎 很 多。
ウオ イェン シー ヘン ドゥオ

3 ボールが目に当たったんです。

qiú zá dào yǎn jīng shàng le
球 砸 到 眼 睛 上 了。
チウ ザァー ダオ イェン ジン シャン レェ

4 痒くて充血しています。

wǒ yǎn jīng yòu hóng yòu yǎng
我 眼 睛 又 红 又 痒。
ウオ イェン ジン イオウ ホン イオウ ヤン

5 ものもらいができました。

wǒ zhǎng zhēn yǎn le
我 长 针 眼 了。
ウオ ジャン ジェン イェン レェ

6 一切開して出しましょう。

wǒ bǎ tā qiē kāi nòng chū lái
我 把 它 切 开，弄 出 来。
ウオ バー ター チエ カイ ノン チュー ライ

7 一局部麻酔をかけます。

dǎ jú bù má zuì
打 局 部 麻 醉。
ダー ジュ ブー マー ズォイ

8 小さい字がかすんで見えます。

wǒ xiǎo de zì dōu kàn de hěn mó hu
我 小 的 字 都 看 得 很 模 糊。
ウオ シアオ デェ ズー ドウ カン デェ ヘン モー フー

9 遠くは見えるのに、近くの物が見えないんです。

wǒ yuǎn de dōng xi kàn de jiàn dàn jìn de dōng xi kàn bú
我 远 的 东 西 看 得 见 但 近 的 东 西 看 不
ウオ ユアン デェ ドン シー カン デェ ジエン ダン ジン デェ ドン シー カン ブー

歯科

1 奥歯が痛いです。

wǒ jiù chǐ hěn tòng
我臼齿很痛。

2 虫歯だと思いますが。

wǒ hǎo xiàng zhù yá le
我好像蛀牙了。

3 ― 削って詰めましょう。

wǒ bāng nǐ bǔ bu yá
我帮你补补牙。

4 ― これは抜いた方がいいですね。

zhè ge kě néng yào bá diào o
这个可能要拔掉哦。

5 詰め物が取れました。

wǒ yá chǐ bǔ de nà ge dōng xi diào xià lái le
我牙齿补的那个东西掉下来了。

6 転んで前歯を折ってしまいました。

wǒ diē dǎo de shí hou bǎ mén yá diē duàn le
我跌倒的时候把门牙跌断了。

7 冷たい物を食べると歯にしみます。

我 一 吃 冷 的 牙 就 受 不 了。
wǒ yì chī lěng de yá jiù shòu bù liǎo

8 歯茎から血がよく出るんです。

我 牙 龈 常 常 出 血。
wǒ yá yín cháng cháng chū xiě

9 ― 炎症を起こしていますね。

你 牙 龈 好 像 发 炎 了。
nǐ yá yín hǎo xiàng fā yán le

10 歯石をとりたいんですが。

我 想 洗 牙。
wǒ xiǎng xǐ yá

11 歯を白くしたいんですが。

我 想 把 牙 齿 洗 白。
wǒ xiǎng bǎ yá chǐ xǐ bái

12 歯列の矯正をしたいんですが。

我 想 矫 正 牙 齿。
wǒ xiǎng jiǎo zhèng yá chǐ

13 入れ歯を作りたいんですが。

我 想 镶 假 牙。
wǒ xiǎng xiāng jiǎ yá

14 親知らずを抜きたいんですが。

我 想 拔 掉 智 齿。
wǒ xiǎng bá diào zhì chǐ

耳鼻咽喉科

1 耳の中でガサガサ音がするんです。

我 耳 朵 里 面 常 常 发 出 唏 唏 唆 唆 的 声 音。
wǒ ěr duǒ lǐ mian cháng cháng fā chū xī xī suō suō de shēng yīn

2 こっちの耳が痛くてたまりません。

我 这 边 的 耳 朵 痛 得 受 不 了。
wǒ zhè bian de ěr duǒ tòng de shòu bù liǎo

3 耳鳴りがします。

我 耳 鸣。
wǒ ěr míng

4 風邪を引くとよく中耳炎になるんです。

我 一 感 冒 中 耳 炎 就 犯。
wǒ yì gǎn mào zhōng ěr yán jiù fàn

5 鼻がむずむずします。

我 鼻 子 痒 痒 的。
wǒ bí zi yǎng yǎng de

6 鼻が詰まって頭がボーッとするんです。

我 鼻 塞 头 昏。
wǒ bí sāi tóu hūn

病気になったら

7 蓄膿症でしょうか？

wǒ bí zi xù nóng le mā
我 鼻 子 蓄 脓 了 吗?
ウオ ビー ズー シュイ ノン レェ マー

8 よく鼻血が出ます。

wǒ chángcháng liú bí xiě
我 常 常 流 鼻 血。
ウオ チャン チャン リウ ビー シエ

9 扁桃腺が腫れているようです。

wǒ biǎn táo xiàn hǎo xiàng zhǒng qǐ lái le
我 扁 桃 腺 好 像 肿 起 来 了。
ウオ ビエン タオ シエン ハオ シアン ジョォン チー ライ レェ

10 — よくうがいをしてください。

hǎo hāo shù yí xià kǒu
好 好 漱 一 下 口。
ハオ ハオ シュー イー シア コウ

11 魚の骨が喉にひっかかっています。

wǒ hóu lóng kǎ le yí ge yú cì
我 喉 咙 卡 了 一 个 鱼 刺。
ウオ ホウ ロン カー レェ イー ゴー ユィ ツー

泌尿器科・性病科
10
CD-3 [track51]

1 排尿の時に激痛があります。

wǒ niào niào de shí hou yǒu jù tòng
我 尿 尿 的 时 候 有 剧 痛。
ウオ ニアオ ニアオ デェ シー ホウ イオウ ジュ トン

2 尿が少し赤っぽいです。

wǒ niào yǒu diǎn hóng
我 尿 有 点 红。
ウオ ニアオ イオウ ディエン ホン

3 尿の回数が多すぎるようなんです。

我 排 尿 的 次 数 好 像 有 点 多。
wǒ pái niào de cì shù hǎo xiàng yǒu diǎn duō

4 一 透析が必要ですね。

你 需 要 做 肾 透。
nǐ xū yào zuò shèn tòu

5 顔や手がよく浮腫むんです。

我 脸 和 手 经 常 浮 肿。
wǒ liǎn hé shǒu jīng cháng fú zhǒng

6 最後の性交は1カ月前です。

最 后 一 次 夫 妻 生 活 是 一 个 月 前。
zuì hòu yí cì fū qī shēng huó shì yí ge yuè qián

7 洗ってもかゆみが取れないんです。

我 怎 么 洗 也 很 痒。
wǒ zěn me xǐ yě hěn yǎng

神経科・精神科
11
[track52]

1 夜、眠れないんです。

我 晚 上 睡 不 着 觉。
wǒ wǎn shang shuì bù zháo jiào

2 時々、後頭部に激痛が走ります。

有 时 候 后 头 部 感 觉 非 常 疼。
yǒu shí hou hòu tóu bù gǎn jué fēi cháng téng

3 寝ている時、うわごとを言うみたいです。

wǒ shuì jiào shí cháng cháng shuō mèng huà
我 睡 觉 时 常 常 说 梦 话。
ウオ ショイ ジアオ シー チャン チャン シュオ モン ホア

4 物忘れがひどいんです。

lǎo shì wàng dōng wàng xi
老 是 忘 东 忘 西。
ラオ シー ワン ドン ワン シー

5 ストレスがたまると下痢が止まらなくなるんです。

wǒ yì jǐn zhāng jiù lā dù zi
我 一 紧 张 就 拉 肚 子。
ウオ イー ジン ジャン ジゥウ ラー ドゥー ズー

6 息子のどもりがひどいんです。

wǒ ér zi kǒu chī hěn lì hài
我 儿 子 口 吃 很 厉 害。
ウオ アル ズー コウ チー ヘン リー ハイ

7 ーセラピストに相談した方がいいでしょう。

nǐ yào bu yào qù zhǎo xīn lǐ yī shēng tán tan
你 要 不 要 去 找 心 理 医 生 谈 谈?
ニー ヤオ ブー ヤオ チュイ ジャオ シン リー イー ション タン タン

急患
12 CD-3 [track53]

1 子供が急に熱を出したんです。

wǒ xiǎo hái tū rán fā gāo shāo
我 小 孩 突 然 发 高 烧。
ウオ シアオ ハイ トゥー ルァン ファー ガオ シャオ

2 息子が夕方から熱を出して、激しく吐いたんです。

wǒ ér zi bàng wǎn shí tū rán fā gāo shāo hái tù de
我 儿 子 傍 晚 时 突 然 发 高 烧, 还 吐 地
ウオ アル ズー バン ワン シー トゥー ルァン ファー ガオ シャオ ハイ トゥー デェ

很厉害。
hěn lì hài
ヘン リー ハイ

3 — 脱水症状を起こしているので、点滴しますね。

有点脱水，我给他打一下点滴。
yǒu diǎn tuō shuǐ wǒ gěi tā dǎ yí xià diǎn dī
イオウ ディエン トゥオ ショイ ウオ ゲイ ター ダー イー シア ディエン ディー

4 （彼が）引きつけを起こしています。

他全身抽筋。
tā quán shēn chōu jīn
ター チュアン シェン チョウ ジン

5 — 初めてですか？

这是第一次吗?
zhè shì dì yī cì mā
ジョー シー ディー イー ツー マー

6 元気がないな、と思ったらぐったりしているんです。

他刚才还只是没精打采，现在是精疲力竭。
tā gāng cái hái zhǐ shì méi jīng dǎ cǎi xiàn zài shì jīng pí lì jié
ター ガン ツァイ ハイ ジー シー メイ ジン ダー ツァイ シエン ザイ シー ジン ピー リー ジエ

7 — 何か飲み込んだりはしていませんか？

是不是吞了什么东西?
shì bú shì tūn le shén me dōng xi
シー ブー シー トゥン レェ シェン モー ドン シー

8 全身に赤い発疹のようなものが出てきたんです。

全身起了红疹子。
quán shēn qǐ le hóng zhěn zi
チュアン シェン チー レェ ホン ジェン ズー

9 ― 夕食には何を食べたんですか？

晩上吃的是什么?
wǎn shang chī de shì shén me
ワン シャン チー デェ シー シェン モー

10 ― 家族で食物アレルギーの人がいますか？

你们家有人对什么东西过敏的吗?
nǐ men jiā yǒu rén duì shén me dōng xi guò mǐn de mā
ニー メン ジャ イオウ ルェン ドォイ シェン モー ドン シー グオ ミン デェ マー

11 娘が小児喘息で、夕方から息が苦しそうなんです。

我女儿有小儿气喘，她从傍晚就开始呼吸困难。
wǒ nǚ ér yǒu xiǎo ér qì chuǎn tā cóng bàng wǎn jiù kāi shǐ hū xī kùn nán
ウオ ニュイ アル イオウ シアオ アル チー チョアン ター ツォン バン ワン ジゥ カイ シー フー シー クン ナン

12 (彼女は)咳がどんどんひどくなって息ができないんです。

她咳嗽得很厉害几乎喘不过气来。
tā ké sou de hěn lì hài jī hū chuǎn bú guò qì lái
ター コー ソウ デェ ヘン リー ハイ ジー フー チョアン ブー グオ チー ライ

13 (彼は)つまづいて転んだんですが、痛いようで泣きやまないんです。

他跌了一跤疼得哭个不停。
tā diē le yì jiāo téng de kū ge bù tíng
ター ディエ レェ イー ジアオ トン デェ クー ゴー ブー ティン

14 (彼は)昼間は何ともなかったのに。

白天看他没什么不对劲的地方呀。
bái tiān kàn tā méi shén me bú duì jìn de dì fang ya
バイ ティエン カン ター メイ シェン モー ブー ドォイ ジン デェ ディー ファン ヤー

15 (彼は)鼻血が止まりません。

他鼻血流个不停。
tā bí xiě liú ge bù tíng
ター ビー シエ リウ ゴー ブー ティン

16 下っ腹の辺りが痛くて我慢できないんです。

我 小 腹 痛 得 受 不 了。
wǒ xiǎo fù tòng de shòu bù liǎo
ウオ シアオ フー トン デェ ショウ ブー リアオ

17 風呂場で滑って頭を打ったんです。

我 洗 澡 的 时 候 不 小 心 滑 倒 把 头 撞 了。
wǒ xǐ zǎo de shí hou bù xiǎo xīn huá dǎo bǎ tóu zhuàng le
ウオ シー ザァオ デェ シー ホウ ブー シアオ シン ホア ダオ バー トウ ジョアン レェ

薬局
13

CD-**3**
[track54]

1 頭痛薬をください。

我 要 头 痛 药。
wǒ yào tóu tòng yào
ウオ ヤオ トウ トン ヤオ

目薬・胃薬

眼 药 水、胃 药
yǎn yào shuǐ wèi yào
イェン ヤオ ショイ ウエイ ヤオ

2 ―1箱ですか？ 1回分ですか？

一 盒 吗? 还 是 一 次 量?
yì hé mā hái shì yí cì liàng
イー ホー マー ハイ シー イー ツー リアン

3 ―今、飲みますか？

你 现 在 吃 吗?
nǐ xiàn zài chī mā
ニー シエン ザイ チー マー

4 ちょっと火傷したんですが。

我 被 烫 伤 了。
wǒ bèi tàng shāng le
ウオ ベイ タン シャン レェ

5 切り傷に塗る薬をください。

我 要 切 伤 的 药。
wǒ yào qiē shāng de yào
ウオ ヤオ チエ シャン デェ ヤオ

病気になったら

6 足首をくじいたんですが。

wǒ jiǎo niǔ shāng le
我 脚 扭 伤 了。
ウオ ジアオ ニウ シャン レェ

7 筋肉痛です。

wǒ jī ròu suān tòng
我 肌 肉 酸 痛。
ウオ ジー ルゥオ スワン トン

8 ギックリ腰です。

wǒ bǎ yāo shǎn le
我 把 腰 闪 了。
ウオ バー ヤオ シャン レェ

9 子供用風邪薬をください。

wǒ yào xiǎo hái zi chī dì gǎn mò yào
我 要 小 孩 子 吃 的 感 冒 药。
ウオ ヤオ シアオ ハイ ズー チー デェ ガン マオ ヤオ

10 ― お子さんは何歳ですか？

nǐ xiǎo hái jǐ suì
你 小 孩 几 岁？
ニー シアオ ハイ ジー スォイ

11 ― シロップと錠剤のどちらになさいますか？

nǐ yào táng jiāng hái shì yào piàn
你 要 糖 浆 还 是 药 片？
ニー ヤオ タン ジァン ハイ シー ヤオ ピエン

12 薬は後で取りに来てもいいですか？

wǒ kě yǐ dāi huǐ er zài lái ná yào mā
我 可 以 待 会 儿 再 来 拿 药 吗？
ウオ コー イー ダイ ホイ アル ザイ ライ ナー ヤオ マー

13 ― これを食後に飲んでください。

zhè ge fàn hòu chī
这 个 饭 后 吃。
ジョー ゴー ファン ホウ チー

14 昨夜飲み過ぎて、ムカムカするんです。

我 昨 晚 喝 多 了, 不 太 舒 服。
wǒ zuó wǎn hē duō le bú tài shū fu

15 二日酔いで頭がガンガンするんです。

我 有 点 宿 醉 头 很 疼。
wǒ yǒu diǎn sù zuì tóu hěn téng

16 乗り物の酔い止めをください。

我 要 晕 车 药。
wǒ yào yūn chē yào

17 効き目の長いのをください。

我 要 药 效 久 点 的。
wǒ yào yào xiào jiǔ diǎn de

18 コンタクトレンズ用品はありますか？

有 没 有 隐 型 眼 镜 的 相 关 用 品?
yǒu mei yǒu yǐn xíng yǎn jìng de xiāng guān yòng pǐn

19 この鼻炎薬は眠くなりますか？

这 个 鼻 炎 药 吃 后 发 困 吗?
zhè ge bí yán yào chī hòu fā kùn ma

20 ─ちょっと眠くなります。

吃 了 会 有 点 想 睡。
chī le huì yǒu diǎn xiǎng shuì

21 眠くならないのをください。

我 要 吃 后 不 困 的。
wǒ yào chī hòu bú kùn de

病気になったら

● 著者紹介 ●
趙　怡華（ザウ　イーファー）（Chao Yihua）

亜細亜大学国際関係学部卒、東京外国語大学大学院修士課程修了。韓国延世大学校語学堂、アメリカEWU、スペインなどに短期語学留学を終え、北京語・台湾語講師を経て、現在は中国語・台湾語通訳。通訳業の傍ら、音楽・放送・マンガなど多様な翻訳作業に携わっている。
著書：『中国語のスラング表現』『絵でわかる中国語会話』（明日香出版社）、『中華電影的北京語』（キネマ旬報社）など。
y2327886@hotmail.com

校正：郭穎秋

┌─ ご意見をお寄せください ─┐
ご愛読いただきありがとうございました。本書の読後感・ご意見等を愛読者カードにてお寄せください。また，読んでみたいテーマがございましたら積極的にお知らせください。今後の出版に反映させていただきます。
編集部　☎(03)5395-7651

CD BOOK　中国語会話（ちゅうごくごかいわ）フレーズブック

2005年6月30日　初版発行
2009年10月26日　第9刷発行

著　者　趙（ザウ）　怡華（イーファー）
発行者　石野誠一

〒112-0005　東京都文京区水道2-11-5
電話(03)5395-7650(代表)
　　(03)5395-7654(ＦＡＸ)
振替00150-6-183481
http://www.asuka-g.co.jp

明日香出版社

■スタッフ■　編集　早川朋子／藤田知子／小野田幸子／金本智恵／末吉喜美／久松圭祐
営業　小林勝／浜田充弘／渡辺久夫／奥本達哉／平戸基之／野口優／横尾一樹／後藤和歌子
大阪支店　梅崎潤　M部　古川創一　経営企画室　落合絵美　経理　藤本さやか

印刷　株式会社東京研文社
製本　根本製本株式会社
ISBN4-7569-0886-1 C2087

乱丁本・落丁本はお取り替えいたします
©Chao Yihua　2005　Printed in Japan
編集担当　小野田幸子

CD BOOK はじめての中国語

はじめて中国語を学ぶ人の入門書。日常会話の例文をマスターしながら、語順をふまえた解説で文法事項を修得していく。発音のポイントも写真付きでおさえてある。独習できる最高の入門書。

紹　文周

定価（税込）1680円
A5並製 192ページ
ISBN4-7569-0333-9
00/8発行

CD BOOK はじめての中国語発音

発音が苦手の人でも正しい発音を身につけられるように、写真、イラストを入れてわかりやすく解説。この1冊ですべての漢字が読めるようになっています。ネイティブの発音を聴いて、正確な中国語を学びましょう。

紹　文周

定価（税込）1785円
ISBN4-7569-0523-4
02/2発行

CD BOOK 出発前から帰国までの中国語

せっかく中国を訪問するのなら、中国語をきちんと学ぶいい機会です。今回の旅をきっかけに、簡単なあいさつだけでなく文法まできちんと学び、中国語を使いこなせるようにしてしまいましょう！

紹　文周

定価（税込）2310円
A5並製 232ページ
ISBN4-7569-0733-4
04/2発行

CD BOOK 絵でわかる中国語基本単語1790

この1冊で暮らしの中国語単語は十分。イラストをみながらCDをきいて発音の練習もこの1冊でできます。基本動詞、形容詞、名詞がジャンルごとに分類されています。中国語初級者におすすめの1冊。

紹　文周

定価（税込）2100円
A5並製 176ページ
ISBN4-7569-0171-9
99/1発行

CD BOOK 仕事に使える中国語

視察や研修など、仕事がらみで初めて中国を訪れる、という方にぴったりの本。発音・基本文法などの初歩から、ちょっとした会話に使えるフレーズ紹介まで盛りだくさん。仕事にすぐ使えるミニ知識もいっぱい！

古川　慧能公

定価（税込）2415円
A5並製 200ページ
ISBN4-7569-0469-6
01/12発行

CD BOOK はじめての台湾語

台湾では、公の場、学校、初対面の時などに中国語（北京語）が使われますが、日常生活においては台湾語（台語）が一般的です。本書では全ての会話文に台湾語と中国語の2言語を併記。CDを聴きながら中国大陸と台湾の言葉の違いを理解することができます。

趙　怡華

定価（税込）2415円
A5並製 208ページ
ISBN4-7569-0665-6
03/8発行

CD BOOK はじめての広東語

旅行や日常会話で必要度の高い表現と単語をまとめた1冊。香港へ行きたい人、香港映画に出てくる簡単な会話が分かるようになりたい人にもピッタリの入門書です。

郭　素霞

定価（税込）1785円
A5並製 176ページ
ISBN4-7569-0443-2
01/7発行